이라크를 시작으로 팔레스타인, 아체, 민다나오, 티벳…. 여러 해 동안 높고 먼 길 지나고 시린 강물을 건너 그분의 통증이 머무는 땅에 다다를 때마다 그곳에서 마주한 사람들은 내게 묻곤 했다. 왜 그토록 멀고 광막한 길들을 건너 왔느냐고, 왜 이 높고 시린 곳까지 찾아 왔느냐고. 그때마다 그 일렁이는 눈빛 속에서, 그렁그렁한 목소리 속에서, 마지막 남은 생의 온기로 꼭 안아 주는 그 따스함 속에서 나는 그분을 깊이 마주하곤 했다. 그 척박하고 가파른 길을 오르지 않았더라면 만나지 못했을 얼굴, 그 광야 한가운데서 멈춘 차가운 밤이 아니었다면 마주하지 못했을 눈빛, 그리고 그토록 혹독한 두려움이 아니었다면 구하지 못했을 그분의 임재가 그 길 끝에 놓여 있곤 했다.

이 책을 읽는 동안, 그분은 내게 가르쳐 주신다. 그 광막함 속에서 묻고 또 물으며 걸었던 길들이 '순례'였다고. 그분과 함께 걷는 세상의 모든 길들이 '순례의 길'이라고.

이 책을 읽는 순간, 어쩌면 이미 당신 안에 시작된 어떤 순례를 발견할지도 모른다. 혹은 이 책과 함께 당신 생의 새로운 순례가 시작될지도. 책의 첫 장을 열며 새로운 여정을 시작할 당신에게 한걸음 먼저 순례를 마친 여행자로서 이 책 안에 담긴 가장 귀한 한 문장을 조심스레 건네 본다. "그러니 당신도 일어나 따라가라."

임영신, 이매진피스 대표, 「희망을 여행하라」, 「평화는 나의 여행」 저자 흔히들 삶을 여정이라고 말하지만 실제로 몸을 움직여 여행을 떠나 보기 전에는 그것은 단지 추상적인 비유일 뿐이다. 찰스 포스터는 이 책에서 비유와 실제를 탁월하게 연결시켜 몸과 마음, 발과 영혼을 다시 하나로 이어 준다.

S. 브렌트 플레이트, *Material Religion: The Journal of Objects, Art and Belief* 공동 창간인 겸 편집국장

순례라는 주제에 생동감 있고 독창적으로 개성 있게 접근하여 기독교 신앙의 핵심에 닿아 있는 여정이라는 모티브를 잘 포착해 낸 책이다. 모든 독자들로 하여금 배낭을 꾸리고 운동화를 신게 할 것이다.

이언 브래들리, 세인트앤드루스 대학교 교회사·실천신학 교수, *Pilgrimage: A Spiritual and Cultural Journey* 저자

찰스 포스터는 우리를 다양한 지형과 종교적 전통을 지나는 멋진 여정으로 안내하여 순례를 기독교적이면서도 열린 눈으로 이해하게 해 준다. 그 과정에서 순례자들이 안팎의 세상을 탐험하는 두 가지 방식, 즉 내면의 여정과 몸으로 직접 떠나는 여행을 함께 소개한다.

존 이드, 로햄튼 대학교 사우스랜즈 칼리지 CRONEM(민족주의, 민족성과 다문화 연구소) 교수

길 위에서 하나님을 만나다

IVP(InterVarsity Press)는
캠퍼스와 세상 속의 하나님 나라 운동을 지향하는
IVF(InterVarsity Christian Fellowship)의 출판부로
생각하는 그리스도인을 위한 문서 운동을 실천합니다.

Copyright ⓒ 2010 by Charles Foster
Originally published in English under the title *The Sacred Journey*
by Thomas Nelson, Inc., 501 Nelson Place, Nashville, TN 37214, USA
All rights reserved.

Korean Edition Copyright ⓒ 2013 by Korea InterVarsity Press,
Seoul, Republic of Korea.
This Korean edition is translated and used by arrangement of Thomas
Nelson, Inc. through rMaeng2, Seoul, Republic of Korea.

이 한국어판의 저작권은 알맹2를 통하여 Thomas Nelson, Inc.와
독점 계약한 IVP에 있습니다. 신 저작권법에 의하여
한국 내에서 보호받는 저작물이므로 무단 전재와 무단 복제를 금합니다.

길 위에서 하나님을 만나다
순례의 영성과 보행의 신학

찰스 포스터 | 윤종석 옮김

런던을 떠나려 하지 않는 훌륭한 순례자
데이비드 몬티스에게

순례자여, 위험을 찾아 떠나라…
제임스 엘로이 플레커

우리의 관심은 세상의 주변부에 있다…
로버트 브라우닝, "블로그램 주교의 변명"(Bishop Blougram's Apology)

차례

시리즈 서문 ········· 11

서문 ········· 17

감사의 글 ········· 27

들어가는 글 ········· 29

1. 이상한 보행족 ········· 33
2. 보행의 신학: 길은 하나님 나라로 이어진다 ········· 53
3. 방랑자를 편애하시는 하나님 ········· 77
4. 걸으시는 하나님 ········· 109
5. 왜 떠나는가? 쓸모없는 것들을 버리러 간다 ········· 139
6. 왜 떠나는가? 만남에 목말라서 간다 ········· 169
7. 어디로 갈 것인가? 하늘과 땅이 맞닿은 곳으로 간다 ········· 191
8. 짐 꾸리고 준비하기 ········· 207
9. 여정: 새로운 눈을 얻다 ········· 215
10. 여정: 발의 물집과 눈의 피로 ········· 229
11. 길에서 나누는 교제 ········· 249
12. 도착과 귀향 ········· 263
13. 순례를 반대하는 사람들 ········· 283
14. 숙명적인 순례자 ········· 297

주 ········· 309

참고 도서 ········· 331

시리즈 서문

기독교 신앙의 오래된 일곱 가지 영성 훈련을 열거할 때마다 순례는 언제나 맨 나중에 나온다. 거기에는 그럴 만한 두 가지 이유가 있다. 하나는 전체 구성의 자연스러운 흐름 때문이고, 또 하나는 순례가 그만큼 조심스러운 주제이기 때문이다. 즉 순례는 일곱 가지 훈련 중 가장 위험하다.

기독교는 유대교에서 갈라져 나올 때 두 신앙에 공통되는 예언과 유산과 이야기를 많이 가지고 나왔다. 두 신앙이 혼재하던 처음 두 세기 동안에는 대다수의 (또는 결국 '많은') 그리스도인들이 유대교의 전통을 갖고 태어났기 때문에 두 신앙의 구분이 요즘처럼 명확하지도 않았고 보편화되어 있지도 않았다. 그러한 까닭에 전에는 수련(discipline)이라 불렸던 오래된 일곱 가지 훈련(practice)이 유대교에서 기독교로 자연스럽게 넘어와 종교 생활이나 신앙 생활을 형성하고 체계화하는 주요 수단으로 자리 잡았다.

그 중 세 가지—십일조, 금식, 거룩한 만찬—는 공간 속에서 우리 몸을 점검하거나 인식하는 훈련이고, 나머지 네 가지—정시기도, 안식일 성수, 절기 준수, 순례—는 사차원의 시간 속에서 삶의 속도를 조절하는 훈련이다.

우선 십일조는 몸으로 수고하여 얻은 산물의 일부를 하나님께 감사하며 소득세로 돌려드리는 것이다. 우리는 그분이 능력을 주시기에 일할 수 있으며, 우리가 하는 일은 그분의 영광을 위한 것이다. 그런가 하면 금식은 인간이 하는 모든 영적 훈련 중에서 일정 기간 동안 세속적이거나 외부적인 관심사로부터 완전히 물러나 하나님만 전적으로 의존하는 훈련이다. 즉 인간의 주의를 흩뜨리는 가장 기본적인 욕구인 식욕마저 제쳐 놓는 것이다. 반면에 유월절, 주의 만찬, 성찬, 영성체 등으로 불리는 거룩한 식사는 인간 공동체가 이룰 수 있는 가장 온전한 형태의 연합으로 들어가는 훈련이다. 식탁에 둘러앉아 함께 음식을 나누면서 먹는 기쁨을 누리고 삶을 이어갈 힘을 얻는 것이다.

흔히 '시간 지키기'나 '성무일도'(聖務日禱)라고 불리는 정해진 시간에 드리는 기도는 하루를 점검하는 훈련이다. 그리스도인들이 세 시간에 한 번씩 각자 하던 일을 멈추고, 서로 흩어져 있으면서도 하나로 연합된 지상 교회로서 하나님께 찬송과 경배를 드리는 것이다. 그 시간 단위를 일주일과 한 해로 점차 넓혀 나간 것이 안식일 성수와 절기 준수다. 절기를 지킴으로써 우리 믿는 자들은 유산으로 물려받은 여러 이야기와 구원의 실제를 해마다 되새기면서 스스로 더욱 경이로운 예배로 나아가게 된다. 나아가 다음 세대에게도 이 신앙을 가장 친근하고도 자연스럽게 가르칠 수 있게 된다. 그러고 나면 이제 마지막으로 순례가 남는다.

앞서 말했듯이 순례가 흐름상 일곱 가지 훈련 중 맨 나중에 오는 이유는 순례가 주시하고 점검하는 시간 단위가 가장 크기 때문이다. 순례는 평생의 노력과 갈망을 하나의 거룩한 사건 속에 집중시켜 그 안에서 점검하는 것이라 할 수 있다. 혹은 인생 전체의 목적을 하나님과 연합하는 데 둔다는 은유이기도 하다. 그런가 하면 가끔씩 반복되는 물리적 여행을 순례라고 부르기도 하는데, 영혼이 강건해지고 의도가 진지해질수록 그 여정도 점점 더 복잡하고 깊어진다. 어쨌든 횟수와 무관하게 순례는 분명 오래된 일곱 가지 훈련 중에서 그동안 익숙해지고 타성에 젖어든 삶을 가장 크게 위협한다. 다시는 아무것도 이전과 같을 수 없다는 거의 절대적인 사실로 말이다. 여태껏 알던 진리들은 순례 도중에 아예 죽거나 아니면 오히려 시퍼렇게 되살아나 단단한 인식과 거룩한 애정이 되어 삶의 모든 부분을 바꾸어 놓는다. 어느 경우든 일단 순례를 경험하고 나면 아무것도 이전과 똑같을 수 없으니 조심하라.

여기까지 말했으니 이제 한 가지 고백을 해야겠다. 우리가 오래된 일곱 가지 훈련을 주제로 시리즈를 만든 지 어느덧 4년이 지나 5년이 다 되어 간다. 영성 형성이란 좋든 싫든 누구나 거의 피할 수 없는 일이다. 하지만 기독교의 영성 형성은 반드시 그러한 것은 아니며 그 둘은 서로 다른 것이다. 이 냉엄하고도 무서운 사실이 그동안 우리의 작업을 이끄는 동력이 되었다(적어도 내가 맡은 부분에 대해서는 분명 그랬다).

십일조는 종교개혁 이후의 기독교에서 신앙의 한 요건으로 열심히 지켜져 왔으며, 정도의 차이는 있겠지만 개신교나 가톨릭이나 동방정교 할 것 없이 모든 그리스도인들이 거기에 영향을 받았다. 여기에는 별다른 의문의 여지가 없다. 마찬가지로 안식일 성수도 기독교의 영성 형성에서 빼놓을 수 없는 핵심이 되었다. 성찬의 경우 종교개혁 이후 예전에 가톨릭에서 하던 방식대로 모든 참가자들이 주일마다 예복 차림으로 촛불과 종과 화려한 잔을 들고 성체를 받는 일은 점차 사라졌지만, 그래도 과하지 않은 선에서 수시로 행해져 왔다. 한 해의 절기를 지키는 부분에서도 전보다 느슨해졌다. 크리스마스와 부활절 같은 주요 절기를 거룩한 날로 지키는 것은 누가 보기에도 당연한 일이다. 하지만 너무 많은 성인의 날과 소소한 절기까지 지키는 것은 사람들의 주의를 흩어 놓아 그리스도에게 집중되어야 할 관심을 사도들과, 더 심하게는 훗날의 제자들에게로 분산시켰다. 금식에 관해서도 개신교 신학자들은 그 주제를 완전히 무시하지 않고 다루어 왔다고 할 수 있다. 이렇듯 다른 것들은 종교개혁 이후로도 널리 지속되어 왔지만 순례만은 달랐다. 찰스 포스터가 이 책에서 말하듯이, "무엇에든 확신이 넘쳐났던 마르틴 루터(Martin Luther)는 '모든 순례는 중단되어야 한다'고 열변을 토했다." 그가 이렇게 말한 데는 정당한 이유가 있었다. 아무리 순례에 다른 순기능이 있다 하더라도, 어쨌든 그것은 모든 것을 완전히 불확실하게 만들기 때문이다.

내가 하려는 고백도 이것과 상관이 있다. 시리즈의 책임자로서 나는 기도하는 심정으로 이번 작업의 필요성과 그 분명한 목적을 진심으로 믿었지만, 고백컨대 순례에 대한 작업만큼은 마냥 두렵게 느껴졌다. 사실 편집을 맡았던 지난 몇 년 동안 나는 순례가 일곱 권 중 마지막이며 따라서 그때까지 아직도 몇 년(결국은 이제 몇 달로 줄어들었지만)이 남아 있음을 다행으로 여기며 지냈다. 얼마나 어리석었는지.

그리고 찰스 포스터의 원고를 초고부터 지금 당신이 보고 있는 최종본까지 다 읽으면서 정말 "아, 내가 어리석었구나!"라는 말밖에 나오지 않았다. 지금 당신의 손에 들려 있는 이 책은 지금껏 나온 순례에 관한 책들 중 최고의 명저이며, 적어도 내가 본 책들 중에서는 두말할 것 없이 단연 최고다.

그렇다고 책 내용이 부담 없을 거라고 오해해서는 안 된다. 오히려 포스터는 사정없이 강펀치를 날린다. 그래서 누구든지 이 책을 읽는 사람은 전혀 동의할 수 없는 부분이 하나 이상 있을 것이고, 그 밖에도 이의를 제기하고 싶은 부분들이 꽤 있을 것이다. 부디 그러하길 바란다. 그렇게 하지 않는다면 그 무엇도 순례와 거리가 멀다.

마지막으로 덧붙일 말이 있다. 읽기만 하고 아무것도 행하지 않으면 그것은 마치 길모퉁이에 앉아 행인들에게 노래를 불러 달라고 소리쳐 놓고는 정작 노랫소리가 들려오면 꿈쩍도 않고 가만히 앉아만 있는 것과 같다고 했다. 그러니 나는 하나님께 우리의 십일조와 금식과 성찬과 하루와 안식일과 한 해를 축복해 달라는 기도도 하지만, 오늘은 특별히 우리의 순례를 축복해 달라고 기도한다.

필리스 티클(Phyllis Tickle)
영성의 보화 시리즈 편집자

서문

수많은 사람들이 길을 걷고 있고, 역사는 그들이 다닌 길로 거미줄처럼 얽혀 있다. 인간이나 가축에게 더 좋은 음식을 찾아서라든가 악천후나 전쟁이나 재앙을 피하기 위해서처럼 분명한 이유로 길을 떠날 때도 있다. 하지만 큰 대가와 위험을 무릅쓰고 신의 이름으로 갈 때도 있으니 참 신기한 일이다.

순례에 관한 책들이 이미 많이 나와 있다. 그중에는 개인적인 기록도 있고 역사서나 사회학적 연구서도 있다. 또한 우화나 묵상을 모아 놓은 선집도 있다. 나도 꽤 읽어 보았는데 훌륭한 책들이 많이 있다. 이 책으로 그것들과 경쟁하려는 생각은 추호도 없고, 다만 내 관심은 다음 세 가지 질문에 있다.

1. 인간은 어떻게 제비의 이주와 같은 여정이라는 것에 종교적 의미가 있다고 생각했을까?
2. 그것은 과연 옳은 생각일까?
3. 그렇다면 우리는 그 통찰을 가지고 어떻게 해야 할까?

이 책에서 나는 순례의 신학을 정립해 보려 한다. 그 내용이 어떤 사람들에게는 상처와 반감을 줄 수도 있으니 거기에 대해서는 미리 미안한 마음을 전한다. 내가 정립하려는 신학의 내용은 대략 다음과 같다.

1. 여행은 인간이라는 존재의 정의와 정신세계의 근간을 이룬다. 이동하고 싶은 욕구를 억누를 수는 있지만, 억누르면 우리의 머리와 사회와 영혼과 혈관에 좋지 않은 일이 벌어진다.
2. 가인과 아벨 이야기에 잘 나타나듯이 태초부터 정착민과 유목민 사이에 치열한 싸움이 있었다. 역사를 보면 정착민인 가인 쪽이 이긴 것 같다.
3. 유대교와 기독교 전통을 보면 여호와는 분명하고 확실하게 유목민 편이시다. 그분은 궤 안에서 난민의 어깨에 메여 이동해 다니시고 천막 속에서 경배를 받으신 순례자 하나님이셨다.
4. 여호와가 유목민을 선호하신 것은 충분히 이해할 만한 일이다. 그분은 언제 어떤 모습으로 나타나시든 나그네셨다. 유목민의 삶에는 여호와의 가치관과 성품을 그대로 닮은 요소가 많이 있다. 이를테면 주변부에서 이루어지는 삶, 사람을 가리지 않는 극진한 대접, 주변부 사람들에게 느끼는 연대감(유목민은 대부분의 시간을 중심부를 벗어나 주변부 사람들과 함께 보낸다),

인간과 환경과 맺는 친밀한 관계, 걸음마다 새로워지는 시각, 재물에 초연한 자세 등이다. 아울러 많은 유목민 사회에 위계질서가 있기는 하지만, 나그네들끼리 있으면 민주주의가 불가피해진다. 모두가 걷고 있으면 그 누구도 왕이 아니며 모두가 왕이다. 그렇다고 주변부 사람들을 너무 미화할 것까지는 없다. 그들에게도 구원이 필요하기는 마찬가지다. 다만 대체로 그들은 중심부 사람들보다 구원을 받기가 더 쉽다. 딱한 부자들이 천국에 들어가기란 몹시 어려운 일이다.

5. 인간이 되신 여호와 하나님은 집 없는 떠돌이셨다. 그분은 신비로운 나라가 임했다고 선포하시며 팔레스타인을 걸어 다니셨다. 그것이 바로 복음이었고 지금도 마찬가지다. 그분은 사람들에게 자기를 따르라고 하셨는데 그것은 곧 걷는다는 뜻이었다. 그분의 흙 묻은 발을 중심으로 돋아난 나라는 먼저 된 사람이 나중 되고 나중 된 사람이 먼저 되는 신기한 나라였다. 사람이 되신 여호와는 패배자나 외톨이 등 세상의 주변부에 있는 사람들을 특히 매료시키셨는데, 이는 그분이 뜨내기여서도 그랬고 하나님 나라가 본래 그런 곳이어서도 그랬다. 그분은 도시의 지배층에게는 별로 인기가 없었다.

6. 그리스도인(수천 년 동안 위선과 폭력과 새빨간 오류로 너무 오염되어 안전하지 못한 단어가 되었다)이란 **하나님이자 인간이신 그분을 따라다니면서 가치관이 전도된 하나님 나라의 운동**(중요한 단어다)

을 확산해 가는 사람이다.

7. 순례란 하나님을 따라 유랑하는 것이며, 행선지가 정해져 있다 해서 유랑이 아닌 것은 아니다. 또한 그렇다고 해서 사랑받는 유목민과 하나님 나라를 전하면서 유랑하신 예수님 사이의 연관성이 훼손되는 것은 아니다.

8. 순례자가 자진하여 주변부로 이동하는 것과 예수님이 주변부 사람들을 편애하신 것 사이에는 깊고도 중요한 관계가 있다. 그리스도인의 순례는 예수님과 함께 걷는 것일 수 있고 마땅히 그래야 한다. 나아가 그 걸음은 반드시 하나님 나라의 영토 안에서 그 나라의 전복된 규칙을 따라 이루어진다. 순례 길은 하나님 나라가 물리적으로 뻗어내려 온 반도(半島)다. 예수님의 샌들을 중심으로 그 나라가 발현되었듯 순례자들의 신발을 중심으로 그 나라의 꽃들이 피어날 수 있다. 물론 반드시 그런 것은 아니지만 그런 일이 자주 벌어진다.

9. 주변부는 박진감이 넘치는 곳이다. 서로 다른 것들이 부딪쳐 새로운 통합이 이루어지는 곳이 바로 거기다. 포르투갈의 요리법을 한번 생각해 보라. 돼지고기와 대합조개를 섞어 맛좋은 케이크를 만드는 것은 상식 밖의 일이지만 그것이 없다면 세상은 훨씬 더 빈곤해질 것이다. 그리고 그 일은 멀쩡한 대륙의 거친 변방에서만 가능한 일이다.

10. 물리적인 순례는 몸과 물집과 배고픔과 설사가 모여 이루어

지며 그 자체로 하나님 나라의 활동이다. 교회를 절름발이로 만드는 가장 치명적이고도 만연한 질병 중 하나는 영지주의다. 따라서 몸으로 떠나는 순례는 이 영지주의를 퇴치하는 최고의 예방약이자 치료제 중 하나다. 또한 순례는 편협한 생각과 스스로 의롭게 여기는 독선과 불안한 마음을 물리치는 데도 효과가 좋다.

11. 순례는 뒤로 돌아가는 여정이다. 순례는 우리에게 새로운 눈, 즉 어린아이의 눈을 줄 수 있다. 어린아이처럼 나아오는 사람들만이 그 이상한 나라에 들어갈 수 있기에 다행스러운 일이다. 우리가 무채색과 허무밖에 보지 못하는 곳에서 어린아이의 눈은 총천연색과 의미를 본다. 순례자는 춤추며 즐거워하는 어린아이다. 뒤로 가야만 앞으로 갈 수 있는 것이 하나님 나라의 이상한 영적 기하학이다.

12. 도착보다 여정이 더 중요하다. 우리의 여정이 하나님이자 인간이신 그분과 함께 걷는 것일진대, 중요한 의미에서 우리는 이미 도착했기 때문이다. 아무리 친밀함이 점점 더 깊어진다 해도 평소에 당신은 관계에 대해 '이미 도착했다'고 말하는가? 길을 가다 보면 깨닫는 순간이 있을 수도 있지만, 황홀경은 관계의 본질이 아니므로 그런 순간이 없더라도 괜찮다. 하지만 그래도 뭔가 일이 벌어질 것을 기대하라. 질질 끄는 발걸음이 차곡차곡 쌓일수록 그만큼 당신은 하나님 나라의

주변부에 조금씩 더 가까워진다. 그리하여 깨어진 것들이 회복되고 새로운 것들이 만들어진다. 표범이 어린 양과 함께 누울 수도 있겠지만, 행여 내 말을 순례를 떠나면 새와 대화할 수 있다는 뜻으로 알아듣는다면 그것은 책을 잘못 읽은 것이다.

13. 특별히 신성한 장소가 존재한다는 개념은 이단적인 생각이 아니다. 물론 어떤 의미에서는 모든 곳이 다 신성하며, 성과 속을 나누는 휘장은 찢어졌다. 하지만 그렇다고 해서 신성함이 유난히 샘솟는 곳들이 없는 것은 아니다.

14. 신체적인 이유로 순례를 떠날 수 없는 사람들도 있지만 예수님의 제자로서 방랑자의 마음가짐은 누구나 가질 수 있다. 길에서 배우는 교훈들은 태어나는 순간부터 죽는 순간까지 우리 삶에 적용되어야 한다.

15. 순례는 급진적 기독교를 맛보게 한다. 급진적이지 않은 것은 기독교라 할 수 없으므로 사실 '급진적 기독교'라는 말은 중복된 표현이다. 이것은 이해하기 쉽지 않은 개념이지만 직접 길을 걸어 보면 이해가 잘 될 것이다. 예컨대 증권 중개인이 단 일주일만이라도 직접 순례에 나서 보면 모든 것을 버려두고 예수님을 따른다는 의미를 더욱 실감하게 될 것이다. 그는 지역과 사회의 주변부에 있게 될 것이고, 그리하여 하나님 나라의 중심부에서 그 나라의 가장 귀한 사람들과 함께

있게 될 것이다. 그 일주일 동안 그는 유목민인 아벨의 적이 아니라 동지가 될 것이며, 이렇게 조금씩 맛보는 하나님 나라는 중독성이 있다.
16. 구원은 은혜로 받는 것이지 순례로 받는 것이 아니다. 하지만 은혜가 가장 잘 역사할 수 있는 조건을 만들어 내는 데 순례가 도움이 될 수 있다.
17. 그러니 당신도 일어나 따라가라.

순례는 어느 종교에나 다 있지만 그중에서도 기독교의 순례에는 특이한 점이 있다. 이 책에서는 순례가 다른 종교에서 어떤 역할을 하는지에 대해서는 간단히 소개하는 정도로 그치겠지만, 다른 종교의 순례 문헌에 나오는 말들은 자주 인용할 것이다. 다른 종교에서 생각하는 순례가 기독교의 개념과 어떻게 다른지를 설명하기 위해서일 때도 있지만, 대개는 그 안에 나름대로 중요하고 아름답고 의미 있는 말들이 있기 때문이다.

대체로 내가 이 책에서 말하는 순례는 중세 기독교 시대에 성행하다가 최근 수십 년 사이에 다시 큰 인기를 얻고 있는 여정을 일컫는다. 즉 순례자용 호스텔이나 합숙소, 혹은 텐트나 노천에서 자면서 오래된 순례지 중 한 곳까지 걷거나 말을 타고 요즘에는 자전거로 꽤 먼 길을 가는 여정을 가리킨다. 물론 신앙의 동지들과 함께 호텔에 머물며 종교 유적지를 둘러보는 단체 버스관광에서 많은 것을 얻는 사람들도 있다. 하지만 나는 그런 부류가 아니며 그 방법이 왜 좋은지도 모르겠다. 틀림없이 그것은 내 쪽의 문제다. 어쨌든 나는 그런 관광을 해 본 적이 없으므로 이 책에도 그런 경험에 관한 글은 없다.

유물과 대사(大赦: 고해성사를 통해 죄가 사면된 후에 남아 있는 벌을 면제해 주는 제도—역주)에 관해서라면, 중세 시대의 순례라고 해서 무조건 다 옹호하는 것이 내가 할 일은 아니라고 본다. 괴상하고 위험하게 오용된 예들도 꽤 많이 있었다. 하지만 성인의 유골이나 전대사(全大赦: 남아 있는 모든 벌을 다 면제해 주는 대사—역주)라는 말을 들을 때 개신교인으로서 느끼는 본능적인 반감을 잠시 접어두고 그게 무슨 뜻인지 알아볼 책임은 내게도 분명히 있다.

누가 지적하기 전에 먼저 고백하거니와, 급진적인 하나님 나라에 대한 나의 글은 매우 위선적이다. 내가 살고 있는 곳은 텐트가 아니라 옥스퍼드의 주택이며, 나는 자전거로 출근하여 유서 깊고 한적한 도서관에서 일한다. 또한 나는 중년의 중산층인 데다 뚱뚱한 편이며, 내 친구들도 대부분 마찬가지다. 때로 나는 광야에서 도제 기간을 거쳤다는 생각에 스스로 우쭐해질 때도 있다. 하지만 내게 이런 위선이 있다고 해서 내가 쓰는 글이 반드시 틀린 것은 아니다. 다만 나 자신이 중대한 위험에 처해 있을 뿐이다.

이 책은 나에게 기운을 한껏 북돋아 주는 여정이었다. 함께 읽는 모든 독자들에게 감사를 드린다.

영국 옥스퍼드에서

찰스 포스터

감사의 글

감사해야 할 사람들이 족히 수천 명은 되는데, 특히 내가 함께 여행하며 배웠던 사람들을 빼놓을 수 없다. 대부분은 대화조차 해 보지 못한 사람들이지만 그들의 미소 짓고 인상 쓰는 얼굴과 깊어 보이고 때로는 실없어 보이는 표정을 내가 그냥 앗아 왔다. 그 덕분에 나는 훨씬 풍요로워졌다.

아울러 함께 대화를 나눈 길동무들도 꽤 있는데 이 자리를 빌려 그들의 안내와 지혜에 감사를 전한다. 이번에도 역시 내 마음대로 그것을 사용하려 한다. 그들은 맨디 머피, 크리스 베킹엄, 키스 파월, 이언 존스, 프래머드 쿠머 조시, 데이비드 페디, 제프 소머즈, 헤트 드 웨트, 조운 크룩스, 테렌스 그레이디, 조 지어스, 조나단 브룩, 데이비드 몬티스, 캐서린 드 리엔조, 리 글래스먼, 에스티 허스코위츠, 크리스 스미스, 사이먼 헤진보덤, 이샤크 샐먼, 크리스 툴레스 등이다. 그리고 내 아들 톰도 있다.

대화와 사건을 인용할 때는 대개 등장인물의 이름을 바꾸었고 종종 국적을 바꾸기도 했다.

이 책을 쓰기 직전에 셰인 클레어본(Shane Claiborne)을 만났다. 내가 진정한 예언자적인 목소리를 들어 본 적이 있다면 바로 그에게서리라. 그는 나에게 산상수훈의 존재와 긴박성을 상기시켰고, 그의 말은 이 책의 여러 대목에 색깔을 입혀 주었다.

데이비드 몬티스는 초고를 다 읽고 무섭도록 예리한 평을 자세히 들려주었다. 덕분에 이 책이 훨씬 나아졌다.

제임스 오어는 내 라틴어 문제를 해결해 주었다.

매트 보거와 제니퍼 맥닐을 비롯해 토머스 넬슨 출판사의 팀은 정말 훌륭했다. 이번 프로젝트는 그들의 아이디어였고 이 책의 집필을 부탁받은 일은 나에게 큰 특권이었다. 나를 이 출판사에 소개해 준 최고의 에이전트 치프 맥그리거에게 감사한다. 메리 홀링즈워스는 원고를 정리해 주었고, 어맨더 호프 헤일리는 섬세함과 박식함으로 신중하게 교정해 주었다.

매번 감사의 글을 쓸 때마다 맨 끝에 내 아내 메리(Mary)가 등장한다. 책을 쓴답시고 자리를 비워야 했던 그 모든 시간으로 인해 아내에게 늘 미안한 마음을 갖고 있다. 사과라도 하면 다 괜찮아질 것처럼 보이지만 괜찮지 않다는 것을 나는 안다. 지금껏 내가 말로 했던 것보다 부디 이 책이 더 좋은 설명이 되어 주기를 바랄 뿐이다.

들어가는 글

여기 당신 자신을 점검해 볼 수 있는 시험 문제가 있다.

1. 9세기 말 대서양의 큰 파도가 작은 나룻배 하나를 콘월(Cornwall) 북쪽의 바위투성이 해안으로 밀어 올렸다. 세 명의 아일랜드 사람이 비틀비틀 걸어 나와 십자를 긋고 모래에 입을 맞추었다. 일주일 전에 그들은 일주일 분의 식량만 가지고 나룻배에 노도 없이 아일랜드를 떠났다. 노가 있었다면 믿음 없는 행위가 되었을 것이다. 겨우 늦지 않게 콘월에 당도한 그들에 대해 「앵글로색슨 연대기」(*Anglo-Saxon Chronicle*)는 이렇게 전한다. "그들은 하나님을 사랑하는 마음에서 순례의 상태로 살기를 원했으며 장소가 어디인지는 중요하지 않았다."

2. 21세기 초 미국 어딘가에서 한 가정이 교회에 갈 준비를 하고 있었다. 그들은 제일 좋은 옷을 차려입었고, 그날은 아버지에게 아주 중요한 날이었다. 현지 변호사인 그는 모금 행사를 진행하는 일을 자원했다. 교회의 바람대로 부지를 넓히려면 5백만

달러가 필요했다. 모금 행사의 일환으로 5킬로미터 걷기 대회를 통해 후원금을 거두자는 제안이 나왔는데, 이 아버지가 교인들에게 그 아이디어를 홍보해야 했다. 이들 일가족이 탄 차는 교회로 가는 길에 볼썽사나운 달동네를 지나갔다. 경찰은 이 아버지의 항의에도 불구하고 그곳을 철거하지 않았다. 아버지의 말이 끝나자 우레 같은 박수가 터져 나왔고 이어 모두들 존 번연(John Bunyan)의 은혜로운 찬송가를 힘차게 불렀다. "사람의 말을 두려워하지 않고 밤낮으로 수고하여 순례자가 되리라." 끝난 후에 일가족은 집으로 돌아가 칠면조 요리로 저녁식사를 하면서 다음 번 휴가 때 플로리다에 갈 계획을 세웠다.

3. 수(Sue)는 다발성 경화증이란 신경 질환이 있어 계단을 기어 올라가려면 20분이 걸렸다. 그러나 수는 그곳에서 참으로 많은 것을 배웠다며 계단을 '시내 산'이라 불렀다.

4. 샘(Sam)은 탄식하며 말했다. "도마가 누렸던 유익을 나는 누리지 못하고 있다. 그는 그리스도의 상처에 손을 넣어 볼 기회가 있지 않았던가. 내가 할 수 있는 일이라고는 그분이 걸으셨다는 곳들에 가서 신약 성경의 이상하고 오래된 책들에 나오는 기사들이 과연 맞는지 직접 눈으로 보는 수밖에 없다. 그래서 나는 내일 비행기를 타고 텔아비브로 떠난다."

5. 뉴욕에서 금융회사에 다니던 젊은 힌두교도가 직장을 그만두고 떠돌이 탁발승이 되어 깡통을 들고 거리를 배회했다. 그

의 부모가 속상하여 "우리가 너한테 해주지 않은 게 하나도 없는데 도대체 왜 이러느냐?"고 물었다.

그러자 청년은 "정말 감사합니다. 하지만 저는 진정한 삶을 발견하고 싶은데 이것 말고는 다른 길을 못 찾겠습니다"라고 말했다.

6. 빅토리아(Victoria)는 남편과 자녀와 교회를 위해서 최선을 다하고 싶었다. 복음서를 읽으면 마음이 불편해지기는 했지만, 그래도 그녀는 집에서 요리하고 청소하는 일과 교회에서 맡은 봉사를 다른 사람에게 떠넘기고 예루살렘이나 산티아고나 인근의 노숙자 보호 시설로 훌쩍 가 버린다는 것은 무책임하다 못해 완전히 잘못된 일이라고 생각했다.

7. 앤디(Andy)는 병으로 죽어가고 있었다. 그런데 그는 보트를 하나 사서 친구들과 작별한 뒤에 다시는 돌아오지 않을 각오로 대서양을 항해했다.

8. 결혼 생활에 실패하여 앞으로 고양이들과 함께 쓸쓸하게 살아갈 신세가 된 제인(Jane)은 런던의 집을 잠가 놓고 로마까지 걷기 시작했다. 그녀는 신앙이 있는 사람은 아니었지만 길을 가는 중에 혹시 새로운 일이 생길지도 모른다고 생각했다.

이상의 사례 중에서 순례자가 등장하는 것이 있다면 무엇인가? 당신이 그렇게 생각하는 이유는 무엇인가?

1장
이상한 보행족

두 발 가진 포유류 동물은 대부분 껑충껑충 뛰거나 뒤뚱뒤뚱 걷는 데 반해 인간만은 직립 보행한다. 두 발로 보행하는 방식에 적응한 포유류는 호모 사피엔스뿐이다.

브리태니커 백과사전

인간은 동아프리카 어딘가에서 처음 생겨났을 때부터 걷기 시작했다. 몸의 구조가 보행하기에 알맞게 되어 있었다. 다리가 길고 곧아서 나무에 오르기에는 나빴지만 고개를 꼿꼿이 들고 대초원을 멀리까지 내다보기에는 더없이 좋았고 걷기에도 더없이 좋았다. 흔히들 인간을 호모 사피엔스(*Homo sapiens*) 즉 생각하는 인간이라 부르지만, 호모 암불란스(*Homo ambulans*) 즉 보행하는 인간이라 불러도 전혀 손색이 없을 뻔했다. 실로 인간의 사고와 보행은 정교하게 서로 얽혀 있다.

인간은 나일 강을 따라 걷고 시나이 반도를 가로질러 유럽과 아시아로 퍼져 나갔다. 걷기를 멈출 때도 있었지만 그럴 때는 꼭 재난이 닥쳤다. 어쨌든 지금까지 세상에는 언제나 유랑민이 있었다. 그들은 정착을 단호히 거부했고, 정착촌의 가장자리에서 정착민을 비판적이고 예언자적이며 연민을 품은 시선으로 들여다보았다. 밤이면 그들의 눈빛은 유난히 무섭게 반짝였다. 정착민은 거기에 위협받고 위축되고 비판당하는 기분이 들었고, 그래서 덩치 큰 불량배들처럼 그들도 폭력으로 맞섰다. 유랑민은 공격받고 쫓겨났지만 결코 기가 죽지는 않았다.

아브라함 신앙의 전통을 보면 하나님은 자신이 방랑자를 분명히 편애하고 계심을 감추지 않으신다. 그분은 베두인족의 편이시고 도시를 몹시 싫어하시는데, 이는 놀랄 일이 아니다. 유대교와 기독교와 이슬람교의 조상인 아브라함은 사막에서 살아가는 베두인족의 전형이 아니던가. 예수님도 집이 없으셨고, "여우도 굴이 있고 공중의 새도 집이 있으되 인자는 머리 둘 곳이 없도다"[1]라고 말씀하셨다. 그것도 애석하게 말씀하신 게 아니라 자랑스레 선포하셨는데, 이는 "나도 방랑자 아브라함과 같은 계열이다"라는 말씀과 같은 것이었다. 예언자 마호메트는 도시의 악을 비판했으며, 이슬람교는 흑염소 털로 짠 천막과 이글거리는 태양과 모래 폭풍의 종교다. 다른 모든 것과 마찬가지로 종교도 도시로 들어가면 변질되는 경향이 있다.

인간은 자신이 처음부터 보행자였음을 잊은 적이 없다. 일이 잘 풀리지 않으면 우리는 산책을 나가는데, 세로토닌이란 호르몬의 작용 때문이든 아니면 고대로부터 내려온 어떤 형이상학적인 기제 때문이든 그렇게 걷다 보면 좀 나아지는 것 같다. 인간은 자신이 인간(변호사나 학자나 그 밖의 호칭이 아니라)임을 느끼고 싶을 때면 신발 끈을 맨다. 그리고 그것을 더 절감하고 싶을 때면 아예 신발도 벗고 맨발로 걷는다. 인간과 시간의 이상한 관계를 묘사할 때면 우리는 "시간이 휙휙 지나간다"든지 "발목을 잡지 말라"든지 "막다른 골목에 이른 것 같다"는 식으로 노정의 언어를 사용한다.

모든 주요 종교는 인간과 인간의 발 그리고 인간이 우주에서 차지하는 자리 사이에 존재하는 이러한 근원적인 관계를 인정해 왔다. 그러한 인정은 여러 가지 형태로 나타났는데 그중 하나가 바로 순례다. 순례는 결코 막을 수 없는 것이며, 중세에는 순례가 경제의 큰 기반이 되기도 했다. 그것은 지금도 마찬가지여서 해마다 약 3백만 명의 무슬림이 메카(Mecca)로 참배를 떠나고, 5백만 명의 가톨릭교도가 루르드(Lourdes)에 가고, 2천만 명의 힌두교도가 인도의 1,800개 성소를 찾아가고, 70만 명의 엘비스 프레슬리 팬들이 테네시 주 멤피스에 있는 그레이스랜드라는 성지를 경건하게 방문한다. 교회에 나가는 사람들의 수는 곤두박질치고 있는 데 반해 길로 나서는 사람들의 수는 갈수록 늘어나고 있다. 지금이야말로 산티아고 데 콤포스텔라(Santiago de

Compostela: 사도 야고보의 유골이 있다고 알려진 스페인 서부의 성지—역주)에 호텔을 소유하고 있는 회사들의 주식을 사기에 딱 좋은 때다. 만약 당신이 기독교를 일정한 교리적 명제에 동의하는 일로 생각한다면 그것이 당신을 들볶아 병이 나게 할 것이다. "여호와께서 아브람에게 이르시되 너는 너의 고향과 친척과 아버지의 집을 떠나 내가 네게 보여 줄 땅으로 가라.…이에 아브람이 여호와의 말씀을 따라갔고."[2] 그 뒤로 지금까지 인간은 하나님이 보여 주신다고 생각하는 땅으로 가고 또 갔다.

유대교는 시나이 반도의 바람과 땡볕 속에서 이동 중에 형성되었다. 하나님은 "너희는 순례하는 백성이니 절대로 그것을 잊지 말라"라고 말씀하셨고, 그들의 기억을 돕고자 아예 그들의 달력에 보행의 절기들을 박아 두셨다. "너희의 모든 남자는 매년 세 번씩 주 여호와 이스라엘의 하나님 앞에 보일지라."[3] 이것은 그저 옷을 잘 차려입고 길모퉁이의 회당에 가는 정도가 아니었다. 성막 코앞에 사는 사람이 아닌 다음에야 그들은 유월절과 칠칠절과 초막절이면 매번 먼 길을 떠나야 했고, 흙먼지와 비용과 병치레와 빈대를 감수해야 했다.

* * *

이슬람교의 메카 참배도 비슷하다. 그들의 달력으로 12월 8일부터 13일까지 사우디아라비아의 인구는 어마어마하게 불어난다.

파키스탄의 농부들과 소매상이 평생 모은 돈으로 전세를 낸 비행기들이 상공을 가득 메우고, 차축이 휘어질 정도로 사람들을 미어터지게 실은 트럭들이 메카로 가는 흐물흐물한 포장도로로 몰려든다. 통통배들은 덜덜거리며 홍해를 가로지르고, 그 안에서 순례자들은 머리를 빡빡 밀어 머리털을 엔진이 남긴 항적 속에 던져 버린다. 코란에 보면 "집으로 가는 순례는 사람들이 알라에게 갚아야 할 의무이며, 갈 만한 형편이 되는 사람들은 모두 가야 한다"[4]라고 되어 있다. 여기서 집이란 '알라 신의 집' 즉 메카의 카바(Ka'aba) 신전을 가리키며, 무슬림은 그 신전을 아브라함과 이스마엘이 지었다고 믿고 있다. 그곳은 이슬람교가 생겨나기 오래 전부터 있었던 중요한 성지로, 예언자 마호메트가 입맞추었던 검은 돌(아마 운석일 것이다)의 파편이 소장되어 있다.

마호메트는 다신교에 맞서 맹렬히 싸웠고, 따라서 신앙을 한곳으로 집중시키는 일이 절대적으로 중요했다. 지역마다 작은 성지들을 허용하면 그곳에 작은 신들과 이단이 생겨날 위험이 있었다.[5] 그래서 오직 한곳으로만 순례를 의무화한 것이 메카 참배다. 이를 통하여 무슬림은 신도 알라 신 하나뿐이고, 그 신이 그곳에서 말씀하신 대상도 특별히 예언자 마호메트 하나뿐이며, 불신에 맞서는 진정한 개혁도 이 순례 하나뿐임을 상기하게 된다. 메카 참배는 이슬람교의 세계적인 규모를 일깨우는 기회이고, 아브라함의 길과 뿌리로 돌아가는 여정이며, 멈추면 죽는다는 것을 환기시키는 장치다. 메카 참배는 "너희는 그저 지나갈 뿐이니 계속 이동하라. 너희의 참 집은 다카(Dhaka)도 아니고 자카르타도 아니며 사실은 메카도 아니다. 너희가 다다라야 할 곳은 오직 낙원이니 계속 걸으라"라고 가르친다. 그래서 그들은 카바 신전에 도착해서도 계속 걷는다. 알라의 보좌를 빙빙 도는 천사들(천사들도 나그네이므로)의 날갯짓을 따라 총 일곱 바퀴를 도는 것이다.

그 일이 다 끝나도 순례자들의 이동은 계속된다. 그들은 이스마엘의 어머니 하갈을 기억하기 위하여 두 언덕 사이를 달린 다음, 다시 마호메트가 죽기 전에 추종자들에게 마지막으로 말한 곳인 자비의 산(Mount of Mercy)으로 간다. 희생제(*Eid ul-Adha*, 아브라함이 아들 대신 숫양을 제사로 드린 일을 기억하는 절기) 중에는 아브라함과의 관계를 재확인하며 희생제물을 먹는데, 이는 광야의 사람을 기억하는 광야의 식사다.

전에는 메카로 가는 여정이 위험하고 힘들었으며 지금도 그럴 때가 있다. 하지만 여정 자체는 메카 참배의 일부가 아님을 이슬람교는 분명히 하고 있다. 엄밀한 의미에서 메카 참배는 순례자가 메카에 도착하는 순간부터 시작되며, 이러한 원칙은 이단을 막아 내는 확실한 보루다. 메카 참배의 요지가 교리적인 연합과 순수성을 도모하는 것이라면, 성직자의 감독과 전통이라는 테두리 안에서 벌어지는 체험만이 정당한 체험이라 해도 틀린 말은 아니다. 하지만 길은 깨달음이 찾아오는 예측할 수 없는 곳이다. 사람들에게 뭔가 일이 벌어지는 곳도 길이다. 일단 길에 들어서면 체험의 수문(水門)이 활짝 열리는데, 거기에 무엇이 끼어들지 누가 알겠는가?

* * *

힌두교와 불교의 방랑자들은 그런 걱정으로 고민할 필요가 없다. 그들은 땅을 통하여 변화되기를 원하며 실제로 그렇게 변화된다. 힌두교와 불교에 있는 순례의 전통은 현기증이 날 정도로 오래되었다. 힌두교의 근간이 되는 문서 중 하나인 「마하바라타」(*Mahabharata*, 주전 400년경)에는 순례의 장소가 많이 열거되어 있으며, 불교에는 최소 주전 3세기까지는 순례의 행로가 잘 확립되어 있었다.

힌두교는 특히 땅을 신성하게 여긴다. 그 신성함을 표현하는 방법이 많지만 그중에서 가장 흔한 것 하나는, 인도 전체를 신비롭게 팔다리가 잘려 나간 채 산호색 바다 사이에 흩뿌려진 여신의 육체로 보는 것이다. 이 여신의 육체가 인도에 스며들어 땅을 비옥하게 하고 거룩하게 한다. 어느 신령한 산은 여신의 젖꼭지일 수 있고 동굴은 여신의 배꼽일 수 있다. 숲속에서 죽음을 기다리는 사람에게는 땅속에서 진동하는 여신의 심장박동이 들릴지도 모른다.

그러므로 물리적인 지형은 대단히 중요하다. 산사태로 깎여 내려가는 토사는 여신의 뺨에 흘러내리는 눈물일 수 있다. 종교 활동을 지배하는 것은 지형이라 할 수 있다. 즉 종교가 발생하는 곳은 건물 안이 아니다. 최근에 영국 버밍엄 근처에 비슈누 신전을 신축했는데, 인도 안드라프라데시 주의 티루파티에 있는 비슈누 신전을 그대로 복제한 것이다. 특히 본래의 신전을 에워싸고 있는 일곱 개의 언덕까지 그대로 재현해 놓았다.

큰 절기가 되면 순례자들이 파도처럼 인도에 밀려들어와 바라나시와 브린다반과 바드리나스의 해변에 물결처럼 부서진다. 평생토록 그 파도를 타며 음식을 구걸하는 순례자들도 있는데, 그들의 발바닥에 박힌 군살은 발목만큼이나 두껍다.

뱅갈로어에서는 에어컨이 달린 리무진을 타고 온 소프트웨어 기술자들도 마찬가지로 걸어야 한다. 그들은 꽉 끼는 폴리에스테르 바지를 입고 정해진 행렬의 노선을 따라 어기적어기적 걷는다. 그곳의 건물은 회합이나 숙박이나 오락을 위하여 존재하는 것이 아니라 사람들이 그 사이로 걸어 지나가기 위해서 존재한다.

* * *

그리고 그 다음에 기독교가 있다.

팔레스타인에서 나신 예수님은 **철저히** 유대인이셨다. 그리스도인들은 그분이 하나님이시며 하나님이 유례없이 시공을 뚫고 들어와 성지를 돌아다니셨다고 믿었다. 팔레스타인의 물리적 증거는 기독교를 변증해 준다는 점에서 중요한 의미가 있으며, 다른 어느 종교에도 비슷한 증거는 없다. 게다가 성육신의 신학은 그 증거에 사랑의 능력까지 입혀 주었는데, 부처의 손톱도 불교도들에게 그런 능력을 주지는 못했다. 예수님의 생애를 기록한 기사들은 지리적 정보를 명확히 밝히고 있다. "나를 따르라"는 그분의 말씀에 많은 사람들이 말 그대로 그분을 따라갔다.

콘스탄티누스 황제가 등극하기 전까지만 해도 기독교의 성지를 순례하는 일은 어려웠다.[6] 하지만 그 후 콘스탄티누스의 어머니인 막강한 헬레나(Helena)의 노력으로 한동안 성지 순례가 쉬워지고 대중화되었다. 헬레나는 성경에 언급된 곳들을 일일이 찾아내려고 근동 지방 일대를 샅샅이 뒤졌는데, 그때 붙인 명칭들이 대체로 지금까지도 그대로 남아 있다. 그중에는 헬레나의 판단이 거의 확실히 틀린 경우도 있고(시내 산이 그런 경우다), 현대 고고학의 회의론이 내놓은 최악의 비판을 견뎌내고 비교적 의연히 살아남은 경우도 있다[예컨대 예루살렘에 있는 성묘 교회(Church of the Holy Sepulchre) 안에는 예수님이 죽으셨다는 곳과 부활하셨다는 곳이 있다]. 또한 "가능성이 없지는 않다"라는 판정이 영영 따라다닐 만한 경우도 많이 있다[베들레헴에 있는 예수 탄생 교회(Church of the Nativity)가 그런 경우다]. 이렇듯 헬레나는 기독교의 성지에 순례자를 위한 지도를 그려 놓은 사람이다.

그런데 헬레나의 지도는 얼마 지나지 않아 온갖 전설과 신학으로 얼룩지게 된다. 성묘 교회는 아담이 창조된 곳이자 아브라함이 이삭을 죽이려고 칼을 든 곳으로 의미가 확대된다[유대교에서는 두 가지 모두 성전 산(Temple Mount)에서 있었던 일로 본다]. 오늘날 성묘 교회에 가서 용케 혼잡스런 인파를 뚫고 지나가면 골고다의 바위에 갈라진 틈이 보일 것이다. 모든 관광단은 그 틈이 예수님이 죽으시던 순간에 "땅이 진동하며 바위가 터지"면서[7] 생겨났다는 설명을 듣게 된다. 가톨릭과 동방정교의 관광단에게는 예수님의 피가 그 틈새로 흘러들어 아담의 묘로 내려갔다는 설명까지 곁들여진다. 그렇게 둘째 아담의 피가 첫째 아담을 구원했다는 말이다.

4세기부터 순례자를 위한 안내서들이 제법 돈벌이가 되면서 후에도 그런 책들이 꽤 많이 선보였다. 그 책들에 보면 신화들이 만들어진 경위가 자세히 나와 있다. 인간은 추상적이지만 중요한 장면을 어떻게든 눈으로 보기 원하는데, 성지 순례의 열기는 그런 것들을 멋지게 구체화해 주었다. 신앙이 독실한 사람들은 바위의 돔 사원(Dome of the Rock) 한가운데 걸려 있는 큰 등잔에 머릿속으로나마 그리스도의 피를 부었고, 그 사원 근처에 있는 한 수조(水槽)를 에스겔이 예언한 성전에서 흘러나오는 물과 연결시켰다.[8] 다른 종교들과의 노골적인 경쟁도 볼 수 있다. 이슬람교는 바위의 돔 사원 안에서 부라크(Buraq)라는 마호메트의 말 발자국이 보인다고 말한다. 그러자 그리스도인 순례자들도 이에 질세라 예수님이 성전에 가셨을 때 찍혔다는 그분의 발자국을 거기서 찾아냈다.

* * *

주후 638년에 이슬람 군대가 아라비아에서 휩쓸고 올라와 예루살렘을 점령했다. 그 충격과 수치가 기독교계 전체로 퍼져 나가면서, 가톨릭과 동방정교 등으로 갈라졌던 그리스도인들을 끈끈하게 하나로 응집시켜 주었다. 그리스도인들은 자기들끼리도 서로 미워했지만 예루살렘을 정복한 무슬림을 훨씬 더 미워했다. 이로써 기독교의 순례는 거의 중단되기에 이르렀다. 소수의 용감한 여행자들이 여전히 성지에 갔지만 아마 신앙보다는 오기로 그랬을 것이다.

기독교계는 맹비난을 퍼부으며 대책을 강구했지만 그래도 삶은 계속되었다. 순록이나 제비의 이주를 막을 수 없듯이 순례의 본능도 억누를 수 없는 법이다. 그래서 지역마다 성지가 생겨났고(성지 예루살렘에서 가져온 유물이 있는 곳들은 특히 인기가 좋았다) 성인들의 묘지도 전보다 많은 관심을 끌었다.

1099년에 자칭 '무장 순례단'이 죄책감과 두려움과 종말론적 찬송에 자극을 받고 피를 보려는 굶주림에 도취되어 제1차 십자군 원정으로 예루살렘을 습격했다. 성전 산의 배수구로 한바탕 살육의 피가 씻겨 내려간 뒤로 이상한 나라가 성지를 다스리기 시작했다. 갑옷을 입고 창검을 든 사람들의 나라였는데, 멀리 고국을 떠나와 처참한 일들을 당하기도 하고 저지르기도 한 그들에게 시간은 짧고 구원은 급하기만 했다.

십자군의 위력은 정말 대단했다. 그들은 보급선이 너무 길어 위험하다는 것을 깨닫고 보급선을 지키려고 곳곳에 성을 건축했다. 가장 궁핍한 처지에서 지어진 이 성들이 나중에 중세의 영화를 보여 주는 훌륭한 건축물이 되었다. 시리아 고원의 크라크데슈발리에(Krak des Chevaliers, 기사의 성) 꼭대기의 흉벽 앞에서 땀을 흘리면서 나는 인간이 만든 것에 난생처음 감탄했다. 나는 예루살렘에 갈 때마다 십자군이 쓰던 지하실에 묵는다. 밤마다 관광객들의 카메라 플래시가 잦아들고 버스들이 연기를 뿜어내며 텔아비브로 돌아가고 나면, 나는 성묘 교회로 가서 갈보리 언덕에 앉아 어둠 속에서 먼 옛날의 유향 냄새를 맡는다. 십자군이 했거나 하려 했던 일 중에 가장 잘한 것은 성묘 교회를 회복한 것일지도 모르겠다.

예루살렘의 잔혹하고 몽상적인 나라는 100년도 가지 못했다. 1187년에 십자군은 갈릴리의 하틴(Hattin) 벌판으로 진군하여 살라딘(Saladin)의 군대와 맞섰다. 십자군은 가장 값진 유물인 예수님의 십자가를 가지고 갔는데, 예수님이 달리셨다는 그 십자가는 헬레나가 성묘 밑의 동굴에서 발견한 것이었다. 십자군은 자기들에게 패배란 있을 수 없다고 생각했다. 여태까지 어둠의 세력을 물리치고 사탄을 궤멸시킨 이 십자가 앞에서 아이유브 왕조의 신출내기 살라딘에게 무슨 승산이 있겠는가?

하지만 이번에는 십자군이 궤멸당했다. 이슬람의 무리가 승전을 환호하며 빼앗아 간 십자가는 이후로 다시는 볼 수 없게 되었다. 하틴에서 당했던 참패는 군사적 재난이자 신학적 재난이었다. 나라의 명맥이 끊겼고 예루살렘도 곧 함락당했다. 이를 계기로 십자군의 존재 이유에 대하여 뼈아픈 재평가가 있어야 했다. 아닌 게 아니라 뼈아픈 고뇌가 많을 수밖에 없었다. 구원의 도구가 사라졌으니 구원도 함께 사라진 것일까? 분명 하나님이 십자군의 전사들에게서 은총을 거두신 것일까? 기독교가 이슬람교로 대체되었다는 이슬람의 말은 정말 맞는 말일까? 하틴 사건은 서구 기독교의 정신세계에 깊숙이 의심을 불어넣었다.

그러나 어떤 면에서 십자군이나 기독교계는 이러한 성찰의 경련을 극복하는 데 시간이 그리 오래 걸리지 않았다. 그들은 구약 성경의 많은 설명을 바탕으로 자신들이 충실하지 못하고 부도덕하고 교만하여 하나님이 그러한 자신들을 심판하신 것이라 해석했다. 하지만 그것은 어디까지나 자신들의 폭력에 대한 심판으로 여긴 것은 아니었다. 그렇다면 이제 어떻게 회개하고 다시 그분의 은총을 얻을 것인가? 그 방법은 군사력을 강화하여 하틴에서 모욕당한 하나님의 이름을 위하여 복수하는 것이었다. 그들에게 하나님은 자신들과 비슷한 존재였고, 그래서 그분의 명예가 무엇보다도 중요했다.

그리하여 십자군은 계속 으르렁거리며 피를 흘렸다. 원정에 나설 때마다 그 속에는 순례자로 자처하는 사람들도 있었는데, 대개는 주로 참회가 목적이었다. 교황청에서는 십자군 본연의 정치적 임무를 날로 더욱 주지시켰지만, 십자군을 옹호하는 설교자들의 논리에는 성지로 오가는 순례자들을 보호해야 한다는 내용이 강조되었다.

이후로 십자군 원정이 제1차 때만큼 성공한 적은 없었다. 무장 순례단은 좌절감에 빠져 나중에는 유대교인과 그리스도인들을 괴롭혔다. 제4차 십자군 원정은 1204년에 기독교 도시인 콘스탄티노플을 약탈했고, 이로써 유럽에 유물 거래가 큰 호황을 이루면서 결과적으로 유럽에 순례의 행선지들이 더 많아졌다. 하지만 예루살렘 자체는 계속 이슬람교 치하에 남아, 1917년 영국군 사령관 에드먼드 앨런비(Edmund Allenby)가 오스만 군대를 무찌른 뒤 그 거룩한 도시에 경의를 표하는 뜻으로 말에서 내려 걸어서 입성할 때까지 그 상태로 남아 있었다. 그때 앨런비는 지혜롭지 못하게도 "오늘로 십자군 원정은 끝났다"고 말했다.

* * *

중세 시대는 순례의 전성기였다. 십자군 원정 때문에 긴장감이 감돌기는 했지만 예루살렘으로 가는 발길은 늘 끊이지 않았다. 사라센 사람들(성지를 점령하고 있던 사람들을 흔히 그렇게 총칭한다)이 순례자들의 삶을 힘들고 번거롭고 돈이 많이 들게 하기는 했지만, 진짜 위험은 강도떼와 폭풍과 전염병이었다. 그래도 아랑곳없이 베네치아의 여행사들은 성지까지 가는 고된 여행 상품들을 내놓았고, 배낭족들은 이미 그때부터 직접 성지를 찾아갔다.

그때도 순례자들의 마음속 동기는 현대의 여행자들만큼이나 가지각색이었다. 아무래도 신앙적인 이유로 가는 사람들이 대부분이었지만 간음죄나 살인죄를 속죄하려고 가는 사람들도 많았다. 그런가 하면 성지에 가면 몸의 장애나 나병이 나을 거라고 믿은 사람들도 있었고, 성인(聖人)들의 치아나 예언자들의 머리카락이나 채찍질할 때 사람을 묶던 기둥의 토막 따위로 한몫 잡아 보려고 유물을 노리는 사람들도 있었다. 또 평생 자기 교구를 벗어나지 못하는 경우가 많았던 중세의 답답한 생활에 싫증이 나서 모험을 떠나는 사람들도 있었다. 그리고 도마나 나처럼 확신이 없어서 혹시 예수님이 남기신 흔적에 손가락이라도 넣어 보면 믿음이 자랄까 싶어서 가는 사람들도 있었다.

예루살렘은 그리스도인이 순례를 떠나는 행선지로 항상 으뜸이었고, 중요한 성경적 의미를 지니고 있다는 점에서나 순전히 거기까지 가기가 어렵다는 점에서나 단연 유명한 곳이었다.

로마와 산티아고 데 콤포스텔라가 그 뒤를 바짝 쫓았다. 베드로의 후계자들이 남아 있고 베드로와 바울의 무덤이 있는 로마에는 약탈당하고 남은 유물이 도처에 널려 있다. 스페인 북서부의 갈리시아 지방에 있는 산티아고에는 사도 야고보의 유골이 있다고 알려져 있는데, 이 유골은 그가 주후 44년에 순교한 뒤에 기적처럼 그곳으로 옮겨져 835년에야 발견되었다고 한다.

그보다 규모는 작지만 국제적인 갈등의 부산물로 생겨난 작은 성지들이 있다. 영국의 월싱엄(Walsingham)이나 캔터베리(Canterbury)가 그런 경우인데, 월싱엄에는 마리아가 수태고지를 받았던 나사렛의 집이 복제되어 있다. 이 건물은 색슨의 귀족 리첼디스(Richeldis)가 1061년에 성모 마리아의 환상을 보던 중에 계시받은 설계도대로 지은 것이다. 캔터베리는 1170년에 대성당 본전에서 헨리 2세의 기사들이 대주교 토머스 아 베켓(Thomas à Becket)의 정수리를 벤 직후 즈음부터 기적을 일으키는 곳이라는 신임을 얻었다. 3년 후 토머스가 시성(諡聖)을 받을 무렵 캔터베리의 상인과 숙박업자들은 이미 큰 부자가 되어 있었다.

그런가 하면 종종 기독교 시대 이전부터 신성시되다가 그리스도인들에게 세례를 받은 작은 성지들이 지역마다 늘 있었다. 이를테면 신령한 샘과 물웅덩이, 수태한 모습으로 사암(砂巖) 속에 있다가 성모 마리아로 개명된 어머니 신, 또는 한때 아이들의 피로 물들었으나 이제는 교회 소풍 때마다 햇볕을 가려 주는 차양으로 거듭난 나무들이 있었다.

* * *

개신교의 종교개혁자들은 대체로 순례를 반대했는데 그것도 맹렬히 반대했다. 그들은 유물 숭배에 눈살을 찌푸렸고, 흔히 순례 장소를 찾아가는 것과 연관되던 대사를 맹비난했다. 또한 이 모두가 사람을 무지하게 만드는 미신이며, 인간의 힘으로 구원을 이루어낼 수 있다는 이단을 부추긴다고 보았다. 그래서 그들은 힘닿는 한 어떻게든 순례를 막았다.

종교개혁이 일어난 유럽 국가들에서 그들은 한동안 꽤 크게 성공했다. 캔터베리의 사업가들은 허리띠를 졸라매야 했고, 영국의 순례자들이 큰 무리를 지어 산티아고에 가는 일도 없어졌다.

* * *

그런데 우리는 자칫 유럽 중심이라는 잘못된 길로 빠지기 쉽다. 기독교 세계는 유럽이 아니며, 기독교는 동양의 종교인데 불운하게도 서양에서 특별히 대중화된 것이다(서양은 기독교를 제대로 이해할 가능성이 가장 낮은 곳이다).

교황과 종교개혁자들의 영향권 밖에서는 비교적 유럽의 시시한 입씨름과 무관하게 순례가 계속되었다. 동방정교도들은 계속 열심히 성인들의 무덤이나 은자들의 동굴과 기둥을 찾아갔다. 인도의 한 성지가 거룩한 까닭은 그것이 힌두교의 여신인 사티(Sati)의 무릎이기 때문이기도 하고, 거기서 포르투갈의 한 선교사가 큰소리로 외치며 천국에 갔기 때문이기도 하다. 인도에는 거룩함이 누구에게나 돌아갈 만큼 매우 충분해서 아무도 질투를 느낄 필요가 없다. 비교적 최근에 불명예스러운 예외가 몇 번 있었던 것을 제외하고는 정말 아무도 질투하는 사람이 없었다.

켈트족은 극히 형식적으로 로마에 동조하는 시늉만 했을 뿐 대체로 해양에서 독자적인 행보를 보였다. 주후 462년에 성 패트릭(St. Patrick)이 죽고 나서 한 세기 안에 피어난 초기의 아일랜드 교회는 순교의 종류를 세 가지로 보았다. '적색 순교'는 그리스도를 위하여 죽는 것이고, '녹색 순교'는 힘든 금욕을 실천하는 것이며, '백색 순교'는 몇 년씩 집을 떠나서 사는 것이다. 아일랜드의 순례자들은 녹색 순교와 백색 순교의 길을 갔다. 녹색 순교자들은 예수님의 발에도 피가 흘렀음을 기억하며 눈길을 맨발로 걷곤 했고, 백색 순교자들은 갈매기의 이동로를 무작정 따라가거나 암자를 예루살렘 삼아 저 아래 난파선에서 쉬고 있는 바다표범들을 내다보곤 했다.

* * *

종교개혁자들은 순례와의 전쟁에서 패했다. 인간의 정체성에 그토록 근간이 되는 것을 뿌리 뽑을 수는 없는 일이다. 모든 종파의 그리스도인들과 아무 종파도 없는 그리스도인들 그리고 순전히 걷고 싶은 충동밖에 없는 사람들이 지금도 테제(Taizé)와 산티아고와 로마와 예루살렘으로 모여들고 있다. 그들의 동기는 아마 중세의 순례자들의 동기보다 잡다하거나 덜 명확할 것이다. '나 자신을 찾아서' 또는 '이게 뭔지 알아보려고' 간다는 사람들도 많다. 신약 성경에 나오는 하나님 나라의 신학이 옳다면, 그들은 마르틴 루터가 생각하던 것만큼 그렇게 방종에 빠져 있거나 이단적인 사람들이 아닐 수도 있다.

순례를 통하여 누구나 다 자기가 찾으려던 것을 얻는 것은 아니다. 하지만 누구나 다 자기에게 없던 무엇, 그리고 자기가 원하고 필요로 하는 무엇인가를 얻게 된다. 순례란 자신의 신앙이 무엇이든 그 신앙으로 뭔가를 하는 것이다. 그리고 신앙도 근육처럼 실생활 속에서 사용되기를 좋아한다.

성묘 교회에 있는 아르메니아 예배실에 가면 3세기의 순례자들이 배 한 척을 그려 놓았다.[9] 그들은 편안함에 길들여진 우리 세대로서는 가히 상상할 수도 없는 고생과 사투 끝에 그곳에 당도했을 것이다. 그 그림에는 '도미네 이비무스'(*Domine ivimus*)라는 글귀가 새겨져 있는데 이는 "주여, 우리가 왔나이다"라는 뜻이다.[10] 그러나 끝내 목적지에 도착조차 하지 못한 사람들이 태반이었다.

2장
보행의 신학: 길은 하나님 나라로 이어진다

무슨 일을 하든지 그것을 통하여 기쁜 소식이 된다는 것은 곧 예수님이 걸으신 것처럼 걷는다는 뜻이다.
마틴 레이즐[1]

"아슬란이 움직이고 있다. 마녀의 마법이 힘을 잃고 있다…" 이윽고 에드먼드의 귀에 그 다른 소리가 똑똑히 들려왔다. 바스락거리는 것도 같고 웅얼거리는 것도 같은 그 낯설고도 반가운 소리는…다름 아닌 물이 흐르는 소리였다.…겨울이 끝났음을 깨닫는 순간 에드먼드는 왠지 모르게 심장이 두근거렸다. 드디어 눈이 본격적으로 녹으면서 사방에 푸른 잔디가 한 움큼씩 모습을 드러내고 있었다.
C. S. 루이스[2]

이 책은 명색이 기독교 서적이다. 기독교의 깊이 있고 감동적인 인용문들을 힌두교와 불교와 공산주의와 이슬람교와 조로아스터교와 유대교의 인용문들과 나란히 제시하면서 "보다시피 그리스도인들과 그 밖의 사람들은 순례를 가는 이유도 이렇게 다르고 순례를 통하여 얻는 것도 확연히 다르다"라고 말할 수 있다면 책을 쓰기가 훨씬 수월했을 것이다. 기독교 고유의 순례의 핵심을 그런 식으로 간단히 설명할 수 있다면 얼마나 좋을까. 하지만 그것은 불가능한 일이다. 공감을 주고 유익하며 시적일 뿐 아니라 신학적으로도 흠이 없는 인용문이 기독교 자료에 하나가 있다면, 다른 자료들에는 비슷한 인용문이 여남은 개는 된다.

내가 다니고 있는 성삼위일체 브롬튼 교회(Holy Trinity Brompton Church)에서 한 가지 시험을 해 보았다. 우선 나는 웬만한 주요 종교에서 순례와 관련된 인용문을 수십 개를 뽑아 원전을 밝히지 않고 쭉 적었다. 그 다음에 신학적 식견을 갖춘 그리스도인들을 대상으로 그중에서 '기독교적인' 인용문들이 어떤 것인지 가려 보라고 했다. 그들은 가려내지 못하고 쩔쩔맸다. 내가 답을 말해 주자 그들은 재미있어 하면서도 큰 충격을 받았다. 아주 열성적인 한 여자는 6세기의 힌두교에서 따온 말에서 "예수님의 정신이 물씬 풍겨난다"라고 말했다. 내가 어찌 감히 그녀에게 틀렸다고 말할 수 있겠는가? 다른 여자는 시 하나를 지목하며 "여태까지 읽어 본 중에 가장 아름다운 시다. 아침마다 경건의 시간 때 사용하겠다"라며 기쁨을 감추지 못했다. 그 시가 페르시아의 이슬람교에서 온 것이라는 이유만으로 그녀를 말렸어야 하는 것인지 잘 모르겠다.

그렇다면 기독교의 순례와 그 밖의 순례는 과연 다른 것인가? 앞서 말한 자료들을 보면 두 가지 차이가 확연히 드러난다. 첫째, 그리스도인들에게 중요한 것은 **여정** 자체이지 **도착**이 아니다. 둘째(당연히 첫째와 상관이 있다), 대체로 그리스도인들이 훨씬 더 **재미있게** 순례를 즐기는 것 같다. 물론 그리스도인 순례자들 중에도 무뚝뚝하고, 무표정하고, 입을 앙다물고, 혀를 차고, 가책에 시달리고, 삶을 부인하고, 비유적으로 검정색 옷을 입은 사람들이 많이 있다. 우리도 어느 구간은 그런 사람들과 함께 걷게 될 것이다. 반대로 힌두교도나 이슬람교도 중에도 명랑한 사람들이 많이 있다. 하지만 전체적으로 볼 때 그리스도인 순례자들이 훨씬 많이 웃는다. **전형적인** 그리스도인 순례단은 제프리 초서(Geoffrey Chaucer)의 「캔터베리 이야기」(*Canterbury Tales*, 서해문집)에 나오는 순례단이다. 그런데 그들은 술을 좋아하고, 트림을 해대고, 짓궂은 장난도 치고, 감상적이고, 확신이 없고, 너그럽고, 흠이 많고, 일관성이 없고, 욱하는 기질이 있고, 동정심이 많고, 정에 끌리는 사람들이다. 성묘 교회에서 그리스도의 상처를 기억하며 엉엉 울고 병적으로 흥분하기를 잘하던 15세기의 순례자 마저리 켐프(Margery Kempe)와 함께 하루를 지내는 것보다, 타바드 여관(Tabard Inn: 토머스 아 베켓의 성지를 찾아가는 많은 순례자들이 묵었던 여관으로 초서의 「캔터베리 이야기」에 여관 주인으로 나오는 해리 베일리가 실제 주인이었다—역주)에서 하루저녁을 보내는 편이 낫다.

이 차이는 중요하며 그 뿌리는 신학적이다. 다시 길로 나서기 전에 우리는 그 뿌리를 추적해 볼 필요가 있다. 그리스도인 순례자들이 보여 준 특유의 색깔과 맛과 다양성과 활기는 그들의 기독교가 낳은 직접적인 결과였다고 할 수 있다. 그리고 모든 진정한 기독교가 그렇듯이 그들의 기독교도 일체의 타협 없이 영지주의를 거부하는 것이 특징이었다. 여기 우리가 순례를 이야기해야 할 또 다른 이유가 있다. 제대로 하기만 하면 순례야말로 영지주의를 물리치는 가장 잘 알려진 해독제 중 하나다. 영지주의는 흙 묻은 신발을 보면 비명을 지르며 달아난다. 지혜로운 사람들이 순례를 처방해 줄 때에는 쪽지에 적힌 진단명이 '영지주의'일 소지가 상당히 높다.

* * *

영지주의는 세상에 선과 악이라는 두 세력이 서로 싸우고 있다고 말한다. 선한 세력은 '영적'이고 악한 세력은 육적이다. 영지주의자가 말하는 착한 사람이란 이 땅의 것들을 버리는 '영적'인 존재다. 영지주의자들은 예수님이 인간이심을 받아들일 수 없으며 그분의 인성은 환영(幻影)일 뿐이다. 그분은 순전한 영이시므로 육이 아닌 손에 더러운 살덩이를 입거나 먼지를 묻히실 리가 없다는 것이다.

초대교회는 그런 사상이 어떤 결과를 낳을지를 알았기에 목숨을 걸고 영지주의와 싸웠다. 초대교회는 물질이 중요하다는 것, 성육신을 통하여 하나님이 물질을 확실히 긍정하셨다는 것, 예수님이 카이사르 아우구스투스 재위 중에 팔레스타인의 흙먼지 속에 나타나신 일이 바로 시간 자체와 인간이 시간을 통과해 나가는 방식을 거룩하게 했다는 것, 성전의 휘장이 찢어짐으로 인해 성과 속의 구분이 없어졌다는 것, 몸의 부활이라는 기독교만의 교리는 장차 올 나라가 몸으로 경험되는 곳임을 뜻한다는 것, 이 세상과 장차 올 나라가 서로 긴밀하게 연결되어 있다는 것, 하나님이 이 세상을 단념하여 그냥 불속에 던져 버리시고 다시 시작하시는 게 아니라는 것 등을 주장했다. 한마디로, 우리가 웃고 울고 사랑하고 길을 걷고 성관계를 하는 것 이 모두가 성례전적인 활동이다. 그것들 자체가 하나님 나라를 짓는 벽돌이 될 수 있다. "내일 죽으리니 먹고 마시자"가 아니라 내일이든 모레든 죽지 **않으리니** 먹고 마시고 즐거워하라는 말이다.

역사는 교회가 이겼다고 말하지만 유감스럽게도 나는 거기에 동의하지 않는다. 전쟁은 지금도 계속되고 있으며 전세는 교회 쪽에 유리해 보이지 않는다.

* * *

오늘 아침에 친한 그리스도인 친구 하나가 나에게 이런 문자 메시지를 보내 왔다. "이생에 초연한 영적인 사람이 되고 싶은데 그것을 정말 어디서 찾을 수 있을까?"

일요일에 교회에서 우리는 "주님만을 원합니다. 나의 필요는 오직 주님뿐입니다"[3]라는 노래를 불렀다. 하지만 그것은 사실이 아닌지라 좀처럼 입이 떨어지지가 않았다. 나는 주님 외에도 예컨대 산, 파도, 친구 등 원하는 것들이 많으며, 하나님도 내가 그것들을 원하기를 바라신다. 또 나는 주님 외에도 음식, 공기, 건강한 심근(心筋) 등 필요한 것들이 많이 있다. 그 가사가 "내가 원하는 모든 것은 궁극적으로 하나님에게서 온다"라는 뜻이라면 그것은 맞는 말이다. 하지만 그것은 전혀 다른 명제이며, 대부분의 예배자들은 그 노래를 그런 뜻으로 부르지 않았다. 그들은 예배에 심취해 굳이 가사를 따져 보지 않았을 것이다.

그 노래에 이어 우리가 부른 찬송은 "주 없이 모든 일 헛되어라"[4]였다. 정말 '모든 일'이 헛될까? 하나님은 정말 내가 그렇게 생각하기를 원하실까? 내 아내와 자녀들, 고통당하는 수많은 사람들, 흰 표범의 운명이 모두 헛되다는 말인가?

내 친구와 그 노래와 찬송은 노골적인 영지주의를 드러내고 있었다. 그것이 바로 현대의 많은 교회들을 지배하는 세력이다. 경건하고 뜨거운 교회일수록 그만큼 더 영지주의에 사로잡혀 있는 경우가 많다.

영지주의의 지배력은 우리가 그리스도인을 칭찬할 때 사용하는 어휘에 잘 나타난다. 우리는 상대방이 예수님을 잘 따르는 사람이라는 뜻으로 "그 사람은 정말 영적인 사람이다"라고 말한다. 하지만 성경적으로 맞는 칭찬은 "성령께서 그 안에 거하심으로 그 사람은 몸과 마음과 영이 잘 어우러진 칵테일 같다"가 될 것이다. 잘 섞인 칵테일만이 파티에 흥을 돋우어 준다. 마저리 켐프를 보면서 "충만한 삶이란 저런 것이다"라고 말한 사람은 아무도 없다.

어젯밤에 나는 유명한 신화학자 조셉 캠벨(Joseph Campbell)의 강의를 다시 보았다. 세상의 주요 종교들의 토대가 되고 있는 신화들을 탁월하게 개괄한 내용인데, 정말 희한하기 짝이 없는 게 기독교라는 생각이 다시금 강하게 들었다. 기독교의 독특성은 한 사람과의 관계에 있다. 그분은 우리처럼 시간의 흐름을 느끼셨고, 양고기와 포도주를 드셨고, 때로는 방광이 꽉 차서 괴로우셨고, 어디를 가나 병을 고쳐주고 물로 포도주(그것도 상품 포도주)를 만들어 잔치를 흥겹게 할 만큼 몸을 중시하셨고, 차차 살펴보겠지만 걷기를 무척이나 좋아하셨다. 다른 모든 종교는 영적인 것들을 미화하여 말한다. 또한 육체에서 이탈한 신령한 미래를 약속하고(유대교만 그렇게 단정적이지 않은데 이것은 중요하다), 우리의 실존을 영과 육의 영지주의적인 전쟁으로 본다(역시 유대교의 대다수 분파들은 예외다). 그들은 육을 억압하라고 부르짖는다. 육을 충분히 억압하면 장차 영원히 구름 위를 떠다니거나(힌두교) 열반의 바다에서 한 방울의 물이 되거나(불교) 낙원의 처녀들 중에서 아무나 마음대로 고를 수 있다는 것이다(이슬람교, 이것은 아이러니다). 기독교가 영지주의에 극렬히 맞서지 않는다면 기독교도 그런 종교들과 하나도 다를 바 없다. 그러니 교회 교부들이 우려한 것은 지극히 당연한 일이다.

그럼에도 불구하고 영지주의는 어디에나 있다. 혹시 21세기 초의 교회를 주제로 영화를 제작한다면 제목은 "몸을 미워하는 사람들의 침략"이라 해야 할 것이다. 순례자들이 영지주의를 짓밟는다면 그것이 곧 기독교의 순례다.

우리는 어쩌다 이렇게 잘못 알게 된 것일까? 이런 것들은 신학적으로 미묘한 문제도 아닌데 말이다. 하지만 훨씬 더 심각한 문제가 있다.

* * *

길거리의 전도자는 "와서 예수님을 따르시오"라고 외쳤다. 하지만 그분을 따르면 나는 어디로 가게 될까? 나에게 예상되는 미래는 무엇이며 그 말은 무슨 뜻일까?[5]

나 자신이 확신이 없다 보니 나는 다른 사람들에게 물어 보기를 좋아한다. 그들도 나와 같기를 바라는 마음에서지만, 그러다 공연히 심한 역효과가 날 때도 있다.

얼마 전에 나는 복음서를 읽고 또 읽었다. 본문을 복사해서 바인더에 끼운 다음 밑줄을 긋고 메모지를 잔뜩 붙여 가며 통독을 하느라 이마에 절로 주름살이 잡혔다.

그날 저녁에 우리는 다수의 그리스도인 친구들과 함께 모여 저녁을 먹고 있었다. 매우 보수적인 복음주의자 두 명, 오순절 계통 몇 명, 점잖은 침례교인 한 명, 고고한 성공회 신자 한 명, 가톨릭 신자 두 명 등 소속된 교단이 다양했다. 수프를 먹으면서 내가 "복음을 전해야 한다는 데는 우리 모두 생각이 같지요"라고 말했다. 고고한 성공회 신자가 자리에서 불편하게 몸을 움직였을 뿐 나머지는 다 숟가락을 입으로 가져가며 고개를 끄덕였다. "그렇다면 복음이란 무엇입니까?" 내가 물었다.

확신에 찬 표정으로 선뜻 대답하려 한 사람들은 보수적인 복음주의자들뿐이었다. 그들은 마치 토끼를 만난 사냥개 같았다. 그중 하나가 말문을 떼자 다른 하나가 가끔씩 성경을 직접 인용해 가며 주석을 달아 주었다.

복음은 "모든 믿는 자에게 구원을 주시는 하나님의 능력이 됨이라. 먼저는 유대인에게요 그리고 헬라인에게로다"[6]라고 그들은 동정어린 눈빛으로 차근차근 설명해 나갔다. "모든 사람이 죄를 범하였으매 하나님의 영광에 이르지 못하"[7]므로 죄인이 하나님의 임재 안에 들어가려면 자신이 그럴 자격이 없는 존재임을 분명히 인정해야 한다. 죄인은 또 우리 죄를 지시고 우리 대신 십자가에서 영원한 죽음을 당하신 예수님을 믿어야 한다. 그러면 우리는 하나님이 보시기에 깨끗해지고, 의로우신 하나님이 죄에 대하여 당연히 느끼시는 분노는 우리가 아니라 예수님께 임하게 된다. 그리하여 우리는 죽으면 하나님께로 가서 그분과 함께 있게 된다. 이 대목에서 오순절 계통의 한 사람이 "그런데 그분과의 새로운 관계는 성령의 능력을 통하여 바로 지금부터 시작됩니다"라고 덧붙였다.

복음주의자는 중간에 말이 끊긴 것에 약간 당황해하며 말했다. "그야 그렇지만 여기서 중요한 것은 [가톨릭 신자들 쪽을 슬쩍 바라보며] 구원이란 우리의 어떤 행위와도 전혀 무관하다는 것입니다. 구원은 은혜로부터 오는 선물이며 우리는 그것을 믿음으로, 오직 믿음으로만 받습니다." 그러고 나서 그는 선한 싸움을 다 싸운 듯 도로 편한 자세로 돌아갔다.

한동안 격렬한 토론이 오갔지만 그 공식에 근본적으로 이의를 제기하는 사람은 아무도 없었다. 서로 토를 달기도 하고 꼬치꼬치 따지기도 하고 인간의 뿌리 깊은 위선이 되살아나기도 했다. 그러는 내내 나는 혹시 내가 핵심을 완전히 놓친 게 아닌가 생각하며 뚱하게 식탁에 앉아 있었다.

* * *

그날 오후에 내가 읽었던 핵심은 매우 달랐다. 예수님은 뭔가에 사로잡히신 사람, 단 하나의 메시지밖에 없는 사람이시다. 그분은 열악한 조건 속에서 수백 킬로미터를 걸어 다니시며 누구든지 듣는 사람에게 "천국이 가까이 왔느니라"[8]라고 외치셨고 그것을 직접 보여 주셨다. 그것이 기쁜 소식이다. 물론 그분은 부수적인 것들도 설명하시지만, 핵심은 섬뜩할 정도로 단순하다. 그냥 "나를 따르라"라는 것이다.

복음서에서 '회심'과 명백히 비슷한 것을 찾으려 하면 쉽지 않을 것이다.[9] 방금 전까지도 물고기를 잡고 있던 사람들이 어느새 예수님을 따르고 있다. 그들은 있는 모습 그대로 와서 즉시 제자가 되어 여정에 오른다. 회심의 기도를 드리고 한동안 교회에 다니다가 제자 훈련 과정을 이수하는 게 아니다. 물론 세례라는 것도 있고, 요한이 말한 회개의 공식을 예수님도 인정하시며, 이런 것들은 분명히 중요하다. 하지만 그런 것들과 예수님을 따르는 것 사이의 관계는 결코 분명하지 않다. 세례받지 않은 사람들이 예수님을 따랐던 것 같다. 그냥 예수님께 매료되어 그분을 따라간 경우가 분명 허다했고, 그것은 지금도 마찬가지다. 그런 일은 주변에 항상 있으며, 그것도 사람들이 예수님께 매료되지 못하게 또는 그분을 따르지 못하게 우리가 그들 앞에 각종 걸림돌을 놓고 있음에도 불구하고 그렇다. 예수님께 반해서 무작정 그분과 더 함께 있고 싶어 그분을 따라 걷기 시작한 사람들을 나는 아주 많이 알고 있다. 그들은 교과서적인 공식대로 딱 부러지게 '회개한' 적이 없으며, 한동안 지속되는 그들의 생활 방식은 많은 교인들로 하여금 잔뜩 눈살을 찌푸리게 한다. 하지만 주님과 함께 길을 걷는 시간이 길어질수록 그들의 회개는 더 불가피하고 온전해진다. 그분의 임재에는 살균하는 성질이 있어 그들은 그분을 감싸고 있는 향기로 세례를 받는다. 몸으로 순례를 떠나는 사람들에게는 첫발을 떼는 그 행동 자체가 필연적으로 일종의 회개다. 그것은 떠돌이로 살아간 첫 사도들도 마찬가지였다. 그들은 옛 삶을 등지고 예수님이 계신 쪽으로 걸었다.

사람들이 예수님께 매료되어 그분을 따르는 일은 그분이 죽으시고 부활하신 후에 점점 더 많아졌다. 사도행전(누가복음 속편)에 보면 "주께서 구원받는 사람을 날마다 더하게 하시니라"[10]라고 했다. 여기 '구원받다'라는 동사의 시제가 흥미로운데(NRSV에는 과거진행형으로 되어 있다―역주), 그것이 잘못 쓰일 때가 많이 있다. 내가 풀어쓴다면 이렇다. "주께서 그분과 함께 걷기 시작하는 사람들을 날마다 더 많아지게 하셨다. 주님은 그들이 짐을 꾸리는 동안 사랑으로 지켜보시다가 그들의 손을 잡아 주셨고, 그렇게 그들은 함께 길을 떠났다." 신약 성경에 나오는 모든 회심 이야기는 이제부터 새로운 여행 일지를 쓰게 된 것을 미리 축하하는 잔치다.

* * *

예수님이 말씀하시는 이 나라는 가치관이 온통 뒤바뀌고 전복된 이상한 곳이다. 약한 사람이 강하고, 먼저 된 사람이 나중 되고,

부자가 빈곤하고, 크게 되려면 낮아져야 하고, 누구한테 맞으면 "당신을 사랑합니다. 한 번 더 쳐 주시지요"라고 말하는 곳이다. 제자들이 선택받은 것도 신학적 이해가 깊어서가 아니다. 오히려 그들은 예수님께 매력이 있다는 것 말고는 거의 아무것도 이해하지 못했다. 그저 그분이 "오라" 하시니 따라갔을 뿐이지 어떤 성경 학교도 없었고 교리 진술도 없었다. 그들은 매번 교리를 잘못 알아듣는 완벽에 가까운 본능이 있었다.[11] 제자로 살아가는 동안 그들은 옥스퍼드 대학교의 기독교 강좌에 강사로 초빙받을 만한 사람들이 아니었다. 하나님 나라는 영원한 잔치이며 잔치는 이미 시작되었다. 모든 사람이 초대받았지만 거의 아무도 오지 않는다. 오는 사람은 죽임을 당하기 쉽다고 하셨으니 어쩌면 당연한 일이리라. 하지만 죽은들 어떤가? 춤춘다는 이유로 죽임을 당하면 그때부터 계속 영원히 춤을 추면 된다.

당신이 이 잔치 자리에 함께 있다는 것을 어떻게 아는가? 그거야 본인이 알게 되어 있다. 하지만 장차 자격을 심사받는 시점이 올 것이고, 이것이야말로 세상에서 가장 두려운 일이다. 아마 당신의 신학적 정통성에 대한 심사는 아닐 것이고, 당신이 어떤 특정한 제안에 동의했는지를 보는 것도 아닐 것이다. 귀신들도 믿는다고 했으니[12] 그것은 어쩌면 당연한 일이다. 믿음은 어떤 식으로든 우리 존재를 변화시켜 구원을 가능하게 하므로 믿음은 당연히 중요하다.[13] 그런데도 바른 교리의 중요성을 과소평가하시는 하나님이 나는 실망스럽다. 그런 시험이라면 나도 꽤 잘 해 낼 자신이 있는데 시험은 그게 아니다. 시험은 내가 평소에 굶주린 사람(곧 예수님)을 먹이고 감옥에 있는 예수님(곧 이웃을 겁탈한 강간범)을 찾아갔느냐 하는 것이다.[14] 이것을 소위 '사회 복음'의 강령이며 나약하고 무기력하고 비기독교적인 명령이라 비난하면서 오랜 세월 바리새인처럼 큰소리만 친 나 같은 사람은 그런 말씀을 읽으면 속이 거북해진다. 여기서 메시지는, 당신이 멸시받고 있지 않다면 당신은 뭘 잘못 알아도 대단히 잘못 알고 있는 것이며 그러니 조심하라는 것이다.

나는 예수님이 그런 말씀을 진심으로 하셨다고 믿는다. "먼저 된 사람이 나중 되리라"라고 말씀하실 때 그분은 그것이 먼저 된 사람들에게 매우 불쾌한 소리가 되기를 바라셨을 것이다. 그런데 나라는 사람은 먼저 되려는 데 대부분의 시간을 들이고 있으니 어찌된 일인가. 그분의 말씀이 옳다면 나의 그런 모습은 그냥 미련한 정도가 아니라 지극히 위험한 것이다. 나는 또 예수님이 소외된 사람들과 주변부 사람들을 명백히 더 좋아하신다는 사실은 그분이 소위 기독교 국가들과 기독교 기관들을 깊은 의혹의 눈길로 바라보신다는 뜻이라고 믿는다. 사실 그분은 유목민의 정신과 대립되는 기성 기독교라는 개념 전체를 그렇게 보실 것이다. 현대의 경제 체제 중에 속옷을 달라 하면 겉옷까지 주라는 원리에 기초하여 국제 무역을 운영하는 체제는 없다. 정치가들 중에 적수를 향하여 "이번 선거에서 당신이 나보다 표를 적게 받았으니 이 자리는 당신 것이오"라고 말하는 사람은 없다. 인간은 정상이나 중심부에 서는 순간 이미 불순종하고 있는 것이다. 예수님이 옳으시다면 콘스탄티누스가 회심하고 로마 제국을 기독교화한 일은 그야말로 대재앙이었다. 콘스탄티누스는 기독교에 세상 권력의 맛을 들여 놓았는데, 세상 권력에 맛들인 기독교는 이미 기독교가 아니다. 예수님이 옳으시다면 우리도 그런 기관들을 의심스러운 눈초리로 보아야 한다. 이 말이 무질서하게 들린다면 정말 무질서해서 그렇다. 하지만 그것은 결코 폭탄을 설치하지 않는 자비롭고 거룩한 무질서다.

우리는 늘 예수님께 먼저 현실을 보셔야 한다고, 우리가 현실 세계 속에 살고 있으며 그분처럼 짐 없이 맨몸으로 세상을 떠돌아다닐 여유가 없다고 귀띔해 드린다. 그러면 그분은 "일단 와 봐라. 나는 그것이 쉽다고 말한 적이 없다. 이 길은 찾는 사람이 적다"라고 대답하신다. 우리는 늘 그분께 정치와 경제와 실용주의에 대하여 한 수 가르쳐 드린다. "예수님, 이 제도를 비판하시는 것 같은데 제대로만 보신다면 실은 좋은 제도입니다. 이 제도가 붕괴되면 주님이 그토록 아끼시는 가난한 밑바닥 인생들이 제일 먼저 피해를 입습니다." 그러면 그분은 "대신 내 방식을 시도해 보아라. 여태까지 시도해 본 사람이 별로 없구나"라고 대답하신다.

2. 보행의 신학: 길은 하나님 나라로 이어진다 ● 67

그날 저녁식사 자리에 둘러앉은 손님들에게 내가 불편한 말들을 쏟아낸 것도 바로 그런 맥락이었다.

* * *

그러자 일동은 나를 이상하게 쳐다보았다. 보수주의자들은 바울이 신학적인 정확성을 중시했다며 뭐라고 구시렁거렸고, 가톨릭 교도들은 기관들이란 기독교가 성공하여 나타난 결과일 뿐이라며 그것까지 유감스럽게 생각할 것은 없지 않느냐고 너그러이 지적해 주었다. 오순절 계통의 사람들은 포도주를 한 병 더 땄다. 그런데 그때, 여태껏 아무 말도 하지 않고 있던 침례교 여성이 조용히 입을 열었다. "복음이란 예수님과 함께 걷자는 초청이 아닐까요?"

어떤 면에서 복음주의자들은 동의했다. 하지만 그 말에는 그보다 훨씬 깊은 의미가 있었다. 고고한 성공회 신자는 당황하는 눈치였지만 그녀의 말은 옳았다. 예수님은 "와서 나를 따르라"라고 하지 않으셨던가.

"산티아고로 걸으면서 제가 한 일이 바로 그것입니다." 침례교 여성이 말했다. 무슨 일인가로 마음이 몹시 힘들었던 그녀는 성경책과 티셔츠 한 장과 바지 두 벌과 쿠바 담배 한 갑만 배낭에 넣고는 기차를 타고 파리로 가서 노트르담 성당의 장엄 미사에 참석한 뒤에 옛 순례의 길을 따라 갈리시아의 산티아고 데 콤포스텔라까지 걷기 시작했다. 그렇게 석 달을 걸었는데, 피레네 산맥에 다다랐을 즈음에는 담배가 떨어졌지만 더 이상 담배가 필요하지 않았다. 스페인으로 넘어가는 국경에 이르렀을 때 그녀는 이미 스위스 출신의 남자친구, 설사병, 갈릴리의 키부츠에 놀러 오라는 초대, 제도권 종교에 대한 깊은 의혹, 벌레들, 9개국에서 온 16세에서 79세 사이의 제자들로 계속 바뀌는 일행, 남은 평생 예수님을 따르며 살고 싶다는 흔들림 없는 확신을 얻었다. 그녀는 "마치 길 자체가 하나님 나라의 한 부분 같았어요. 우리는 가면서 노래를 불렀는데, 우리가 그러지 않았다면 돌들이 노래했을 겁니다"라고 말했다. 그들은 빈털터리였지만 모든 것을 나누어 주었다. 하나님께 상을 받을 거라는 이기적인 믿음에서가 아니라 "저절로 그렇게 되었기" 때문이다. "길을 가다가 누구를 만나면 함께 가자고 붙들었고 그러면 따라왔습니다. 그들이 어떻게 살았고 무엇을 믿는가는 중요하지 않았지요. 모두 같은 곳으로 가고 있다는 것만으로 충분했으니까요. 아픈 사람이 있으면 서로 위해서 기도해 주었고 그러면 몸이 좀 나아졌습니다. 유독 벌레들만은 기도에 면역이 되어 있어 아쉬웠지만요." 대개는 묵을 곳이 생겼지만 그렇지 않을 때는 숲속이나 도랑에서 잤고 그러면 재미가 몇 배로 더했다. 그들은 시가지를 최대한 피했다. "벽에 빙 둘러싸여 무언가의 한복판에 있다는 게 영 이상하게 느껴졌어요. 우리는 세상의 주변부에 있고 싶어 거기까지 간 겁니다. 그래야만 세상에서 냉대받는 심정을 알 수 있으니까요. 주변부에는 중심부에서는 느낄 수 없는 자유가 있다는 걸 아시는지요? 거기서는 얼굴에 바람결이 느껴지고 멀리까지 내다볼 수 있지요. 은행과 상가의 벽은 바람을 막고 시야를 가려 벽밖에 보이지 않잖아요. 하지만 무엇보다도 주변부에는 그분이 계십니다. 원래 그러겠다고 말씀하신 그대로 말입니다." 그녀는 산티아고까지 다 가지는 않았는데, 여정 자체로 충분해서 굳이 그럴 생각이 없었다고 한다.

저녁 식탁에 둘러앉은 손님들은 누구도 그녀의 말에 이의를 달지 못했고, 우리의 화제는 슈크림을 거쳐 수단(Sudan)의 기근으로 넘어갔다.

* * *

몸으로 걷는 순례 길은 하나님 나라와 연결된 도로망이라 할 수 있다. 하나님 나라를 우리가 순례의 목적지로 삼은 어느 한 도시라고 가정해 보라. 그 도시로 진입하는 도로가 많이 있을 수 있는데, 하나님 나라의 법은 물론 그 나라의 많은 혜택까지 그 각각의 도로를 타고 뻗어 나온다. 순례자의 마음으로 길 위에 발을 올려놓는 순간 여행자는 새로운 사법 관할권에 들어와 있는 것이다. 그러나 순례자의 마음을 잃으면 그가 걷는 길은 스페인이나 로마나 이스라엘의 평범한 포장도로로 바뀌고 만다.

물리적인 순례는 은유적인 순례에 비해 많은 이점이 있다. 직접 순례를 떠나는 사람은 차를 몰고 갈 만큼 어리석지 않은 한 어쩔 수 없이 짐이 가벼워야 한다. 생각했던 것만큼 짐이 많이 필요하지 않음을 막상 가 보면 알게 된다. 삶의 권태로운 일들에 매여 있던 속박이 풀리면서 관계의 즐거움, 비의 즐거움, 대화의 즐거움, 침묵의 즐거움, 지친 몸의 즐거움 등 새로운 즐거움을 알게 된다. 패스트푸드점에서는 꿈도 꾸지 못할 맛을 소박한 음식에서 즐기게 되고, 머지않아 영지주의가 우스꽝스러워 보일 것이다. 아메바 이질에 걸려 수풀 속에서 끙끙대거나 레바논 산맥의 내가 아는 한 농가에서 치즈를 먹으면서, 나라는 존재에서 중요한 것은 영혼뿐이라고 믿기는 어려운 일이다.

도시에서는 거지를 그냥 지나치면 무심한 처사로 끝나지만 순례자가 그러면 친구를 놓치는 것이다. 순례자는 고난을 바라보는 눈도 새로 뜬다. 그래서 뉴욕의 거리에서라면 그냥 지나쳤을 절름발이 행인이 눈에 들어오고, 잠시 후에는 자신이 예수님의 피 나는 발꿈치에 반창고를 붙여 드렸음을 알게 된다. 순례자는 또 평소 같았으면 경멸했을 사람들에게 의존하는 법도 배우고, 산티아고에 먼저 도착하려고 서두르다가는 발바닥 근막에 염증이 생겨 결국 꼴찌가 되고 만다는 사실도 배운다. 굳이 성경이 시키지 않아도 그는 "공중의 새를 보게"[15] 되어 있다. 그 침례교 여성이 말했듯이 순례자는 세상의 주변부에 있게 되며 하나님이 주변부를 특별히 선호하신다는 사실을 알게 된다. 순례자는 또 우정에 떠밀려서라도 종파를 초월하는 사람이 된다. 옹졸한 시각은 물집으로 터지고 땀으로 빠져나간다. 그래서 순례자는 평소에 가지고 있던 자신의 교리를 버리지는 않지만 비로소 그 교리를 이해하게 된다.

파울로 코엘료(Paulo Coelho)는 "산티아고 가는 길을 오래오래 걷다 보니 산티아고 가는 길이 나를 데리고 걷기 시작했다"[16] 라고 썼다. 그 말도 일리가 있겠지만, 하나님 나라의 법에서는 한 걸음 한 걸음이 언제나 아주 중요한 우리 자신의 걸음이다.

* * *

교회가 순례자가 되었다고 말할 수 있다면, 그리하여 교회가 거룩한 도성에 점점 가까워지고 있음을 보여 줄 수 있다면 얼마나 좋으랴. 하지만 솔직히 현실은 그렇지 않아 보인다. 우리는 역사가 선형(線形)이라고 배웠다. 즉 역사는 천지창조로 시작되어 타락과 예수님의 구속을 거쳐 마지막 완성을 향해 나아가고 있다고 배웠다. 하지만 교회는 지금까지 정말 전진해 온 것일까? 미국 원주민 주술사 블랙 엘크(Black Elk)는 "모든 신성한 것은 순환한다"[17]라고 했는데, 기독교의 역사관이 옳다면 그의 말이 틀렸다는 뜻이다. 하지만 어쩌면 그의 말이 옳고 교회가 전혀 신성하지 않은지도 모른다.

교회의 역사는 답답할 정도로 주기적인 반복을 거듭해 온 것 같다. 수백 년에 한 번씩 교회는 갑자기 예수님을 재발견하고, 그때부터 카리스마와 힘이 끓어올라 거룩한 열정으로 세상에 불을 밝힌다. 그러다 교회의 윗자리에서 걸걸한 제동의 목소리들이 들려오는데 대개는 남자들의 소리다. "우리 기관은 중요하며 시험과 검증을 거친 방법이 최선이다. 현실을 알고 멀리 봐야지 그렇게 서두를 것 없다. 이미 전에 다 있었던 일이니 이것도 곧 사그라질 것이다." 과연 그 예언은 맞아떨어져 불꽃은 곧 사그라지고 만다. 급진파 예수쟁이들은 나이가 들어 점차 사라지고, 열성파 기독 청년들은 양복 차림의 국회의원이 되어 명예와 권력과 분주한 삶 속에서 무기력해진다. 그리하여 다시 몇 세대 동안 예수님의 꿈은 자취를 감춘다. 불꽃이 타오르는 시대에 사는 사람들은 마치 새 세상이 밝아 이제부터 온통 달라질 것 같고 바로 이거다 싶은 마음이 든다. 아시시(성 프란시스)와 비텐베르크(루터)와 토론토 공항 교회(빈야드 교회)가 그랬다. 하지만 한발짝 물러서서 보면 이것들은 칠흑 같은 어둠 속에 깜박이는 작은 불씨들일 뿐이다.

내가 처음으로 남수단을 밤중에 저공비행하던 때가 기억난다. 모래밭과 관목들이 짙은 어둠에 뿌옇게 덮여 있었다. 그러나 몇 킬로미터마다 한 번씩 점점이 나타나는 빛들은 어둠에 싸여 있어 더 밝게 빛났다. 그것은 유목민들이 피워 놓은 모닥불이었는데 기독교 역사가 바로 그와 같다. 기독교 역사는 유목민들과 주변부 사람들과 극성스런 방랑자들이 밝혀 놓은 불들을 점점이 이어 놓은 퍼즐과 같다. 그래서 내 눈에는 그것이 뚜렷한 선을 그리는 행진이라기보다 물웅덩이를 찾아 옮겨 다니는 유랑처럼 보인다.

필리스 티클은 교회가 몇 세기마다 한 번씩 재고 정리를 하여 그동안 쌓인 잡동사니들, 있으나마나 한 것들, 좋은 뜻으로 시작되었으나 지나고 보니 우스워진 옷들, 판매상의 달변에 속아 샀으나 그것 없으면 못살기는커녕 전혀 쓸모없거나 위험해진 기구들을 다 치워야 한다고 말했다.[18]

이제 또 한 번 대대적인 정리를 할 때가 되었으니 쓸데없는 것들을 높이 쌓아 올려 보자. 확실히 버려야 할 것이 두 가지 있다. 첫째는 원시 게르만어에서 온 흉하고 이질적인 '하나님'(God)이라는 이름이다. 내 경우에는 '거룩하신 분'(the Holy One: 정통 유대교에서 사용하는 하나님의 이름 중 하나—역주)이나 '엘 샤다이'(*El Shaddai*)나 '엘로힘'(*Elohim*)을 예배할 때, 늘 참된 예배의 정신이 훨씬 쉽게 살아난다. 둘째로 그것을 바짝 뒤쫓는 정리 대상은 '그리스도인'이라는 우리의 이름이다. 이것은 성경이 강조하는 명칭도 아니거니와 이제는 더럽혀질 대로 더럽혀진 구제 불능의 오명이 되고 말았다.[19] 최근에 미국에서 실시한 한 설문 조사에서 응답자들에게 그리스도인이라는 단어를 들으면 무엇이 연상되는지를 물었다. '동성애를 반대한다'라는 답이 가장 많이 나왔고, 불명예스럽게도 '비판적이다', '위선적이다' 등이 뒤를 이었다. 이제 '그리스도인'이라는 단어는 폐기되어야 한다. 우리가 그 단어를 망쳐 놓았다.

그렇다면 무슨 명칭으로 그것을 대신해야 할까? 말로만 예수님을 따른다는 사람들은 그분의 운동을 욕되게 했지만 예수님 자신은 늘 존경을 받으셨다. 그래도 그분의 이름이 포함된 명칭을 제안하자니 조심스럽다. 이번에도 우리가 그것을 더럽히면 그분까지 욕을 들으실까 봐 걱정스럽기 때문이다. 하지만 그분의 이름이 들어 있으니 아마 우리도 여태까지 그랬던 것만큼 심하게 더럽히지는 못할 것이다.

나는 '예수에 미친 사람'이라는 명칭이 좋다. 이것은 단지 내가 한창 중년의 위기를 지나고 있으며(정말 지나고 있을 수도 있지만) 그 말 속에서 여자, 통기타, 대마초, 해변의 파티 같은 냄새가 풍겨나서가 아니다. 그보다는 그 말이 신학적으로 딱 맞아 보이기 때문이다. 그 말을 들으면 예수님께 사로잡혀 있기에 세상의 대단하지만 위험한 것들을 버려두고 그분을 따라 대단할 것 없는 주변부로 가는 사람들이 떠오른다. 이름이 워낙 별스러운 만큼 진정한 제자도가 필연적으로 뒤따를 것이다. 예수에 미친 사람이라는 명칭을 자처하는 사람치고 그것 때문에 사업이 더 잘 되기를 바라서 그렇게 할 사람은 없을 것이다. 그 이름 때문에 교회는 원래 교회가 품어야 할 밑바닥 인생들을 되찾을 수밖에 없을 것이다.

하지만 이 명칭은 분명 대중화되지 못할 것이다. 그렇다면 '예수의 방랑자'나 '예수를 따르는 사람'은 어떤가? 내 생각에 '거룩하신 분'께서 쾌히 승낙하실 것 같다. 우리가 예수님을 만나는 주변부가 은유적인 곳이든 물리적인 곳이든, 그분은 하나님이시다 보니 반드시 **이동하실 수밖에** 없기 때문이다. 그분은 한곳에 가만히 계실 수 없다. 그리고 그분은 한곳에 가만히 있지 못하는 사람들을 놀랍도록 표가 나게 편애하신다.

3장
방랑자를 편애하시는 하나님

오듀본은 날개 잘린 기러기를 새장에 잘 보호해 놓았는데, 이동할 철이 다가오자 기러기는 비슷한 상황에 처한 다른 모든 철새와 마찬가지로 몹시 안절부절못하다가 마침내 새장을 빠져나갔다. 그때부터 이 딱한 새는 즉시 걸어서 그 먼 여정에 올랐다.
찰스 다윈[1]

모세가 그들에게 이르기를 아무든지 아침까지 그것을 남겨두지 말라 하였으나 그들이 모세에게 순종하지 아니하고 더러는 아침까지 두었더니 벌레가 생기고 냄새가 난지라.
출애굽기 16:19-20

심장에서 뿜어내는 혈액량이 줄어들면 몸에 고통이 느껴지고, 혈류가 멈추면 사람이 죽는다. 물은 흐르지 않으면 썩는다. 이는 하나의 일반 법칙이 아닌가 싶다. 우리는 시간 속을 유영하고 있으며 시간은 한시도 쉬지 않고 가차 없이 흘러가고 있다. 시간은 잠시 멈추어 중간 결산을 하지 않는다. 로버트 버튼(Robert

Burton)은 이렇게 말했다. "천국 자체도 끊임없이 회전하고 있다. 해는 떴다가 지고, 달은 차고, 별과 행성은 계속 돌고, 공기는 지금도 바람에 밀려가고, 물은 찼다가 빠진다. 물론 그래야 자신들의 존재가 지속되기도 하겠지만, 우리가 계속 움직여야 함을 가르치기 위해서이기도 하다."[2]

성경에 처음 등장하는 우리와 같은 유의 인간은 가인과 아벨이었다. 그들의 부모인 아담과 하와는 태생이 워낙 특이했고 이력도 우리와 달랐다.

가인과 아벨의 이름은 신중히 정해졌는데 암시하는 바가 큰 이름이었다. 가인이라는 말의 어근은 취득, 소유, 부동산을 뜻한다. 깔끔한 양복, 굵은 잎담배, 공동 소유권, 대형 곡물 창고 따위를 생각하면 된다. 반면에 아벨이라는 말은 '사라지는 숨결'과 비슷한 뜻이다. 아침녘에 골짜기에 끼어 있다가 햇빛이 나면 걷히는 안개를 생각하면 된다. 아벨은 덧없는 존재, 뜨내기, 떠돌이다. 이야기 속에서 그는 어디든 풀밭이 있고 비가 내리는 곳으로 양떼를 따라다니는 목자다. 가인이 맏이이긴 하지만 어떤 의미에서 우리는 가인보다 아벨을 먼저 만난다. 창세기에 두 편의 창조 기사가 나오는데 아벨은 그중 먼저 나오는 사람과 비슷하기 때문이다.[3] 그는 동물을 다스리며 창조 질서와 조화롭게 공존한다. 창세기 1장 1-31절은 즐겁고 신나는 이야기이며, "하나님이 지으신 그 모든 것을 보시니 보시기에 심히 좋았더라"[4]라는 낙관적인 평으로 끝난다. 그러나 이러한 조화는 그리 오래가지 않는다.

가인은 땅을 경작하고 지키는 사람이며[5] 그의 세계는 창세기 2장의 세계다. 바로 이 두 번째 기사에서 반항이 터지면서 땅이 처참하게 뒤틀리기 시작한다. 이 이야기는 불행한 유산을 남겼고 가인도 마찬가지로 불행한 유산을 남겼다. 가인이 남긴 유산을 일컬어 문명이라 하는데, 그것은 대재앙이었고 그 경위는 다음과 같다.

> 아담이 그의 아내 하와와 동침하매 하와가 임신하여 가인을 낳고 이르되 내가 여호와로 말미암아 득남하였다 하니라. 그가 또 가인의 아우 아벨을 낳았는데 아벨은 양 치는 자였고 가인은 농사하는 자였더라.
>
> 세월이 지난 후에 가인은 땅의 소산으로 제물을 삼아 여호와께 드렸고 아벨은 자기도 양의 첫 새끼와 그 기름으로 드렸더니 여호와께서 아벨과 그의 제물은 받으셨으나 가인과 그의 제물은 받지 아니하신지라. 가인이 몹시 분하여 안색이 변하니
>
> 여호와께서 가인에게 이르시되 "네가 분하여 함은 어찌 됨이며 안색이 변함은 어찌 됨이냐. 네가 선을 행하면 어찌 낯을 들지 못하겠느냐. 선을 행하지 아니하면 죄가 문에 엎드려 있느니라. 죄가 너를 원하나 너는 죄를 다스릴지니라."

가인이 그의 아우 아벨에게 말하고 그들이 들에 있을 때에 가인이 그의 아우 아벨을 쳐 죽이니라.

여호와께서 가인에게 이르시되 "네 아우 아벨이 어디 있느냐." 그가 이르되 "내가 알지 못하나이다. 내가 내 아우를 지키는 자니이까." 이르시되 "네가 무엇을 하였느냐. 네 아우의 핏소리가 땅에서부터 내게 호소하느니라. 땅이 그 입을 벌려 네 손에서부터 네 아우의 피를 받았은즉 네가 땅에서 저주를 받으리니 네가 밭을 갈아도 땅이 다시는 그 효력을 네게 주지 아니할 것이요 너는 땅에서 피하며 유리하는 자가 되리라." 가인이 여호와께 아뢰되 "내 죄벌이 지기가 너무 무거우니이다. 주께서 오늘 이 지면에서 나를 쫓아내시온즉 내가 주의 낯을 뵈옵지 못하리니 내가 땅에서 피하며 유리하는 자가 될지라. 무릇 나를 만나는 자마다 나를 죽이겠나이다." 여호와께서 그에게 이르시되 "그렇지 아니하다. 가인을 죽이는 자는 벌을 칠 배나 받으리라" 하시고 가인에게 표를 주사 그를 만나는 모든 사람에게서 죽임을 면하게 하시니라.

가인이 여호와 앞을 떠나서 에덴 동쪽 놋 땅에 거주하더니 아내와 동침하매 그가 임신하여 에녹을 낳은지라. 가인이 성을 쌓고 그의 아들의 이름으로 성을 이름하여 에녹이라 하니라. 에녹이 이랏을 낳고 이랏은 므후야엘을 낳고 므후야엘은 므드사엘을 낳고 므드사엘은 라멕을 낳았더라.

라멕이 두 아내를 맞이하였으니 하나의 이름은 아다요 하나의 이름은 씰라였더라. 아다는 야발을 낳았으니 그는 장막에 거주하며 가축을 치는 자의 조상이 되었고 그의 아우의 이름은 유발이니 그는 수금과 퉁소를 잡는 모든 자의 조상이 되었으며 씰라는 두발가인을 낳았으니 그는 구리와 쇠로 여러 가지 기구를 만드는 자요.[6]

하나님이 왜 아벨의 제물을 더 좋아하셨는지는 분명히 나와 있지 않다.[7] 성경에 가끔 나오는 대로 여호와께서 피를 좋아하시기라도 하여 지금 여기서도 그 사실을 보여 주시는 것인가? 가인도 아벨처럼 첫 열매 즉 가장 좋은 것을 드리지 않았던가? 이 두 가지로는 제대로 설명이 안 된다. 그냥 하나님이 아벨 자체와 그의 생활 방식을 노골적으로 편애하신 것으로 보인다. 그래서 가인은 발끈해서 동생을 죽여 버리는데, 이것은 악착같고 탐욕스런 독종 사업가들의 태도와 같다. 경쟁자가 나타나면 무조건 제거해 버리는 것이 그들의 법칙인데, 가인도 똑같이 그렇게 한다. 하지만 하나님은 자본주의의 기업가 정신을 드러낸 이 첫 번째 사례를 결코 기뻐하지 않으신다. 하나님의 엄한 추궁에 "내 아우가 어디 있는지 내가 알지 못하나이다"라는 가인의 말은 거짓으로 들통 난다. 그는 대학 교육을 받은 세련되고 도시적인 방식으로 똑똑한 척하려 했다. 어떤 의미에서 그는 아벨의 실체 내지 '숨결'이 어디로 갔는지 정말 몰랐고 그것은 지금 우리도 마찬가지다. 하지만 하나님이 물으신 것은 그게 아니었고 가인도 그 사실을 잘 알았다. 이 피둥피둥한 농부는 살인으로도 모자라 위증죄까지 보탰다.

하나님은 곧장 형벌의 선고로 넘어가신다. 그 선고는 가인이 늘 두려워하던 것이었고 그의 존재 자체를 뿌리째 흔들어 놓았다. 선고에 따르면 그는 농장을 팔고 탈곡기를 처분하고 양복을 버리고 땅에서 유리해야 했다. 중역 회의실에서 짜릿한 음모를 꾸미던 일은 이제 끝났다. 그는 이제 판공비는 고사하고 주소지도 없게 되었으며, 이제부터 그의 숙소는 최고급 호텔이 아니라 집밖의 공원 벤치가 될 것이었다. 다시 말해서 가인은 자기가 죽인 동생처럼 되어야 했던 것이다.

가인은 기겁하여 자신의 세계가 정말 끝장난 줄로 알았다. 거물에서 떠돌이로 전락한 충격이 어찌나 컸던지 그는 하나님의 입에서 나오지도 않은 선고까지 혼자 짐작하고는 "내가 주의 낯을 뵈옵지 못하리니"라며 우는 소리를 했다. 하지만 하나님은 그런 말씀을 하신 적이 없다. 가인이 계속해서 "나를 만나는 자마다 나를 죽이겠나이다"라고 말하자 하나님은 그런 일은 없을 거라며 분명히 안심시켜 주셨다.[8] 가인이 징징거리는 소리는 그의 내면을 그대로 드러냈다. 그는 하나님을 신뢰하지 않았고 사람들을 두려워했으며 자연계에 완전히 겁을 먹었다.

그 뒤로 지금까지 언제나 그랬다. 증권 중개인을 아마존의 열대우림 속에 떨어뜨려 놓고 무슨 일이 벌어지는지 보라.

이윽고 가인은 자신의 세계가 처참히 무너진 채로 비틀비틀 떠났다. 하지만 잠깐뿐이었고, 놀랍게도 그는 선고받은 형을 끝내 복역하지 않았다.

그는 놋 땅으로 갔는데 놋을 직역하면 '유리하는 땅'이라는 뜻이다. 그런데 거기서 그는 무엇을 했던가? 하나님께 선고받은 대로 유리하는 사람이 되었던가? 그게 아니라 그는 곧장 예전에 살던 방식으로 다시 돌아가 "놋 땅에 거주(정착)"했다. 뿐만 아니라 바로 다음 구절에 보면 그는 성을 쌓고 자기 맏아들의 이름을 따서 에녹이라고 불렀다. 아들의 이름을 땄으니 애틋하긴 하지만 그것은 참으로 딱한 짓이었고, 가인이 속으로 불안하여 안전에 집착했다는 또 하나의 증거였다. 그는 흔적도 없이 사멸될 것이 두려워 족보에 자신의 이름을 남기고 싶었고, 이를 위해 뭔가 새것을 창조한 것이 아니라 옛것을 답습했다.

그 도시에는 어느새 온갖 문명의 이기들이 생겨났다. 인구가 증가하면서(다음 몇 구절에 보면 번식이 줄을 잇는다) 문화(유발은 "수금과 통소를 잡는 모든 자의 조상"이 되었다)와 산업(두발가인은 "구리와 쇠로 여러 가지 기구"를 만들었는데 분명 팔기 위해서였다)이 발전했다. 머지않아 에녹 성은 생동감 넘치고 시끌벅적한 경제의 중심지가 되었고, 주변부에서는 남루하고 지저분한 목자들이 밤마다 모닥불을 피워 놓고 그 안을 들여다보았다. 이들은 야발의 후손이었는데(물론 아벨은 후손을 낳을 기회조차 빼앗겼으므로), 이 떠돌이들은 세련된 친척들한테 냉대를 당했을 것이다. 친척들은 이 목자들에게서 자기네 가문을 피로 더럽힌 첫 목자의 모습을 떠올리며 불편해했다. 도시가 커지면서 둘레도 점점 넓어졌고, 그에 따라 주변부의 범위도 넓어지고 그 주변부에 살아가는 소외된 사람들도 더 많아졌다. 번화가에서 양을 칠 수는 없는 일이니.

이게 어떻게 된 일일까? 하나님은 가인에게 하신 말씀을 깨끗이 잊으셨단 말인가? 그의 고약한 불순종을 보지 못하셨단 말인가?

그분은 잊지 않으셨고 아주 똑똑히 보셨다. C. S. 루이스는, 세상에 존재하는 한 가지 법칙이란 사람은 누구나 자기가 원하는 것을 얻는 것이라고 했다.⁹ 가인은 도시의 안정된 삶을 원했고 유리하기를 원하지 않았다. 그리하여 비참하게도 자기가 원하는 것을 얻었다. 도시에 남아 정체되고 침적되어 죽는 것, 바로 그것이 그가 당한 형벌이었다. 그는 하늘의 별과 산자락의 들풀과 골짜기의 나무와 계절의 변화와 자유로운 바람을 얻을 수도 있었다. 대신 그가 얻은 것은 쇼핑몰과 연금 보험이었는데 그나마 심장마비를 일으키는 바람에 연금은 받아 보지도 못했다. 가인은 아벨의 이름이 두려웠고 자신이 안개처럼 사라질 덧없는 동물이라는 생각이 싫었다. 하지만 도시에 산다고 해서 가인의 덧없는 속성이 달라지는 것은 아니다. 그는 도시에 살면 안전해질 줄 알았고, 은근히 자신이 불멸의 존재라도 된 양 착각했다.

하지만 가인도 동생 아벨처럼 안개였다. 안개라면 안개로 사는 것이 최선이지 벽돌인 척하는 것은 미련한 짓이다. 인간은 자신의 실체를 솔직히 인정할 때 삶을 더 깊이 누리게 되는 법이다.

결국 그는 선고받은 형을 복역했다. 하나님이 본래 뜻하셨던 상황 속에서 복역했더라면 훨씬 나았으련만 가인은 작정하고 불순종했다. 그것은 또 하나의 타락이요 재난이었다. 그는 자신이 선고에서 벗어난 줄 알았으나 실은 더 악화시켰을 뿐이다. 가인은 하나님의 선고에 명시된 대로 방랑자가 되긴 했으나, 가져가는 것보다 베푸는 것이 더 많은 후덕한 광야에서 유리한 것이 아니라 심리적으로 뿌리가 없는 사람이 되고 말았다. 그는 자신이 만들어 낸 세상에서 이방인이 되었고, 친구들과 창조 질서와 친밀한 교제를 누리며 살도록 지음받았으나 그 관계에서 끊어졌다. 대도시의 백만 달러짜리 오피스텔보다 더 외로운 곳은 없으며, 정말 참담한 고독은 군중 속의 고독이다. 여태까지 내가 경험한 가장 다정하고 친밀한 순간이라면 사막에서 모닥불을 사이에 두고 사람들과 마주앉았던 시간을 빼놓을 수 없다. 나는 그들의 언어를 말할 줄 몰랐으나 그들의 차(茶)와 길은 함께 나눌 수 있었다. 소외된 사람들은 연약한 모습을 내보이게 되므로, 진정한 공동체를 원하거든 소외된 사람들 속에 있어야 한다. 가인은 그 지독한 역설의 피해자였다.

본래 하나님이 그 선고를 내리신 것은 구속을 이루시기 위해서였다. 그런데 가인은 그것을 징벌로 잘못 알아 구속의 기회를 놓쳤다. 우리도 그럴 때가 종종 있다. 그중에서도 최악의 선고는 하나님이 내리신 게 아니라 가인 자신이 내린 "내가 주의 낯을 뵈옵지 못하리니"라는 부분이었다. 물론 이것은 과장된 말이지만 거기에 무서운 진리가 담겨 있다. 성경 전체에서 (맨 끝에 나오는 중요한 반전을 빼고는) 하나님은 도시를 싫어하신다. 그분을 찾으려면 광야에서 찾기가 훨씬 쉽다. 그분은 대단위 농장을 경영하는 농부보다는 떠돌이 목자의 편이시다.

리언 캐스(Leon Kass)는 하나님이 경작과 거기에 내포된 모든 의미를 미심쩍어하시는 이유를 둘 중 하나로 꼽았다. 첫째로 농부는 심히 주인 행세를 하며 소유욕이 강하고 교만해진다는 것이다. 농부는 잠시 땅에서 소작을 하는 것뿐인데 그 땅을 자기 것으로 생각하며, 오직 하나님께만 속한 특권들을 사사로이 남용한다. 둘째는 그 반대인데, 농부는 땅과 창조 질서의 노예가 되어 마치 다신론을 믿는 사람처럼 해와 비를 바라보고 의존한다는 것이다.[10] 나는 주저 없이 첫 번째 이유에 한 표를 던진다.[11] 캐스는 그것을 설명할 때 신약 성경의 도움을 받지 않았지만, 예수님이 하신 말씀에 그 첫 번째 이유가 의심의 여지없이 밝혀져 있다고 생각한다. 창고를 더 크게 짓는 것은 어리석고 위험하고 우둔한 일일 뿐만 아니라 신성모독이다.[12]

도시는 점점 더 커지고 많아졌고 그럴수록 인간의 교만도 극으로 치달았다. 인간이 도시의 대표적 상징물인 바벨탑을 짓기 시작하자 하나님은 그 뜻을 꺾으셨다. 이것은 그저 괜한 심술이나 문화 파괴가 아니라 다시금 구속을 이루시려는 시도였다. 하나님은 다시 한 번 정착민을 유랑민으로 바꾸려 하신 것이다. "여호와께서 거기서 그들을 온 지면에 흩으셨으므로 그들이 그 도시를 건설하기를 그쳤더라."[13] 하지만 그들은 그 상태로 오래가지 못한다. 머릿속에 잔꾀를 품고 손에 회반죽 통을 든 그들의 모습, 직접 유목민이 되었어야 할 그들이 유목민에게서 양을 사는 모습이 곧 다시 등장한다.

* * *

아브라함은 하나의 이상적인 모형이 되기에는 너무 흠도 많고 사연도 많은 파란만장한 사람이다. 아브람이라는 이름으로 하란을 떠날 때 그의 나이 75세였다. 웬만한 사람들은 75세가 되면 여태까지 돌아다니며 이룬 결실을 최대한 누리며 다른 종류의 여정을 준비하기 마련이다. 앞으로 나는 이 노인이 하란의 천막촌을 떠나지 않았다면 세상이 어떻게 되었을까를 상상해서 책을 한 권 써 볼 생각이다. 그 책에 그려질 세상은 지금 우리의 세상과는 극도로 다를 테니 흥미진진한 책이 될 것이 분명하다. 여전히 죄가 있어 구속이 필요하겠지만 그 구속은 어떻게 올 것인가? 여전히 전쟁들도 있겠지만 수천 년 역사의 전선은 전혀 다른 곳들에 형성될 것이다. 방랑자의 원형이 된 그가 없었다면 아마 그 후로도 방랑은 없었을 것이고, 인류 역사는 정착촌끼리 벌이는 내분의 역사가 되고 말았을 것이다.

하지만 아브람은 갔다. 내가 직접 하란에 가 보니 아브람의 순종이 조금은 덜 대단해 보였다. 왜 그곳을 떠나고 싶었을지 잘 알 것 같았다. 게다가 어차피 그곳은 그의 고향도 아니었다. 그는 메소포타미아 남부에 거주하던 종족이었고, 지금은 황폐해진 삼각주 부근에서 온 이라크 사람이었으며, 유랑민 출신이었다. 그의 아버지 데라는 노령의 히피족이 아니었나 싶은데, 성경에는 이유가 나와 있지 않지만 데라는 일가족을 이끌고 북쪽으로 터무니없이 먼 길을 떠났다. 염소 떼를 먹이려고 그렇게 멀리까지 가야 하지는 않았을 테니 목초지를 찾아서 떠난 길은 아닐 것이다. 아마 데라는 구슬이나 향료 또는 단지를 파는 상인이었을 것이다.

* * *

내가 탄 버스가 하란에 들어서자 내 무릎에 앉아 있던 염소가 내려와 딸각딸각 소리를 내며 멀어져 갔다. 내 어깨를 베고 잠들었던 염소 주인이 깨어나 고개를 들고 무심코 뱉은 침이 하필이면 내 신발에 떨어졌다. 그가 무릎을 꿇고 손수건으로 침을 닦는데 침에는 피가 섞여 있었다. 그는 내게 입을 맞추었고 입김에서 대마초와 맥주 냄새가 진하게 풍겼다.

그날 나는 작은 새들을 먹었다. 순식간에 어둠이 밀려왔고 개 한 마리가 내 바지에 오줌을 갈겼다. 광견병 바이러스가 개의 오줌을 통해서도 전염되는지 얼핏 의문이 스쳤다. 에르제룸(Erzerum: 터키 동부의 도시—역주)에서 내려오는 트럭이 카페 옆에 섰다. 트럭에는 시리아의 다마스쿠스로 가는 탈취제가 가득 실려 있었다. 운전사가 뛰어내려 다가오더니 내가 앉아 있는 식탁에 앉았다. 그는 나를 보며 담배를 한 대 권하고 자신도 하나 꺼내 불을 붙였다.

"영국인이시로군." 묻는 말이 아니었다.

"예, 티를 내서 죄송합니다." 내가 말했다.

"뭐 죄송할 것까지야 있겠소." 그는 신발을 벗더니 그 안에다 담배 연기를 뿜어냈다. 그러고는 말을 이었다. "난 영국인이 아니라 터키 사람이오. 어서 이곳을 뜨시오. 여긴 흙먼지와 창녀들 말고는 아무것도 없는 곳이니."

나는 창녀를 본 적이 없었다. 그런 데 신경을 쓰기에는 사람들이 모두 너무 지쳐 보였다.

그 사람은 말을 멈추고 의자에 편하게 앉아 나를 물끄러미 바라보았다. 나는 아무 말도 하지 않고 있었다. 그가 탁자에 있는 내 공책을 보더니 대뜸 가져다 읽기 시작했다.

그러더니 한참 있다가 다시 입을 열었다. "오호, 아브라함 때문에 여기 오신 게로군? 이 근처를 걸어 다니면 아브라함의 거룩함에 조금이라도 물들 것 같소? 내 말해 주리다. 그 사람은 아주 오래 전에 이곳을 떠났으니 만날 수 없을 거요. 그나저나 그는 독실한 무슬림이었지. 그에게 평화가 있기를."

시리아 쪽에서 불어오는 뜨거운 바람에서 다이너마이트와 생쥐 냄새가 묻어났다.

그는 캄캄한 밤 쪽으로 손을 흔들며 말했다. "저기 보시오. 아무것도 없지 않소? 돌멩이라도 먹으려 드는 파리떼뿐이지. 저쪽으로 사흘만 차를 몰고 가면 나무 한 그루가 나올 거요. 나무가 나오거든 숨으시오. 이스라엘 사람들이 총을 겨눌 테니 말이오."

나는 애써 감동적이고 재미있다는 표정을 지었다.

"당신도 아브라함과 약간 비슷한 것 같군요." 나는 마음에도 없는 소리를 했다. "다니는 길도 같고 가정생활이 불편한 것도 같고 말입니다."

"거기다 피부색도 같지요." 그가 손가락으로 콧수염을 만지며 덧붙였다. "하지만 그건 당치 않은 소리요. 아브라함은 사나이, 진짜 사나이였소."

그것은 맞는 말이었다.

여호와께서 아브람에게 이르시되 "너는 너의 고향과 친척과 아버지의 집을 떠나 내가 네게 보여 줄 땅으로 가라. 내가 너로 큰 민족을 이루고 네게 복을 주어 네 이름을 창대하게 하리니 너는 복이 될지라. 너를 축복하는 자에게는 내가 복을 내리고 너를 저주하는 자에게는 내가 저주하리니 땅의 모든 족속이 너로 말미암아 복을 얻을 것이라" 하신지라. 이에 아브람이 여호와의 말씀을 따라 갔고.[14]

이에 아브람이 갔고, 그래서 나머지 성경은 계속될 수 있었다.

창세기는 군더더기 없이 아주 간결하게 기록된 책이다. 그런데 하나님이 아브람에게 주신 이 명령만은 유독 장황해 보인다. 그분은 왜 그냥 "가나안으로 가라"라고 하실 수 없었을까? 그것은 그분이 아브람에게 온전한 헌신을 원하셨기 때문이다. 아브람은 가나안에 가서도 여전히 자신을 하란 사람으로, 자기 집안 사람으로 생각할 수도 있었다. 하지만 그렇게 되면 설사 가나안을 얻는다 해도 온전한 이주가 될 수 없었을 것이다. 메소포타미아와 터키라는 뿌리를 다 뽑아내야만 비로소 아브람은 하나님이 준비해 두신 땅 속으로 깊이 뿌리를 내릴 수 있다. 새로 내릴 뿌리는 역설적이어서, 아브람은 유랑민으로 남아 있어야만 제대로 뿌리를 내릴 수 있다. 구제 불능이리만치 뿌리가 없는 골수 베두인이 되는 사람만이 장차 복을 받을 수 있으며, 그것은 우리도 마찬가지다. 쇠렌 키에르케고르(Søren Kierkegaard)는 "계속 걷기만 하면 만사가 잘 되게 되어 있다"[15]라고 했다. 과장된 표현이

3. 방랑자를 편애하시는 하나님 ● 91

긴 하지만 대체로 틀린 말은 아니다.

근동 지방의 지도를 꺼내 놓고 창세기의 족장들이 돌아다닌 길을 쭉 표시해 보면 마치 거미줄처럼 보인다. 일단 정착하고 나면 하나님은 몇 세대마다 한 번씩 다시 유대인들의 뿌리를 뽑으시는 것 같다. 그들은 그것을 썩 좋아하지 않았지만 그 덕분에 남달리 총명하고 위대한 민족이 되었다.

* * *

아브라함은 사나이였다. 유랑이 그를 그렇게 만들었고, 이스라엘이라는 나라도 시나이 반도에서 만들어졌다. 율법이 주어진 곳도 거기고 하나님이 자신을 보여 주신 곳도 거기다. 하나님이 자신의 백성을 향한 목자의 심정을 표현하신 방식은 일찍이 다른 어떤 신에게서도 볼 수 없던 것이었다. 그들은 불순종하며 울어대는 오합지졸의 양과 염소였고 그분은 사막의 목자이셨다. 그분은 뜨거운 땡볕 아래서 그들과 함께 돌아다니시다 밤이 되면 천막을 치고 모래밭에 함께 누우셨다.

전에 나는 언약궤가 다닌 경로를 그대로 쫓아가는 여행의 안내서를 쓴 적이 있다. 나는 책 제목을 「하나님의 방랑기」(*The Wanderings of God*)라고 짓고 싶었다.

그런데 마케팅을 맡은 사람들이 극구 말렸다. "그런 제목으론 안 됩니다. 그리스도인들은 하나님이 방랑하신다는 개념을 잘 소화하지 못하거든요. 왠지 그분이 막연한 존재라는 느낌을 주니까요."

물론 그분은 막연한 존재가 아니다. 오히려 그 문구는 하나님이 자기 백성의 곁을 한시도 떠나지 않으신다는 느낌, 그들이 방황하더라도 버럭 화부터 내시는 분이 아니라는 느낌을 준다. 구약 성경에서 하나님은 다른 어느 때보다도 출애굽 기간 중에 더욱 그분다워 보인다. 그렇다고 그 시기에 그분이 더 속내를 열어 보이셨다는 말은 아니다. 오히려 나중에 선지자들을 통하여 목청을 높여 격정적으로 말씀하신다. 그보다 이것은 그분이 주택보다 천막에 계실 때 더 편해 보이신다는 말이다. 성격상 그분은 야영객이시다. 본래부터 도시를 싫어하시던 그 마음에 걸맞게, 그분은 무엇이든 복잡하게 꾸미는 것을 좋아하지 않으신다. 양고기를 먹을 때도 복잡한 양념 없이 그냥 불에 직접 구워 베두인족처럼 먹으라 하신다. 물이 마른 강가에서 캘 수 있는 쓴 나물과 지금도 시나이 반도의 아랍인들이 솥을 뒤집어 놓고 그 위에 굽는 것과 같은 무교병을 먹으라 하신다.[16] 나는 야성적인 하나님이니 무엇이든 단순하게 하라는 것이다. "내게 토단을 쌓고…네가 내게 돌로 제단을 쌓거든 다듬은 돌로 쌓지 말라. 네가 정으로 그것을 쪼면 부정하게 함이니라."[17]

모세도 영락없는 아벨과 같은 종족이었다. 그는 끝내 약속의 땅을 소유하지 못했는데, 만약 그 땅에 들어갔더라면 모세다움을 잃고 말았을 것이다. 그는 안개처럼 사라졌고 죽어서도 정착하지 않았다. 잘 꾸민 무덤 하나 얻지 못한 채 그는 "벳브올 맞은편 모압 땅에 있는 골짜기에 장사되었고 오늘까지 그의 묻힌 곳을 아는 자가 없"다.[18]

* * *

가나안 땅에 들어가고 나서부터 이스라엘 백성은 정착민이 되는데, 이는 그들에게 어딘가 장소가 필요해서 하나님이 실용적인 차원에서 그렇게 하신 것 같다. 하지만 그분의 취지는 그들에게 우체통이 생겼을지라도 여전히 순례의 백성으로 살아가는 것이었다. 핏속에 흐르고 있는 아브라함의 유목민 정신 또한 그들의 것이 되어야 했고, 하나님은 끊임없이 그들에게 그 점을 상기시켜 주셨다. 물론 이제 주소지는 생겼지만 그들은 자신이 유랑민임을 잊어서는 안 되었다. "네 하나님 여호와께서 네게 기업으로 주어 차지하게 하실 땅에 네가 들어가서 거기에 거주할 때에…너는 또 네 하나님 여호와 앞에 아뢰기를 '내 조상은 방랑하는 아람 사람으로서.'"[19]

유대인의 큰 절기들 속에도 똑같은 명령이 깔려 있다. 초막절이면 유대인은 초막을 짓고 지붕의 이엉 사이로 비치는 별들을 올려다보며 "우리의 진짜 지붕은 하늘이다. 우리가 사는 곳은 브루클린일지 몰라도 우리의 진짜 집은 여기가 아니다"라고 말해야 한다. 또한 그들에게 유월절은 제대로 짐을 꾸릴 시간조차 없이 급히 떠나야 했던 광야의 여정을 상기시켜 준다. 해마다 유월절에 그들이 나누는 건배의 말은 "내년에 또 예루살렘에서"다. 그들에게 여정은 아직도 끝나지 않았다. 그래서 오늘날에도 통곡의 벽이 내려다보이는 예루살렘의 한 아파트에서 유대인들이 저녁 식탁에서 건네는 건배의 말은 여전히 "내년에 또 예루살렘에서"다. 어떤 의미에서 그들은 아직 목적지에 도달하지 않은 것이다.

이것은 비단 유대인이 그 땅을 지배하고 있는 상태가 위태로워서만은 아니다. 물론 그 위태로움은 포로 생활과 귀환, 다시 포로 생활과 귀환, 두 번에 걸친 성전의 소실, 이란의 핵 위협 등 세계 도처에서 유대인의 수난을 통하여 거듭 쓰라리게 나타났지만 말이다. 그보다 이것은 아브라함과 그 후손에게 주신 약속에 물리적인 땅이 포함되어 있고, 여호수아가 현지의 부족들을 성공리에 몰살했고, 솔로몬이 광범위한 유대 제국을 건설했음에도 불구하고 아직도 할 일이 많이 남아 있기 때문이다. 아직도 갈 길이 먼 것이다.

뉴욕 출신의 정통 유대교인 에스티 허스코위츠(Esti Herskowitz)는 예루살렘 외곽의 언덕 꼭대기에 있는 정착촌에 살고 있다. 그녀는 자신의 집에서 피자를 먹으며 이런 말을 했다. "이건 한낱 지리적인 문제가 아닙니다. 바보같이 그렇게 얄팍하게 생각해선 안 되지요. 여기에는 메시아, 구속, 성전 예배의 회복, 실향민의 귀환 등 모든 대망이 다 담겨 있습니다. 물론 어떤 면에서 우리는 이미 예루살렘에 있지만 아직도 해결되어야 할 일들은 산적해 있습니다."

그래서 유대인은 아직 신발을 벽에 걸 수 없으며 앞으로도 계속 마찬가지일 것이다. 티베트어로 인간을 '아그로바'(a-Groba)라 하는데 이는 '가는 사람' 즉 이주하는 사람이라는 뜻이다. 티베트 사람이 이주를 멈추면 그것은 곧 인간이기를 멈추는 일이다. 유대교에도 비슷한 사상이 있다. '방랑하는 유대인'이라는 말은 중복된 표현이다. 방랑을 멈추면 그 사람은 더 이상 유대인이 아니다. 복을 주시는 하나님 자신이 방랑자이시므로 방랑은 최고의 복을 누리는 통로다.

* * *

그럼에도 불구하고 하나님은 천막을 떠나셨다. 천막을 실내로, 즉 성전의 거룩한 어둠 속으로 들어가도록 허락하신 셈이다. 하나님은 거기 언약궤 위의 두 그룹 사이에 앉아 성전이라는 거대한 도살장에서 나오는 피를 드셨다. 그분은 성전을 건축한 사람에게 복을 주셨지만 그때의 이야기를 보면 마지못해 그러셨다는 느낌이 묻어난다. 성전은 하나님보다 다윗과 솔로몬이 더 원한 것이었다. 그들이 정직하게 그분을 경배하려 했으므로 하나님은 너그러이 따라 주셨다. 하지만 시내 산에서 말씀하시던 진정 여호와다운 어조는 오히려 성전을 반대하던 선지자들에게서 더 쉽게 들을 수 있다. 성전을 반대한 선지자들은 많이 있었으며, 그들은 진정한 종교란 본질상 길을 가는 종교라고 말했다. 하나님은 예레미야를 통하여 레갑 사람들처럼 되라고 준엄하게 이르셨다. 그들은 옛 풍습을 단호히 고수했고 집을 짓거나 씨를 뿌리거나 포도원을 만들거나 소유하지 않았다. 일찍이 그들의 조상이 "너희는 평생 동안 장막에 살아라. 그리하면 너희가 머물러 사는 땅에서 너희 생명이 길리라"[20]라고 명했기 때문이다. 그들은 그대로 살았고 그리하여 하나님께 상을 받았다.[21] 브루스 채트윈(Bruce Chatwin)이 이것을 잘 요약했다.

> [하나님은] 불붙은 떨기나무와 불기둥 속에 나타나신다. 그분은 모든 면에서 이집트와 정반대이시건만 그런 분이 성전이라는 미심쩍은 영예를 자신에게 허락하시고는 결국은 후회하신다. "[유다 자손이] 내 이름으로 일컬음을 받는 집에 그들의 가증한 것을 두어 집을 더럽혔으며"(렘 7:30).···선지자 이사야와 예레미야와 아모스와 호세아는 퇴폐한 문명에 독설을 퍼붓던 유목민적인 부흥사였다. 땅에 뿌리를 박고, "가옥에 가옥을 이으며 전토에 전토를 더하"고, 성전을 조각품들의 전시실로 전락시킴으로써 그 백성은 하나님을 등지고 돌아섰다. "어느 때까지니이까, 주여, 어느 때까지니이까···성읍들이

황폐하여질 때까지니라"…선지자들은 유대인이 유목민의 검소하고 금욕적인 삶으로 돌아오게 될 회복의 날을 고대했다. 이사야가 본 환상을 통하여 그들에게 약속된 구주는 임마누엘이라는 이름의 목자이시다.[22]

하나님은 유목민이 자신을 닮았기 때문에 유목민을 좋아하시는 것 같다. 유목민과 하나님은 가치관이 같으며, 유목민은 또 순수하고 관계를 중시한다.

* * *

고대 세계를 보면 언제나 방랑자들은 선하고, 게으르게 집에만 붙어 있는 삶들은 그렇지 않다. 대작에 나오는 영웅치고 허구한 날 방구석에 처박혀 텔레비전이나 보고 있는 사람은 없다. 진정한 영웅의 세계에서는 떠나는 사람이 이긴다. 트로이 사람들은 집 안에서 하릴없이 빈둥거리다 그리스 사람들에게 완파당했다. 「오디세이아」(*Odyssey*, 범우사)는 오디세우스가 고향의 아내 페넬로페에게 돌아가려고 길을 떠나는 장면으로 끝난다. 그동안 오디세우스가 오랜 세월 집을 떠나 키클롭스의 눈도 멀게 하고 마녀도 홀리며 지냈으니, 현대 작가라면 이들 부부가 다시 화합하는 장면으로 이야기의 대단원을 장식할 만도 하다. 하지만 호메로스는 보는 눈이 달랐다.

방랑자들은 그냥 더 재미있기만 한 것이 아니다. 호메로스와 헤시오도스는 재미와 도덕적인 선(善)의 차이를 아주 잘 알았다. 그런 그들이 매번 유목민을 정직하게 법을 지키는 사람들로 그려내고 있다.

내가 실제로 경험한 바를 보아도 그렇다. 여태까지 내가 강도한테 맞고 빼앗기고 위협당한 일은 전부 도시에서 벌어진 일이다. 도시가 클수록 그만큼 더 공격도 살벌하고 칼날도 날카로워진다. 반대로 그동안 나는 생면부지의 유목민에게 내 목숨과 소지품과 정신을 맡긴 채 정처 없이 광야를 걸으며 보낸 시간이 상당히 많다. 그게 제정신으로 할 짓인지는 별문제로 하더라도 그들이 내 목숨과 소지품을 제것처럼 지켜 준 것만은 분명하다. 심지어 동물도 이주하는 종이 정주하는 종보다 공격성이 덜한데 그것은 진화론적 논리로도 설명할 수 있다. 갈 길이 먼 사람은 기운을 괜히 성질대로 싸우는 데 쓰기보다는 무거운 발걸음을 옮기는 데 쓰는 편이 낫다.

유목민은 도시인보다 필연적으로 정이 더 끈끈할 수밖에 없으며 이것은 생존이 달린 문제다. 로렌스 밴 더 포스트(Laurens Van der Post)에 따르면, 칼라하리 사막의 오지에 사는 사람들은 80킬로미터나 떨어진 곳으로 사냥을 나간 마을 사람들이 짐승을 잡았다는 것과 그 잡힌 짐승이 얼룩 영양이라는 것, 그리고 그들이 정확히 언제 마을로 돌아올 것까지도 안다고 한다. 이 오지 사람들은 백인들이 사용하는 전보(電報)를 알게 되었을 때 전보도 자기들처럼 텔레파시를 통하여 생각을 알리는 수단인 줄 알았다.[23] 이렇게 이심전심으로 통하는 사이니 거기서 싹트는 친밀함이 어느 정도일지 상상해 보라. 이들 유목민이 (우리가 그들을 멸하기 전까지) 누리던 공동체의 수준이란 얄팍하고 외롭고 한심한 우리 도시인들로서는 감히 상상할 수 없는 것이다.

유목민의 손님 대접은 그야말로 전설에 가까운데, 이 또한 중요한 생존법이다. 손님을 보호하는 것은 그들에게 신성한 의무다. 하나님이 찾아오셨을 때 아브라함이 한 일은 어느 베두인족과 다를 바 없었다.

여호와께서 마므레의 상수리나무들이 있는 곳에서 아브라함에게 나타나시니라. 날이 뜨거울 때에 그가 장막 문에 앉아 있다가 눈을 들어 본즉 사람 셋이 맞은편에 서 있는지라. 그가 그들을 보자 곧 장막 문에서 달려 나가 영접하며 몸을 땅에 굽혀 이르되 "내 주여, 내가 주께 은혜를 입었사오면 원하건대 종을 떠나 지나가지 마시옵고 물을 조금 가져오게 하사 당신들의 발을 씻으시고 나무 아래에서 쉬소서. 내가 떡을 조금 가져오리니 당신들의 마음을 상쾌하게 하신 후에 지나가소서. 당신들이 종에게 오셨음이니이다." 그들이 이르되 "네 말대로 그리하라." 아브라함이 급히 장막으로 가서 사라에게 이르되 "속히 고운 가루 세 스아를 가져다가 반죽하여 떡을 만들라" 하고 아브라함이 또 가축 떼 있는 곳으로 달려가서 기름지고 좋은 송아지를 잡아 하인에게 주니 그가 급히 요리한지라. 아브라함이 엉긴 젖과 우유와 하인이 요리한 송아지를 가져다가 그들 앞에 차려 놓고 나무 아래에 모셔 서매 그들이 먹으니라.[24]

나도 하나님처럼 그런 대접을 받아 본 적이 수없이 많다. 위에서 말한 창세기 기사는 오늘날 벌어지는 장면을 묘사하는 글로도 전혀 손색이 없다. 부드럽지만 명령에 가깝게 손님을 붙잡는 주인, 손님을 앉게 하는 손짓, 불을 긁어모으는 행위, 차를 따르고 빵을 굽는 일, 손님의 눈에 띄지 않는 얌전한 여자에게 소곤소곤 지시하는 모습, 가축이 모래 위로 끌려가 결국 숨이 꼴깍 넘어가는 소리까지 다 똑같다. 현지의 주인들은 결코 이런 대접을 베풀 형편이 못 되며 가축은 그들에게 큰 재산이다. 하지만 놀랍게도 그들은 이렇게 베풀어도 괜찮으리라는 것은 물론이고 오히려 베풀지 않는 것이 나쁜 일임을 알고 있다.

베두인족의 손님 대접을 자칫 낭만적으로 묘사하기 쉽다. 여행자들의 블로그에 들어가 보면 '광야의 진정한 인심'에 대한 감동적인 글들이 넘쳐난다. 하지만 독일이나 밀워키에서 온 관광단이 벼룩의 소굴인 양탄자에 앉아 차 한 잔을 마시는 특권을 누리려고 웃돈을 후히 뿌린 것이고, 그 돈은 고스란히 말보로 담배와 일제 신차 랜드크루저를 사는 데 들어간다. 물론 손님 대접도 알고 보면 다 자신의 이익을 위해서 하는 일이고, 동물학자들의 표현으로 네가 내 등을 긁어 주면 나도 네 등을 긁어 준다는 식의 '상호 이타적 행위'라 할 수 있다. 오늘 내가 현지인을 먹여 주지 않으면 다음 주에 우물까지 나흘 거리인 곳에서 나에게 물이 떨어질 때 그 현지인이 나를 죽게 내버려둘지도 모른다.

하지만 아무리 냉소적으로 본다 해도 선행은 그 자체가 보상이 된다. 의무감에서라도 옳은 일을 하면 영혼이 변화된다. 유목민들은 웃음이 더 많은데, 그것은 그들이 가진 것이 없다 보니 모든 것을 가진 셈이고 그래서 웃을 일이 더 많기 때문이다.

* * *

인간이 돌아다니기를 멈추면 만사가 꼬이게 되어 있다. 소돔 이야기는 바로 그것을 말해 준다.[25]

소돔은 도시였고 그곳에는 광야의 풍습을 버린 사람들이 많았다. 어느 날 두 나그네가 소돔을 찾아왔는데 마침 그들은 천사였다. 롯은 전통적인 방식대로 그들을 맞이하여 자기 집에 묵을 것을 강권했고 으레 그러하듯 상을 푸짐히 차려냈다. 그런데 사나운 도시 사람들이 그 집을 에워쌌다. 권태에 빠져 생기가 없고 눈빛이 죽어 있는 사람들이었다. 우리도 길모퉁이에서 그런 사람들을 본 적이 있다. 소돔은 천막에서 배운 대화술을 잃어버린 사람과 별을 바라보기를 좋아하지 않는 사람은 아무것도 할 일이 없는 곳이었다. 그래서 그들은 집단으로 강간을 하려고 달려들었다.

롯은 분개하여 이렇게 말했다. "청하노니 내 형제들아, 이런 악을 행하지 말라. 내게 남자를 가까이 하지 아니한 두 딸이 있노라. 청하건대 내가 그들을 너희에게로 이끌어 내리니 너희 눈에 좋을 대로 그들에게 행하고 이 사람들은 내 집에 들어왔은즉 이 사람들에게는 아무 일도 저지르지 말라."[26]

이것은 유목민에게 손님 대접이 얼마나 절대적으로 중요한가를 보여 주는 가히 충격적인 대목이다. 예로부터 내려온 그 계율을 어기느니 차라리 처녀인 딸들을 내주어 집단 강간을 당하게 하는 편이 나을 정도였다. 물론 소돔 이야기는 동성애와는 딱히 아무런 관계가 없다. 그 무리가 칼끝을 들이대며 강도짓을 하려고 했다 해도 롯은 똑같이 비분강개했을 것이다.

소돔은 유랑 생활을 지배하는 강령들을 망각한 죄로 알다시피 처참한 대가를 치렀다. 이 이야기는 하나님이 도시 사람들에게도 고결한 뜨내기들이 지닌 정도의 고결한 도덕적인 품행을 기대하신다는 하나의 증표다. 롯은 마음으로나마 베두인으로 남아 있었기 때문에 구원을 얻었다. 요즘 같았다면 그는 캠프용 폭스바겐 밴이 있었을 것이고 카트만두에서 사 온 목걸이를 차고 다녔을 것이다. 반면에 그의 아내는 정착 생활의 알량한 즐거움이 아쉬워 뒤돌아보다 소금 기둥이 되고 말았다. 앞서 가인과 아벨 이야기에서도 보았듯이, 정착민이 되려는 사람이 받는 벌은 정착민이 되는 것이다. 소금 기둥들은 다음번 우물이 나오는 곳까지 자유로이 걸을 수 없다.

이렇듯 여행은 우리를 선하고, 기분 좋고, 살아 있게 해준다. 힌두교 경전 베다에 나오는 의식(儀式)을 설명한 고대의 주해서 「아이타레야 브라흐마나」(*Aitareya Brahmana*)에 이런 말이 있다. "여행하지 않는 사람에게는 행복이 없다고 들었다. 사람들과 모여 살면 아주 선량한 사람도 죄인이 된다.····그러므로 방랑하라!"[27] 그리스도인들이 못내 의심의 눈초리로 바라보는 위대한 신비가 헨리 데이비드 소로(Henry David Thoreau)도 그와 비슷하게 이동을 인간이라는 존재와 떼려야 뗄 수 없이 연결된 것으로 보았다. "우리는 흔히 삶을 충만하게 살지 못하고, 모든 세포를 피로 가득 채우지 못하며, 넘치도록 풍부하게 감화를 끼치거나 그렇게 죽지도 못한다.····우리는 단지 삶의 한 부분을 살아갈 뿐이다. 왜 우리는 수문을 열어 큰물을 받아들이지 못하고 왜 훌쩍 떠나지 못하는가?"[28]

그것은 우리가 공간과 소유에 매여 있고 거기에 딸려 오는 모든 도덕적 퇴적물로 더럽혀져 있기 때문이다. 우리는 살아 있는 야생성이 너무 두려워 그것을 닥치는 대로 불도저로 밀어 버리는 가인들이다. 그래서 방랑하는 형제를 죽이기도 하고, 유랑민을 수용소에 가두기도 하고, 집시를 교수형에 처하기도 한다.

방랑자들의 특징은 그것 말고도 더 있는데, 많은 사람들이 언급하는 것 중 하나는 그들의 어린아이 같은 모습이다. 당연히 그들은 많이 웃지만 이미 세상을 다 안다는 듯한 변호사의 능청스러운 웃음이 아니라 장난기 넘치는 아이에게서 볼 수 있는 신뢰의 웃음이다. 아이들의 방에서나 볼 수 있는 흥겹게 떠드는 모습이 베두인족의 천막촌에는 그대로 남아 있다.

어느 밤 우리는 시나이 반도 한복판을 횡단하던 중에 빵과 참치를 먹고 나서(물론 사막의 풍습 중에는 사라진 것들도 있지만 참치 통조림이 도덕성을 해이하게 하지는 않는 것 같다) 신문지로 공을 만들어 모래밭에서 차고 놀았다. 그러다 내가 미끄러져 넘어지자 내 길잡이인 친절하고 충실한 베두인족 사람들도 같이 쓰러져 배꼽을 잡고 웃느라고 족히 10분 동안 말을 하지 못했다. 그 후로 2주 동안 그 장면은 계속 재현되었고 그때마다 다시 웃음보가 터졌다. 내가 다시 그런 반응을 본 것은 네 살 된 아들 톰에게서였다. (모든 회계사를 위시하여) 대부분의 어른들은 걱정하는 표정을 지어 보이고는 다시 고개를 돌려 자기가 보던 책으로 돌아갔을 것이다.

이런 어린아이 같은 모습은 의지가 약한 것과는 다르다. 그렇다고 그들이 달리 웃을 일이 없어서 그런 것도 아니다. 같은 사람들이 가령 이집트 누웨이바(Nuweiba)의 어떤 집에서 텔레비전으로 "심슨 가족"(The Simpsons)을 보던 중에 내가 넘어졌다 해도 그들은 똑같은 반응을 보였을 것이다. 한곳에 가만히 있지 못하는 유럽인들 속에서도 나는 동일한 모습을 발견했다. 가장 여행을 잘 다니며 가장 많은 것을 본 사람들이야말로 세상을 어린아이의 눈으로 보는 능력이 가장 뛰어난 사람들이다. 어린아이들의 눈에는 세상적으로 똑똑한 사람들의 시력을 흐려 놓는 영적인 백내장이 없다. 우리가 주차 공간밖에 보지 못하는 곳에서 아이들은 색깔과 신비와 신나는 일을 본다. 그들은 측량할 수 없을 정도로 우리보다 풍요롭다.

영적인 백내장의 원인은 가만히 앉아 있는 삶인 것 같다. 아이들이 그 병에 걸리지 않는 이유는 세상의 모든 것이 새롭기 때문이다. 여행을 떠나면 보이는 풍경마다 다 새로워진다.

당신의 세상이 잿빛이며 사무실 창밖으로 매일 똑같은 한 조각의 세상밖에 보이지 않는다면, 당신이 그 작은 조각에 병적으로 집착하며 거기에 대한 권리를 주장하고픈 욕망에 사로잡힌다 해도 놀랄 것이 없다. 당신이 불행하고 냉소적이고 지칠 대로 지치고 뚱뚱해진다 해도 놀랄 것이 없다. 자리에서 일어나 밖으로 나가라. "몸을 움직이는 게 큰일을 하는 것이다"라고 한 로버트 루이스 스티븐슨(Robert Louis Stevenson)의 말은 정말 맞는 말이다.[29]

* * *

아벨과 롯의 전통을 똑바로 이어 간 또 하나의 위대한 여행자가 있다. 그분은 자신을 경작하는 사람들과 반대로 목자라 부르셨다. 그분이 태어난 사실은 누군가의 거룩하고 무질서한 여행을 통하여 알려지는데, 이는 월스트리트에는 겁나는 일이지만 모든 유목민에게는 즐거운 경험이다. "[그가] 주리는 자를 좋은 것으로 배불리셨으며 부자는 빈손으로 보내셨도다."[30] 그분은 자신이 가난한 사람들을 위하여 세상의 주변부에 있다고 하셨고, 자신의 나라가 진정 어떤 곳인지는 어린아이들의 눈에만 보인다고 하셨다. 그분의 이름은 물론 예수였다.

4장

걸으시는 하나님

사랑에는 늘 어느 정도 광기가 있으나 광기에도 늘 어느 정도 이성이 있다.
프리드리히 니체[1]

「오디세이아」에서 바다 냄새가 나듯이 복음서에는 길 냄새가 난다.

지독한 무신론자인 친구 하나가 내 책상 위에 있는 성경책을 집어 들어 휙휙 넘겨보더니 경멸하듯이 탁 내려놓았다.

"그나마 제일 재미있는 건 지도들이로군." 그의 말에 하나님도 어느 정도 동의하시리라.

신약 성경을 펴자마자 우리는 길을 떠난다. 마태복음에 나오는 족보에서는 쿵쿵 박자를 맞추어 걷는 발걸음 소리가 들린다. 요약하여 시대를 구분할 때조차도 여정이나 위대한 방랑자가 언급된다. "그런즉 모든 대 수가 아브라함부터 다윗까지 열네 대요 다윗부터 바벨론으로 사로잡혀 갈 때까지 열네 대요 바벨론으

로 사로잡혀 간 후부터 그리스도까지 열네 대더라."²

예수님의 가족 이외의 사람이 그분에게 보인 최초의 반응으로 성경에 기록된 것은, 낙타를 타고 중동과 근동을 가로질러 아득히 멀고 위험한 여정에 오른 일이다. "동방으로부터 박사들이 예루살렘에 이르러 말하되 '유대인의 왕으로 나신 이가 어디 계시냐.'"³ 심지어 별도 함께 여행한다. "그 별이 문득 앞서 인도하여 가다가 아기 있는 곳 위에 머물러 서 있는지라."⁴ 기독교가 하나의 운동이라는 말이 맞다면(물론 맞는 말이다) 맨 먼저 이러한 물리적인 운동부터 있었다.

구약과 신약 사이의 중간기에서 나는 마치 자라던 꽃이 얼어버린 것처럼 세상이 정지된 느낌을 받는다. 고조되는 긴장은 정적인 긴장이라 더 팽팽하기만 하고, 아무것도 움직이지 않는다. 그러다 예수님이 한순간에 세상 속에 들어오시면서 갑자기 온 세상이 움직인다. 꽃을 뒤덮고 있던 얼음이 녹고, 물이 흐르고, 초고속 카메라로 찍을 때처럼 꽃이 순식간에 활짝 피어난다. 아슬란[C. S. 루이스의 「나니아 연대기」(*The Chronicles of Narnia*) 시리즈에 등장하는 사자—역주]이 움직이고 있고 만물이 그와 함께 움직이고 있다.

동방박사들은 기독교 최초의 순례자였다. 조로아스터교의 점성술사로 짐작되는 그들은 아마 주류 복음주의 교회에 결코 강사로 초빙될 일이 없으리라. 그들은 이후에 있을 모든 순례의

틀을 놓았는데, 그 틀이란 바로 길을 떠나서 도착했다 다시 돌아오는 것이다.[5]

그들이 돌아가자마자 또 다른 여정이 숨 가쁘게 시작된다. "일어나"라는 말은 천사들이 전하는 아주 전형적인 명령이다. 성경 어디를 보아도 천사가 누군가에게 편하게 자리에 앉아 유명인들에 대하여 쑥덕공론이나 늘어놓으라고 명하는 장면은 찾을 수 없다. "일어나 아기와 그의 어머니를 데리고 애굽으로 피하"라.[6]

그들 일행이 어느 노선을 택하였든 나도 똑같은 길을 다 가보았다. 내 생각에 그들은 기복이 완만한 길을 따라 유대 산지를 넘어 곧장 남쪽으로 갔을 것이다. 지금도 그곳에 가면 땅속에서 돌들이 뼈다귀처럼 튀어나와 있다. 봄이면 파릇파릇 풀이 덮이지만 7월이면 온 땅이 칙칙한 무채색으로 변한다. 오래되어 뒤틀린 올리브나무들과 작은 포도원들이 있고, 지붕이 희고 납작한 집들이 용감하게 몇 채씩 모여 있다. 언덕 마루에는 마치 좌초된 전함처럼 정착촌이 무기와 안테나를 곤두세우고 사방을 경계하고 있다.

아기 예수 일가족은 검문소를 통과했을 텐데, 강제로 징집되어 그곳에 배치된 로마 병사들은 자신이 나폴리에 있지 않은 것을 한탄했을 것이다. 오늘날 강제로 징집되어 그곳에 배치된 따분한 이스라엘 병사들은 자신이 하버드에 있지 않은 것을 한탄

할 것이다. 헤브론에서 일가족은 다른 위대한 여행자들의 무덤을 지나갔을 텐데, 그 여행자들이란 바로 수천 년 전에 그 길을 밟았던 족장들이다. 요셉과 마리아는 신앙심이 두터운 정통 유대교인이었으므로, 아무리 피난길이었다 해도 그들이 그 모범적인 방랑자들의 어렴풋한 내세로부터 오는 복을 구하지 않았다면 이상한 일이었을 것이다. 그 강건한 옛 족장들이 하나님의 역설적인 섭리 가운데 걷고 또 걸어 한 나라를 세웠듯이, 지금 만들어지고 있는 새 나라도 한 남자와 그 아내의 계속되는 걸음에 달려 있었다.

그래서 그들은 계속 걸었다. 거기서 곧장 남쪽으로 가지 않았다면 헤브론에서 동쪽으로 돌아 모압과 아라비아를 아득히 굽어보며 굽이굽이 골짜기를 지나 사해 쪽으로 내려갔을 것이고, 만일 그랬다면 다시 거기서 아라바 건곡(Wadi Arabah)을 따라 남쪽으로 돌았을 것이다. 우기에만 물이 흐르는 아라바는 지구를 아프리카 동부까지 쭉 갈라놓는 그레이트 리프트 계곡(Great Rift Valley)이 근동 지방으로 뻗어 나간 부분인데, 일찍이 최초의 팔레스타인 사람들도 그 계곡을 따라 올라왔다. 일행은 아프리카산 휘파람가시나무가 바람결에 불어대는 피리 소리를 처음 들었을 것이고, 지금도 대피소에서 관광객들의 샌드위치를 쪼아 먹는 찌르레기에게 꼭 조롱당하는 기분이었을 것이다. 또한 해가 중천에 걸려 있을 때는 단조롭던 땅이 차차 그림자가 지면서 쩍

쩍 갈라지는 듯한 광경을 보았을 것이고, 홍해가 눈에 들어오기 도 전에 짭짤한 맛부터 느꼈을 것이다. 그러다 그들은 시나이 반도를 가로지르는 먼 옛날의 길로 꺾어졌을 텐데, 후대에 그 길은 참배객들을 아프리카에서 메카로 실어 나른다 하여 메카 참배의 길로 불리게 된다. T. E. 로렌스(T. E. Lawrence: 제1차 세계대전 때 아랍군을 승리로 이끌어 아랍인들로부터 '아라비아의 로렌스'라는 칭호를 얻은 영국군 장교—역주)가 아랍인 용병들에게 지급할 금화를 얻으려고 요르단 남부의 해안 도시 아카바(Aqaba)에서 수에즈까지 낙타를 타고 불가사의하게 빨리 달린 길도 바로 그 길이다. 그 길을 가면 나까지 황량해지는 것 같아 나는 그 길이 싫다. 파리들마저도 따분해하는 곳이 바로 그 길이다.

하지만 아기 예수 일가족은 다른 길로 갔을 것이 거의 분명하다. 그들은 헤브론에서 서쪽으로 꺾어져 감귤 밭들을 꾸불꾸불 돌아서[7] 가자 지구 남단에 있는 라파(Rafah) 근처에서 지중해변에 닿았을 것이다. 당시에는 거기서 청어와 송진 냄새가 났지만 지금은 최루탄과 소독약과 하수구 냄새가 난다.

해변 길은 근동의 간선 도로 중 하나였다. 요셉과 마리아는 마차들이 모래를 날리며 쌩쌩 지나갈 때마다 아기를 안고 부리나케 길 밖으로 비켜섰을 것이다. 검문소의 병사들이 그들에게 뒷돈을 요구했겠지만 아마 헛수고였을 것이다. 오른쪽으로는 아무도 찾는 이 없는 평평한 백사장과 속삭이는 바다와 멀리 크레타 섬에서 날아온 갈매기들이 있었다. 그 길은 아주 평평하며 아주 덥거나 아주 춥다. 일행은 낙타 행렬이 쉬어 가는 곳에서 담요를 깔고 한뎃잠을 잤을 것이다. 그들이 눕자마자 낙타에 붙어다니는 작고 성질 급한 진드기들이 우르르 꼬였을 것이고, 그래서 아침에는 사타구니와 등에서 올리브 알갱이만큼이나 큰 진드기들을 뜯어냈을 것이다. 그러다 자신들이 언제 국경을 넘어 이집트로 넘어왔는지도 몰랐을 것이다.

마침내 영아들을 살해한 헤롯이 죽어 아기 예수 일가족은 팔레스타인으로 돌아왔다. 요셉이 "나사렛이란 동네에 가서 사니"[8] 그곳은 그냥 시골 정도가 아니라 그야말로 벽촌 오지였다. 그러니 "나사렛에서 무슨 선한 것이 날 수 있느냐"[9]던 나다나엘의 반문은 지극히 당연한 것이었다. 하나님은 이번에도 늘 사용하시던 방법을 쓰고 계셨다. 그분은 언제나 가장 불가능해 보이는 재료들을 가지고 개들이 어슬렁거리는 주변부에서 일하신다. 그분은 거대한 파도의 잔물결을 사회의 중심부에서부터 일으키시거나 누가 보기에도 가장 유망한 인재를 쓰신 적이 없다. 오늘날 헤드헌터라면 누구나 그분의 모집 기준을 보고 기겁할 것이다.

하나님은 소년 예수가 평범하게 자라게 하셨다. 그분은 그를 영향력이 큰 신학교는 고사하고 일류 사립학교에도 보내지 않으셨다. 예수는 의자를 만드는 법과 톱밥을 치우는 법과 안식일의 기도를 드리는 법을 배웠다. 정말 하나님이 매우 부주의하게 행동하신 것인데, 바로 그 부주의함을 일컬어 성육신이라 한다.

예수님이 공적인 사역을 시작하실 시점이 되자 그것을 발표한 사람은 우리도 이쯤 되면 의당 짐작할 만한 인물이었다. 누더기 차림에 봉두난발을 한 요한은 가장 허름한 변두리에서조차 한참 멀리 떨어진 광야에 살았고, 따라서 거리상으로는 사명을 감당할 방도가 묘연했다. 사람들이 거기까지 오려면 몇 킬로미터를 걸어야 했는데 과연 그럴 사람들이 몇이나 되겠는가? 그럼에도 불구하고 실로 영향력 있는 유명 인사들이 곤란을 무릅쓰고 거기까지 왔다. 이에 요한은 아부하며 그들을 앞좌석으로 안내한 것이 아니라 오히려 그들에게 인신공격과 독설을 퍼부었다. 그들이 정색하며 위대한 방랑자 아브라함의 후손으로 자처하는 것은 그들의 도덕성으로 보아 있을 수 없는 일이라고 질타했다. "회개에 합당한 열매를 맺고 속으로 아브라함이 우리 조상이라고 생각하지 말라."[10] 오늘날 교회에서 안내를 맡은 사람들이 요한의 옷차림을 본다면 "선생님, 죄송합니다만…"이라고 말할 것이다. 또한 아무리 괄괄하고 호방한 여주인이라도 그의 식성을 듣고는 당황할 것이다.[11] 예수님에 대하여 외치기 시작할 때 요한은 여행의 언어를 사용했다. '너희는 주의 길을 준비하라. 그가 오실 길을 곧게 하라."[12]

도시와 중심부의 기준으로 보면 이것은 썩 대단한 준비 작업이 아니었음에도 불구하고 사람들이 몰려들었다. "이때에 예루살렘과 온 유대와 요단 강 사방에서 다 그에게 나아와."[13] 태어나실 때부터 순례를 유발하신 예수님이 또다시 순례를 유발하고 계셨다. 그리고 이 주제는 그분의 삶에 계속 되풀이된다.

예수님은 갈릴리에서 요단 강으로 가서 요한에게 세례를 받으셨고[14] 그 후 곧바로 광야로 떠나 시험을 받으셨다.[15] 역사적 확증은 없지만 전통적으로 그분이 시험 받으신 위치는 여리고가 내려다보이는 유혹의 산 수도원(Monastery of the Temptation) 근처로 알려져 있다. 정확한 위치가 어디인지는 하나도 중요하지 않으며, 만약 거기가 아니라 해도 그와 비슷한 어디였을 것이다. 예수님은 어쩌면 40일 동안 수백 킬로미터를 걸으셨을 텐데 내 눈엔 어디를 가나 다 똑같아 보였다. 뜨거운 돌멩이들은 그들의 연륜에 비하면 우리는 풋내기에 지나지 않는다며 우리를 조롱하고, 눈이 푹 파인 해골 모양의 돌들은 우리가 장차 벌레들의 밥이 될 것을 상기시켜 준다. 작은 새들은 둥지로 돌아가 짝짓기를 하겠지만 우리는 그럴 수 없고, 하늘 높이 비상하는 큰 새들에게 보이는 예루살렘의 불빛이 우리에게는 보이지 않아 괜히 새들이 얄미워진다. 우리처럼 이곳을 싫어하지 않고 이곳에 사는 작은 도마뱀 같은 것들도 미워진다. 하지만 가장 끔찍한 것은 지금껏 나라고 불러 온 그 공허한 존재 속으로 파고들어 심문하는 무서운 침묵이다. 침묵은 나라는 공허한 존재를 시끄럽게 조롱하고,

그리하여 우리는 그 고발의 메아리를 놓칠 수 없다. "지금까지 네가 대단한 존재인 줄 알았겠지만 잘 들어라. 너는 아무것도 아니다." 나는 구토가 절로 나오는 시나이 반도에서 오랫동안 머문 적이 있는데, 바로 그와 같은 풍경이 내 마음은 물론 생각까지도 피폐하게 만들었다. 내가 거기서 회복되는 데는 엄청난 애정이 필요했다.

예수님이 당하신 유혹은 출애굽의 재현이었으나 이번에는 불순종이 없었다. 그분은 죄를 씻으실 필요가 없었지만 출애굽과 마찬가지로 그분의 경험 또한 어떤 이유에서든 분명히 필요한 것이었다. 광야에서 이스라엘은 안락과 음식이라는 귀신들과 부딪쳤다. "이집트로 돌아가자. 자유인으로 갖은 고생을 다하며 방랑하느니 차라리 식탁에 음식이 보장되는 유급 노예가 되자. 머릿속에 스테이크가 아른거리는구나. 광야 음식은 진저리가 난다." 그러다 이스라엘 백성은 결국 수치를 당했다. 광야에서 예수님도 똑같은 유혹은 물론 그보다 훨씬 더 많은 유혹에 부딪치셨지만 결국 이기고 영광을 얻으셨다.

그때부터 예수님은 말씀을 전하셨는데 하필 그 장소가 갈릴리였다.[16] 이는 마치 미국을 복음화하기 위한 운동의 본부를 하와이에 두는 것과 같다. 물론 뉴욕에도 가끔씩 가겠지만 핵심 연설은 호놀룰루의 한 학교 강당에서 있을 것이다. 이는 거꾸로 된 나라에 딱 어울리는 거꾸로 된 전략이다. 예수님은 사람들이 이

동해 오리라고 생각하셨고 과연 그분의 생각은 옳았다. 뿐만 아니라 일단 그분께 온 사람들은 계속 이동해 다녔다. 그분 자신이 계속 돌아다니셨기 때문인데, 그야말로 순회공연의 원조 격이다.

처음부터 예수님의 순회공연은 공동체적인 일이었다. 그분은 함께 걸을 사람들을 원하셨고 걸으시는 중에 그들을 만나셨다. "갈릴리 해변에 다니시다가 두 형제[를]…보시니."[17] 그분은 그들을 교리 강론으로 부르신 것이 아니라 함께 걷자고("나를 따르라") 부르셨다. 그렇게 따라가다 결국 어디에 이르게 될지를 그들이 미리 알았더라면 아마 그들은 따라가지 않았을 것이다. 예컨대 마태와 도마는 창에 찔려 죽었고, 베드로는 십자가에 거꾸로 매달려 죽었고, 맛디아는 돌에 맞아 죽었고, 바돌로매는 산 채로 살가죽이 벗겨진 후에 십자가에 달려 죽었다. 다행히 그 길은 대개는 자비로워서 우리가 아직 연약할 때는 그 힘든 곳들을 가려 보이지 않게 한다. 우리는 그저 한 발짝씩 내딛고 또 내딛기만 하면 된다.

예수님이 순례를 떠나자고 청하시자 시몬 베드로와 안드레와 야고보와 요한은 '곧' 수락하고 떠났다. 아주 세심한 안무가이신 성령께서는 그것이 아브라함의 충성과 온전히 닮아 있음을 보이시고자 그 장면 속에 야고보와 요한의 아버지인 세베대까지 넣으셨다. 그들은 생계와 집과 각자의 계획을 버렸을 뿐 아니라 혈육까지 버렸던 것이다. "[야고보와 요한이] 곧 배와 **아버지**를 버려두고 예수를 따르니라."[18]

이렇게 그분께 매료된, 그러나 아직은 혼란스러워 하는 남녀 무리와 함께 예수님은 팔레스타인에서 위치상 가장 덜 전략적인 지역을 돌아다니시며 하나님 나라를 선포하시고 드러내 보여주셨다. "예수께서 온 갈릴리에 두루 다니사 그들의 회당에서 가르치시며 천국 복음을 전파하시며 백성 중의 모든 병과 모든 약한 것을 고치시니."[19] 그분의 순례는 더 많은 사람들의 순례를 촉발했다. 순례자들은 다 호기심이 많았지만 그렇다고 호기심 많은 관광객은 아니었다. 그들은 구체적인 **결과**를 원했다. "그의 소문이 온 수리아에 퍼진지라. 사람들이 모든 앓는 자 곧 각종 병에 걸려서 고통당하는 자, 귀신 들린 자, 간질 하는 자, 중풍병자들을 데려오니 그들을 고치시더라. 갈릴리와 데가볼리와 예루살렘과 유대와 요단 강 건너편에서 수많은 무리가 따르니라."[20]

순례가 뭔가 일을 **해낸다**는 것, 이것은 또 하나의 주제다. 아브라함의 여행은 언약에 서명하여 나라의 기초를 놓았고, 출애굽은 한 민족을 변화시키고 땅을 얻어냈다. 나의 저녁 식탁에 함께 앉았던 그 침례교 여성은 남편을 얻고 알레르기성 비염이 낫고 말 그대로 예수에 미친 사람이 되었다.

그 다음에 산상수훈이 나오는데 그것은 그야말로 주변부 사람들에 관한 말씀이다. 우리도 이 마을 저 마을 걸어 다니면 그런 사람들을 만나 함께 먹고 함께 걷고 함께 잠자리에 들고 결국은 그런 사람이 될 것이다. 하지만 에어컨이 잘 나오는 차를 타고 고속도로로만 달리면 절대로 그럴 수 없다.

대체로 산상수훈은 대다수의 현대 교회들과는 전혀 무관하다. 차라리 그곳들에는 산상수훈이 없는 편이 낫다. 우리 삶과 사업과 선교 전략은 아주 세세한 것들까지도 하필 예수님이 명백히 규탄하신 바로 그 원리들에 따라 짜여 있다. 만일 그분의 운동을 우리가 주도했더라면 우리는 돈을 나환자들에게 쓰지 않고 경영 컨설턴트와 로비스트들에게 썼을 것이다. 그러면 그들이 바리새인의 고위층에는 물론이고 (정말 유능한 사람이라면) 로마인의 고위층에까지 슬쩍 줄을 댔을 것이다. 그리고 예수님께는 절대로 보행이 허용되지 않았을 것이다. 걷는 방법은 위험하고 시간이 많이 걸리며 온갖 엉뚱한 인상을 풍긴다. 아마도 옆에 로고가 박힌 멋진 마차나 흠 없는 혈통의 말쑥한 준마가 그분께 주어졌을 것이다.

온종일 걸어 다니는 사람은 자신의 발과 배가 중요함을 알며, 그래서 영지주의는 겨우 30킬로미터도 견뎌내지 못한다. "나라가 임하시오며 뜻이 하늘에서 이루어진 것같이 **땅에서도**[도시의 변두리와 흙길에서도] 이루어지이다. 오늘 우리에게 일용할 양식을 주시옵고"[21] 우리는 평소에 하나님 나라를 위하여 기도하고 그 나라 안에서 걷고 피 흘리고 성관계를 한다. 일용할 양식을 구하는 기도는 바로 그 나라의 전초기지인 이 땅과 이 길에서 우리를 지탱시켜 달라는 기도다.

순례자 이야기들에 늘 후렴구처럼 등장하는 것이 있다. 꼭 필요할 때 먹을 것이 생기고, 갈림길에 가면 길을 아는 사람을 만나고, 넘어지면 뒤에 오는 낯선 사람의 배낭 속에 내 상처에 꼭 맞는 구급약이 들어 있다는 것이다. 이런 사연을 들려주는 순례자들의 말에는 대개 놀라움과 경이가 묻어난다. 하지만 어쩌면 본디 그것이 삶의 순리인데 우리가 너무 잉여에 찌들어 있어 자신의 필요가 맞춤형 해법을 통해 채워짐을 알아보지 못하는 것인지도 모른다. 우리가 평소에 염려하는 이유는 여태껏 필요가 채워지는 것을 알아본 적이 없기 때문이다. 우리는 골치 아플 정도로 많고 복잡한 안전장치들을 절대시하며 그것이 곧 삶이라고 착각한다. 하지만 아주 분명한 사실은, 우리가 그것을 조금이라도 벗어 버리면 세상이 베푸는 확실하고 후한 인심에 당장 충격을 받고 기뻐하게 된다는 것이다. 그런 인심은 우리를 위하여 이미 준비되어 있으니, 길에서 이틀만 지내면 어느새 경이가 신뢰를 낳는다.

* * *

안나푸르나(Annapurna) 베이스캠프 근처의 산등성이에 숨을 헐떡이며 올라선 나는 거머리를 뜯어내려고 걸음을 멈추었다. 윗옷을 벗고 겨드랑이 털에 불이 붙지 않도록 조심하며 라이터로 거머리를 떼내려고 애쓰던 참에 어디서 "제가 해 드릴까요?" 하는 소리가 들렸다. 시카고에서 왔다는 불교 스님인데 이름은 평범하게도 샘(Sam)이었다. 그는 짐이라고는 달랑 하나뿐인 바랑에서 길가에 자라는 대마초로 말아 두었던 담배 한 개비를 꺼냈다. 이내 불을 붙이더니 뜨거운 끄트머리를 거머리에 대고 길 위에 살짝 털어냈다. 그가 물병을 주며 좀 마시라고 하기에 마셨다. 조금 있다가 그는 자신이 매독 환자라고 말했다. 걱정스러운 내 표정을 보더니 그가 웃으며 말했다.

"물병을 통해서는 옮지 않습니다. 사이공의 나쁜 여자들한테서 옮는 거지요. 어쨌든 이제 거의 다 나았습니다. 다 예수님 덕분이지요."

"예수님 덕분이라니요?"

"예. 그분이 꼭 맞는 항생제를 정확히 아셨거든요. 내가 머물렀던 태국의 북부 지방에는 반경 160킬로미터 안에 마을이라곤 하나뿐이었죠. 그 마을에 가게라곤 하나, 그 가게에 항생제라곤 그것 하나뿐이었습니다. 그때 퍼뜩 깨달은 것인데, 그분이 만일 자비를 베풀지 않으셨다면 그리고 약에 대해서 모르셨다면, 나는 병균이 전신에 퍼져 행복한 독신자로 살아남지 못했을 것입니다. 그러면 결국 열반의 길에도 나서지 못했겠지요."

5천 킬로미터 너머 저 멀리서 복음주의자들이 못마땅해하며 발가락을 뒤트는 소리가 내 귀에 들리는 듯하다.

"하지만 뻔히 불교 신자인 당신이 어째서 그것을 예수님 덕으로 돌리는 겁니까?"

"친구여, 그분은 부처랍니다. 그분이 뭐라고 말씀하셨는지 모르시죠?" 빙하가 녹아내린 갈색 물은 인도 쪽으로 흘러가고 그의 신발 끈 구멍으로는 거머리가 지나가는 동안 그는 티베트 고원까지 쭉 뻗어 나간 히말라야의 거대한 녹색 벽에 기대 앉아 마태복음에서 가장 유명한 대목 중 하나를 토씨 하나 틀리지 않고 암송했다. "내가 너희에게 이르노니 목숨을 위하여 무엇을 먹을까 무엇을 마실까 몸을 위하여 무엇을 입을까 염려하지 말라. 목숨이 음식보다 중하지 아니하며 몸이 의복보다 중하지 아니하냐. 공중의 새를 보라[그는 공중에 떠 있는 수염수리라는 새를 가리켜 보였다]. 심지도 않고 거두지도 않고 창고에 모아들이지도 아니하되 너희 하늘 아버지께서 기르시나니."[22]

물론 설교에 쓸 예화로는 샘 얘기보다 더 깔끔한 것들도 많이 있다.

산상수훈 전체는 걷는 중에 읽으면 가장 의미가 잘 살아난다. "내일 일을 위하여 염려하지 말라. 내일 일은 내일이 염려할 것이요."[23] 현재에 몰두하여 살고 있으면 그 말을 믿기가 한결 쉬워진다. 길 위의 고통과 기쁨 그리고 눈을 깜빡일 때마다 새로 바뀌는 풍경은 당신에게 바로 그런 삶을 떠안긴다. "찾는 이는 찾아낼 것이요."[24] 길을 떠나는 사람은 누구나 찾고 있으며, 돌아와

"괜히 시간만 낭비했다"라고 말하는 사람은 아무도 없다. 길을 가다가 무엇인가를 **찾아낼** 확률은 백퍼센트다. 하지만 넓게는 세상 전반이나 좁게는 기독교계 할 것 없이 예수님이 산상수훈에 말씀하신 그것을 찾아낸 사람은 극소수인 것 같다. 이는 곧 예수님이 지금 하시는 말씀이 진리일진대, 그분이 뜻하신 방식대로 찾고 있는 사람이 극소수라는 뜻이다. 몇 구절 뒤에서 그분이 또다시 여행 이미지를 가지고 하신 말씀이 바로 그것이다. "좁은 문으로 들어가라. 멸망으로 인도하는 문은 크고 그 길이 넓어 그리로 들어가는 자가 많고 생명으로 인도하는 문은 좁고 길이 협착하여 찾는 자가 적음이라."[25] 내가 믿기로 이는 지당한 말씀이다.

* * *

두어 장 뒤로 넘어가면 예수님이 마태를 부르시는 장면이 나온다. 여기서도 복음서는 이미 익숙해진 공식을 사용하고 있지만, 이번에는 우리 이야기에 더 잘 맞게 변화가 살짝 가미되어 있다.

"예수께서 그곳을 떠나 지나가시다가 마태라 하는 사람이 세관에 앉아 있는 것을 보시고 이르시되 '나를 따르라' 하시니 일어나 따르니라."[26] 보다시피 예수님은 걷고 계시고 마태는 앉아 있다. 당신의 허리나 기분에는 물론이고 당신의 영혼과 영원한 운명에도 걷는 것이 앉아 있는 것보다 훨씬 낫다. 예수님을 따라

가려면 앉은 자리에서 일어나 걸어야 한다. 마태는 그렇게 했고, 그래서 방랑자들은 더욱 많아지고 방랑은 계속된다. "예수께서 거기에서 떠나가실새."[27] "예수께서 모든 도시와 마을에 두루 다니사."[28]

이렇게 한동안 길 위의 삶을 훈련받은 그들에게 이제 그들끼리 순례를 시도해 볼 때가 왔다. 물론 그들은 예수님의 관할권을 떠나지 않고 그분의 길에 있으며, 따라서 결코 하나님 나라를 벗어나지 않는다. 그들은 항상 제자이며 이렇게 따로 떠날 때도 여전히 그분을 따르고 있다. 하지만 그분이 언제나 몸으로 그들과 함께 계시지는 않는다. 그들은 구걸하는 법, 신뢰하는 법, 짐 없이 여행하는 법, 늘 움직이는 법을 배워야 한다. 또 하나 중요한 것은 사람들이 손님 대접이라는 낡은 유목민적 가치관을 수용하는 정도를 제자들이 영적인 가치의 지표로 볼 줄 알아야 한다는 것이다. 예수님은 베두인처럼 우리를 대하는 사람들이야말로 진품이라고 말씀하신다. 그러나 이러한 핵심 가치를 잃어버린 도시인처럼 우리를 대하는 사람들은 진품이 아니다. 혹시 아래의 말씀에서 이 점을 놓칠까 봐 미리 말해 두지만, 손님 대접을 소홀히 한 죄가 소돔의 죄로 구체적으로 언급되어 있다.

예수께서 이 열둘을 내보내시며 명하여 이르시되 "이방인의 길로도 가지 말고 사마리아인의 고을에도 들어가지 말고 오히려 이스라엘

4. 걸으시는 하나님 ● 125

집의 잃어버린 양에게로 가라. 가면서 전파하여 말하되 '천국이 가까이 왔다' 하고 병든 자를 고치며 죽은 자를 살리며 나병환자를 깨끗하게 하며 귀신을 쫓아내되 너희가 거저 받았으니 거저 주라. 너희 전대에 금이나 은이나 동을 가지지 말고 여행을 위하여 배낭이나 두 벌 옷이나 신이나 지팡이를 가지지 말라. 이는 일꾼이 자기의 먹을 것 받는 것이 마땅함이라. 어떤 성이나 마을에 들어가든지 그 중에 합당한 자를 찾아내어 너희가 떠나기까지 거기서 머물라. 또 그 집에 들어가면서 평안하기를 빌라. 그 집이 이에 합당하면 너희 빈 평안이 거기 임할 것이요 만일 합당하지 아니하면 그 평안이 너희에게 돌아올 것이니라. 누구든지 너희를 영접하지도 아니하고 너희 말을 듣지도 아니하거든 그 집이나 성에서 나가 너희 발의 먼지를 떨어 버리라. 내가 진실로 너희에게 이르노니 심판 날에 소돔과 고모라 땅이 그 성보다 견디기 쉬우리라."[29]

마태복음은 말을 낭비하지 않는 경제적인 책인데 위에 나오는 여행 지침은 아주 상세하다. 그만큼 그 내용이 대단히 중요하다는 뜻이다. 여행의 방식과 정신이 여행의 목적과 밀접하게 얽혀 있는 것으로 보인다. 예수님이 그들에게 명하여 가르치라 하신 교리는 역시 충격적이리만치 적다. 그들이 해야 할 설교는 그리스어로 여섯 단어이며 우리말로는 정확히 세 단어다("천국이 가까이 왔다"). 여정 자체와 여정의 방법 그리고 그것을 극적으로 보여 주는 일(병든 자를 고치고 죽은 자를 살리며 귀신을 쫓아내는 일)이 설교의 훨씬 큰 부분을 차지한다. 요한이 예수님께 "오실 그이가 당신이오니이까. 우리가 다른 이를 기다리오리이까"[30]라고 물었을 때, 그분은 역사적으로 대망해 온 메시아에 대한 신학적 주해를 내놓지 않으신다. 그분은 다만 길에서 순례자들에게 벌어진 일, 걷다가 만난 밑바닥 인생들에게 벌어진 일을 요한에게 전하라고만 말씀하신다.[31]

삶을 바꾸어 놓는 설교와 설교 사이에 예수님은 물론 걷고 또 걸으셨다. "거기에서 떠나."[32] "거기를 떠나가시니."[33] "예수께서 거기서 나가사 두로와 시돈 지방으로 들어가시니"[34](꽤 먼 여정이고 역사적으로 흥미로운 여정이다. 나는 시돈에서 밤중에 잠을 이루지 못하고 누워 박격포 쏘는 소리를 듣고 있었는데 별로 마음에 들지 않았다). "예수께서 [두로와 시돈 지방에서] 떠나사 갈릴리 호숫가에 이르러 산에 올라가."[35] "예수께서 빌립보 가이사랴 지방에 이르러."[36] "갈릴리를 떠나 요단 강 건너 유대 지경에 이르시니"[37](아마도 그분은 여리고의 오렌지 밭 너머로 일찍이 여호수아의 정복군이 지나간 길을 눈으로 쭉 더듬으며, 땅이 갈라지고 개뼈다귀가 널려 있는 평지를 가로질러 전에 자신이 홀로 사탄과 씨름하셨던 곳을 돌아보셨을 것이다). "예수께서 예루살렘으로 올라가려 하실 때에"[38](드디어 최종 클라이맥스가 다가오고 있다). "그들이 여리고에서 떠나갈 때에"[39](요즘은 가기가 더 어려워졌다. 팔레스타인 땅을 여행하는 일은 악몽과 같고 도무지 예측할 수가 없다). "그들이…감람산 벳바게에 이르렀을 때에"⁴⁰ [그곳에 아주 맛있는 후머스(중동의 콩 요리—역주)를 파는 집이 있다]. "예수께서 예루살렘에 들어가시니."⁴¹

그러다 마침내 그분은 죽음을 향해 걸어가셨고 거기서 세상 누구보다도 무거운 짐을 지셨다. 일찍이 그분은 제자들에게 말씀하시기를 죽음의 자리에까지 계속 그분을 따르지 않는 사람은 그분께 합당하지 않다고 하셨다. 나와 함께 길에서 자기 목숨을 잃는 사람은 찾을 것이요, 집이나 사무실의 금고에 목숨을 넣어 두는 사람은 반드시 도둑맞을 것이다.⁴² 그분을 따라가는 길에 늘 행복한 치유와 갈릴리의 봄꽃들만 있는 것은 아니지만, 진정한 안전이란 오직 방랑자의 즐거운 불안전 속에만 있는 법이다.

* * *

마가복음과 요한복음을 통해서도 비슷하게 예수님이 다니신 길들을 쭉 따라가 볼 수 있다. 마가는 마태가 그 노정을 추적해 나가는 손가락을 거의 똑같이 따라가는 반면, 요한은 예수님이 유대인의 공식적인 순례인 유월절⁴³과 초막절⁴⁴에 참여하신 일들을 특별히 강하게 부각시키고 있다.

누가복음의 여정은 예수님이 아직 태중에 계실 때부터 시작된다. 임신한 마리아는 "일어나 빨리 산골로 가서 유대 한 동네에 이르러…집에 들어가 엘리사벳에게 문안" 했다.⁴⁵ 브루스 채트

원은 아기들을 자연스럽게 걷는 리듬에 맞추어 달래 주면 아기들이 진정되고 울음을 그친다면서, 이는 인간이 본래 걷는 포유동물로 지어졌고 지음받은 방식대로 행동할 때 가장 행복하다는 증거라고 했다.[46] 그 말이 맞다면 예수님은 성육신의 중대한 요소인 보행을 아주 일찍부터 접하신 셈이다. 보행의 진동을 감지할 수 있는 감각 기관이 생기자마자 그분은 그 진동을 느끼셨다. 그분의 어머니는 잘 걷는 사람이었다.

누가복음에 실린 아기 예수의 탄생 기사를 보면 일련의 여정이 급박하게 뒤를 잇는다. 우선 요셉과 마리아는 인구 조사 때문에 나사렛에서 베들레헴으로 갔고 거기서 예수님이 태어나셨다.[47] 이어 목자들이 갓난아기를 보러 왔다.[48] 요즘에는 도로가 막히지 않는 날이면 벤츠 관광버스들이 잔뜩 흥분한 관광객들을 구유 광장(Manger Square)에 쏟아낸다. 곧이곧대로 믿는 그들은 땀을 흘리며 지하실에 비집고 들어가 예수님이 태어나셨다는 곳에 표시된 별에 울먹이며 입을 맞춘다. 그렇게 그들이 엎드릴 때마다 바닥에서는 삐걱거리는 소리가 난다. 하지만 그 자리에서 아도니스(그리스 신화에 나오는 미소년-역주)가 태어났을지도 모를 일이며 십중팔구 아무도 태어나지 않았을 것이다.[49]

예수님을 따라간 다른 수많은 사람들처럼 (앞서 보았듯이 제자들도 처음 초대받았을 때 "곧" 떠났다) 이 목자들도 긴박감을 느끼고 베들레헴으로 "빨리" 갔다.[50] 다만 그들이 "이제 베들레헴으로 가서…이 이루어진 일을 보자"[51]라고만 한 것으로 보아 그들의 동기는 분명하지 않다.

아마 그들은 성찰이 매우 깊은 사람들은 아니었을 것이다. 인간의 동기가 흔히 그렇듯이 그들의 동기도 복합적이었을 것이다. 어쩌면 그들은 조금 전에 나타난 천사가 환영이 아니었음을 확인하고 싶었을지도 모르고, 천사가 약속한 구주를 어서 보고 싶었을지도 모른다. 하지만 그들도 특유의 끌림으로 예수님에게 매료되었다고 보는 것이 더 맞을 것 같다. 지금도 그러한 마력이 사람들을 애틀랜타에서 로마로, 시드니에서 나사렛으로 잡아끌고 있다. 그러므로 목자들이 거기에 끌려 자칫 발목이 부러지기 쉬운 가파른 돌투성이 야산을 넘어 하나님이 앙앙 울며 토하고 계신 헛간까지 간 것은 어쩌면 당연한 일이다. 그들은 아기 예수를 보고 나서 떠났는데, 그냥 떠나간 것이 아니라 "듣고 본 그 모든 것으로 인하여 하나님께 영광을 돌리고 찬송하며 돌아"갔다[52]고 구체적으로 나와 있다. 초대, 출발, 여정, 도착, 귀환이라는 틀이 여기서도 되풀이된다.

유대인 남아라면 누구나 그렇듯이 예수도 생후 8일째 되는 날 부모의 품에 안겨 예루살렘 성전으로 갔다. 이는 유대인의 발을 어려서부터 방랑에 길들이고 이에 적합하도록 만들어진 작은 순례 중 하나다. 그 후에 아기 예수 일가족은 사마리아 산지를 통과하는 옛 길을 따라 북쪽으로 향했다. 현재 그 길은 이스라엘에서 가장 아름답고도 가장 전운이 감도는 길 중 하나로, 사령탑이 있고 경비가 삼엄하다. 내가 그곳에 마지막으로 갔을 때 우리 일행은 이스라엘 육군의 한 식당에서 핫도그를 먹으려고 잠시 멈추었다. 그때 경호원이 이런 말을 했다. "이 부대는 이스라엘 버스에서 자살 폭탄 테러를 하려는 소년들을 매주 잡아내고 있습니다. 매주 있는 일이지만 뉴스에는 나가지 않지요. 뉴스거리가 아니라 일상사가 되어 버렸기 때문입니다."

* * *

누가복음에 다시 예수님 이야기가 나올 때도 그분은 역시 순례 중이시다. 신앙심 좋은 부모가 유월절을 맞아 그분을 데리고 예루살렘에 간 것이다.[53] 그리고 머잖아 우리가 마태복음에서 쭉 따라갔던 그 여정이 시작되는데, 그분이 전하신 메시지는 똑같다. "바리새인들이 '하나님의 나라가 어느 때에 임하나이까' 묻거늘 예수께서 대답하여 이르시되 '하나님의 나라는 볼 수 있게 임하는 것이 아니요 또 여기 있다 저기 있다고도 못하리니 하나님의 나라는 너희 안에 있느니라.'"[54]

자리에서 일어나 밖으로 나가라. 잠에서 깨어나 길을 걸으라. 눈을 뜨고 새로운 시각을 구하라. 정말 찾고자 하면 보이게 되어 있다. 그것은 여기에 있고, 지금 있으며, 내가 걷고 있는 길 위에 있다. 그것이 여기에 있음은 내가 걷고 있기 때문이다. 당신도 그것을 보고 싶지 않은가? 그렇다면 당신도 그 길을 걸으라. 지금까지 중심부의 삶과 나태함이 당신의 눈을 멀게 했다. 모든 일이 벌어지는 곳은 주변부다. 그곳은 잊혀진 곳들이고, 자동차로는 갈 수 없거나 보험회사가 당신에게 운전을 허락하지 않을 곳들이다. 그것은 당신이 쓰레기와 함께 내다 버린 사람들 가운데에 있다. 깜짝 놀라는 감성을 되찾으라. 그러면 그것이 보일 것이다. 이토록 찬란하게 빛나는 것을 당신이 여태까지 어떻게 놓치고 살 수 있었는지 믿기지 않을 것이다.

예수님은 걷고 또 걷고 또 걸어 마침내 도시 바깥의 쓰레기 더미 위에서 나무 기둥에 못 박히셨다. 그리고 잠시 걸음을 멈추셨다. 그분의 심장도 멎었고 호흡도 멎었다. 그렇게 그분은 죽으셨고 날씨가 더웠으므로 시신은 부패하기 시작했다.

* * *

그런데 사흘 후 아주 이상한 일이 벌어졌다. 그분의 제자 둘이 예루살렘에서 11킬로미터쯤 떨어져 있는 엠마오라는 마을로 가고 있었다. 그들은 예수님의 무덤과 관련하여 자기들이 들었던 희한한 소문에 대하여 이야기하고 있었다.

> 그들이 서로 이야기하며 문의할 때에 예수께서 가까이 이르러 그들과 동행하시나 그들의 눈이 가리어져서 그인 줄 알아보지 못하거늘

예수께서 이르시되 "너희가 길 가면서 서로 주고받고 하는 이야기가 무엇이냐" 하시니 두 사람이 슬픈 빛을 띠고 머물러 서더라. 그 한 사람인 글로바라 하는 자가 대답하여 이르되 "당신이 예루살렘에 체류하면서도 요즘 거기서 된 일을 혼자만 알지 못하느냐." 이르시되 "무슨 일이냐." 이르되 "나사렛 예수의 일이니 그는 하나님과 모든 백성 앞에서 말과 일에 능하신 선지자이거늘 우리 대제사장들과 관리들이 사형 판결에 넘겨주어 십자가에 못 박았느니라. 우리는 이 사람이 이스라엘을 속량할 자라고 바랐노라. 이뿐 아니라 이 일이 일어난 지가 사흘째요 또한 우리 중에 어떤 여자들이 우리로 놀라게 하였으니 이는 그들이 새벽에 무덤에 갔다가 그의 시체는 보지 못하고 와서 그가 살아나셨다 하는 천사들의 나타남을 보았다 함이라. 또 우리와 함께한 자 중에 두어 사람이 무덤에 가 과연 여자들이 말한 바와 같음을 보았으나 예수는 보지 못하였느니라" 하거늘 이르시되 "미련하고 선지자들이 말한 모든 것을 마음에 더디 믿는 자들이여, 그리스도가 이런 고난을 받고 자기의 영광에 들어가야 할 것이 아니냐" 하시고 이에 모세와 모든 선지자의 글로 시작하여 모든 성경에 쓴 바 자기에 관한 것을 자세히 설명하시니라.

그들이 가는 마을에 가까이 가매 예수는 더 가려 하는 것같이 하시니 그들이 강권하여 이르되 "우리와 함께 유하사이다. 때가 저물어가고 날이 이미 기울었나이다" 하니 이에 그들과 함께 유하러 들어가시니라. 그들과 함께 음식 잡수실 때에 떡을 가지사 축사하시고 떼어 그들에게 주시니 그들의 눈이 밝아져 그인 줄 알아보더니 예수는 그들에게 보이지 아니하시는지라. 그들이 서로 말하되 "길에서 우리에게 말씀하시고 우리에게 성경을 풀어 주실 때에 우리 속에서 마음이 뜨겁지 아니하더냐" 하고.[55]

기록상 부활하신 예수님이 누군가에게 나타나시기는 이번이 처음이다. 그분의 몸은 부활하신 새 몸이다. 이는 이전의 몸과 중대한 연속성을 지니면서도 중대한 차이가 있으며 무엇인가 더 **보충된** 상태다. 이 몸은 현재 우주의 재질보다 더 온전하여 벽을 그냥 통과한다. 부활하신 그분의 중성자들은 시공의 제약을 받지 않는다. 이 초감각적인 몸은 그분 안에 하나로 통일된 새 하늘과 새 땅의 다차원적인 즐거움을 마음껏 누릴 수 있도록 만들어진 몸이다. 그런데 그런 몸으로 그분이 맨 먼저 하시기로 한 일이 바로 산책을 나가시는 것이었다.

산티아고 데 콤포스텔라로 가다 보면 산토 도밍고 데 실로스(Santo Domingo de Silos)에 베네딕트회 수도원이 있는데, 그곳에는 예수님과 두 제자가 엠마오 길에서 만난 장면을 조각한 벽이 있다. 그 속의 그리스도는 순례자의 작은 가방을 메고 계시고, 가방 위에는 예로부터 산티아고 순례의 표식이 된 가리비가 새겨져 있다. 조각가는 꽤 많은 것을 알고 있었던 것이다.

* * *

이러한 방랑자 하나님이 성경의 마지막 장을 색다르게 쓰셨다는 것은 굉장한 아이러니다. 하지만 성경에는 아이러니가 너무 흔해서 사실은 그것이 곧 규범이다. 성경의 마지막 장은 하나님의 마음이 분명 극적으로 바뀌는 것으로 끝난다. 여태까지 수천 년 동안 한결같이 강경하게 도시를 반대하신 그분이 막판에는 도시를 지으실 뿐 아니라 모든 사람이 그 도시에서 살 것이라고 말씀하신다.

요한계시록에 그려진 새 예루살렘의 모습은 모든 방랑자의 악몽이다. 그곳은 아늑한 밤이라고는 없는 거대하고 현란하고 혼잡한 입방체다.[56] 거기는 미묘한 운치가 흐르는 곳, 나직이 속삭이는 곳, 정중히 차를 마시는 곳, 시를 읊는 곳은 아닌 것 같다. 하지만 생각해 보면 그곳은 마땅히 그래야 한다. 기쁨 자체이신 그분이 계신데, 지금 우리 삶을 지탱시켜 주는 감질나는 기쁨을 동경할 까닭이 무엇인가? 연인이신 그분이 침대에 누워 부르시는데, 연인상을 어설프게 묘사한 시나 읽고 있을 까닭이 무엇인가? 그때가 되면 우리의 욕망 자체가 구속될 것이다. 지금 우리의 갈망이 아무리 간절할지라도 거기서는 그것이 무한대로 증폭될 것이고 상상을 초월하여 변화될 것이다. 부활하여 멋진 새 몸을 입은 우리는 감각적으로 만족의 극치를 누릴 것이고, 그래서 지금 우리가 꿈꾸는 가장 짜릿하고 달콤한 섹스며 음식이며 관계며 음악이며 지식 따위는 다 세탁기 광고지에 실린 칙칙하고 밋밋한 사진처럼 보일 것이다.[57]

여호와께서 마음이 변하신 것도 아니고, 이제부터 정장 차림과 포장된 보도(步道)를 좋아하기로 작정하신 것도 아니다. 그러니 사막의 방랑자는 걱정할 필요가 없다. 정장은 불타 없어질 것이고 포장된 보도에는 모래 언덕처럼 물결이 생길 것이다. 이 땅에서 방랑자가 소중하게 여기던 모든 것이 그곳에도 다 있을 것이며, 오히려 이전보다 더 극도로 본연의 모습이 되어 있을 것이다. 방랑자는 별들을 사랑하면서도 헤자즈(Hejaz: 사우디아라비아의 서부에 있는 메카에 버금가는 이슬람 성지—역주)에서는 아마 그 이유를 몰랐을 것이다. 실은 우주에 별들을 매다신 분이 그를 사랑한다고 별들이 그에게 일러 주었기 때문이다. 이제 방랑자는 모든 면에서 그 사랑을 알게 될 것이다. 이 땅에서 그는 마음속 깊은 곳으로부터 공동체를 사랑하여 동료들, 자신의 천막에 들어와 트림을 해대는 촌스러운 손님들, 아침에 모닥불 주위를 종종거리는 지빠귀들과 하나가 되었다. 길 위의 삶이 그런 공동체를 살려 주고 가능하게 해주기에 그는 길을 사랑했고, 반대로 도시는 공동체를 잔인하게 짓밟고 질식시키기에 그는 도시를 싫어했다. 하지만 이제 공동체 자체가 구속될 것이다. 뿐만 아니라 관계 자체도 구속될 것이다. 바로 그것이 새 도시에 담긴 의미다.

이것은 비단 길 위에서 나누던 참된 교제가 그 거룩한 도시에서도 용케 살아남는 그런 차원이 아니다. 오히려 그 교제가 길 위에서 늘 그랬던 것처럼 제 모습으로 피어날 수 있는 곳은 거기 말고는 없다.

모든 순례는 그것으로 끝나며 그 밖에 다른 결말은 없다. "성령과 신부가 말씀하시기를 '오라.'"[58]

5장
왜 떠나는가? 쓸모없는 것들을 버리러 간다

용서를 구할 일이 있기에 우리는 회오리바람이 쌩쌩 불어도 죄를 용서받기 위하여 순례를 계속했다.
"우이 코라의 항해"[1]

그때 나는 삶에 질릴 대로 질려 있었다. 관계가 깨지면서 새로운 삶을 시도하려던 모든 계획도 함께 물거품이 되었다. 직장 일은 더 이상 겁날 것도 없었고 따라서 신날 것도 없었다. 나는 조금이나마 전율을 맛보려고 일부러 마감이 다가올 때까지 아슬아슬하게 버티곤 했다. 성의껏 도와주려는 친구들의 말도 귀에 들어오지 않고 아득히 멀게만 느껴졌고, 뻔하고 고리타분한 간섭으로 여겨졌다. 나는 배낭에 백과사전을 잔뜩 넣고 새벽부터 열심히 공원을 달렸다. 고통이야말로 늘 새롭게 느껴지는 몇 안 되는 것 중 하나이기 때문이다. 저녁이면 여자들을 쫓아다니고, 그레이엄 그린(Graham Greene)의 책을 읽고, 파도를 찍은 사진들을 보았다.

좀 거리가 있는 친구들은 나더러 "세상을 돌아다녀 보라"라고 권했지만, 그러지 않아도 언제나 세상을 나돌아다닌다는 것이 바로 나의 문제였다.

"은행을 털어 보는 건 어때." 더 똑똑한 친구들은 그렇게 말했다.

정작 나는 런던 도심의 번화가인 채링 크로스로 가서 무조건 첫 기차를 잡아탔다. 켄트 지방의 해변에 자리한 샌드위치라는 곳으로 가는 기차였는데, 불행히도 그쪽은 고통스러운 추억들이 있는 곳이었다.

나는 정처 없이 걷기 시작했다. 바다에서 밀려온 안개가 빗물로 바뀌어 내 몸을 적셨다. 어떤 문에 '출입 금지'라는 팻말이 붙어 있기에 그 안으로 들어갔다. 자갈과 갈매기 뼈로 다져 놓은 길을 따라 내려가니 바다가 나왔다. 영국에서도 이 지역은 어디까지가 뭍이고 어디부터가 바다인지 분명하지 않은 곳이다. 뭍과 바다는 끊임없이 잠정적인 협상을 계속하고 있다. 마침내 나는 확실히 바다 속에 들어가 있었다. 어차피 온 몸이 흠뻑 젖었기에 옷을 다 벗고는 바다가 나를 삼킬 만큼 깊어질 때까지 프랑스 쪽으로 먼 길을 달려 나갔다. 하늘은 바다로 물을 퍼붓고 바다는 다시 그것을 뱉어냈다. 머리를 물속에 담그고 모래에 쓸리는 물소리를 들었다. 누구에게랄 것도 없이 "나도 곧 모래가 될 거다"라고 외치다가 그만 웃음이 터져 나왔다. 그때부터 모래가 나를 문질러 뭔가를 벗겨내기 시작했다.

그날 밤 나는 비료 포대를 덮고 모래 언덕에서 잤다. 먹을 것을 찾아다니는 여우 한 마리와 뒷목을 간질이는 따가운 햇살이 이른 아침부터 나를 깨웠다. 나는 오래된 롤빵을 먹고, 모래밭 사이로 꾸불꾸불 흐르는 개울물을 떠 마시고, 일기장을 바다 속에 던져 버렸다. 다시금 나는 행복해지는 법을 배우고 있었다.

바닷물 속에 들어간 것 말고는 일주일 동안 몸을 씻지 않았다. 내 감정을 틀어막고 있는 것이 무엇이든 모래가 그것을 벗겨내 주기를 바랐다. 똑바로 걸으면 하룻길이면 닿을 캔터베리를 향하여 나는 아주 빙빙 돌아서 걸었다. 잠은 숲속이나 양배추 밭이나 해변에서 잤고, 마을이 나오면 울타리의 틈새로 빠져나가 최대한 멀리 피했다. 주유소는 익명성이 보장된 곳인지라 통조림 생선과 초콜릿과 맥주를 주유소에서 샀다. 주유소의 계산원은 어디나 당연히 무뚝뚝하지만, 친절한 켄트 지방의 어느 마을에 있는 가게에라도 갔다가는 주인이 나에게 어머니 노릇을 하려 들었을 것이다. 갈매기들이 쓰는 말을 그때 몇 마디 확실히 배웠던 것 같다.

일주일 만에 저만치 앞에 캔터베리 대성당의 첨탑이 보였다. 첨탑이야 그전에도 여러 번 보였지만 그때마다 나는 또 한 번 에움길로 돌곤 했었다. 하지만 이번에는 가야 할 것 같았다. 발을 질질 끌며 대성당을 한 바퀴 돌고 나서 빵을 먹고는 집으로 돌아가는 기차를 타야겠다 싶었다.

그런데 대성당 밖에서 돌 틈에 발이 끼어 발목이 꺾이는 바람에 나는 비명을 지르며 바닥에 쓰러졌다. 발목을 삔 걸 보니 아무래도 토머스 아 베켓의 성지는 내가 들어갈 곳이 아니었나 싶다. 그래서 나는 택시를 잡아타고 기차역으로 돌아왔다.

나는 굳이 성 토머스를 보지 않아도 되었고 그에게 급히 남겨야 할 것이 아무것도 없었다. 덕지덕지 들러붙은 가장 더러운 때는 이미 모래가 문질러 벗겨낸 뒤였다. 영적인 비듬과도 같은 때가 구불구불 길을 이루며 첫 번째 해변까지 이어져 있었다.

* * *

여정을 통하여 쓸모없는 영적·심리적 때를 벗기를 바라며 길에 나선 사람들이 그동안 많이 있었다. 그리고 때로는 교회가 그것을 명시적으로 보장하기도 했다.

14세기의 주교 헤이모 드 헤트(Hamo de Hette)는 규율을 중시하는 사람이었고 계산은 정확해야 된다고 믿었다. 그가 작성한 참회 계산표를 보면, 평신도가 간음을 하면 6년간 매년 캔터베리, 헤리퍼드(Hereford), 베리 세인트 에드먼즈(Bury St. Edmunds), 치체스터(Chichester)로 순례를 갈 뿐만 아니라 가면서 자선을 베풀어야 했고 매년 3파운드짜리 양초를 6년간 기부해야 했다. 성직자는 조건이 훨씬 좋아서 순례는 월싱엄으로 한 번만 가고, 가면서 자선도 6실링 8펜스만 베풀면 되었다.

성지 예루살렘을 방문하는 순례 산업이 한창일 때 대사 제도는 이미 정착되어 있었다. 15세기의 순례자 윌리엄 웨이(William Wey)는 「예루살렘으로 가는 길」(*The Way to Jerusalem*)의 저자로 (잘못) 알려져 있는데, 대사를 베푸는 곳들을 친절하게 표시해 놓은 그 안내서에 이런 말이 나온다.

> "십자가 표시가 있는 곳들은 죄책과 형벌에서 전대사를 받는 곳이고, 십자가 표시가 없는 곳들은 7년 연한과 7회의 사순절까지 한해서만 대사를 받는 곳이다. 후자의 대사는 콘스탄티누스 황제와 그의 어머니 성 헬레나의 기도에 따라 성 실베스터(Saint Sylvester) 교황이 베푸는 것이다."[2]

14세기 중엽 로마의 성 베드로 성당은 여기저기서 바쁘게 대사를 파는 하나의 시장이었다. 많은 제단이 있어 각 제단마다 특별한 유물이 있었고 각 유물마다 죄를 사해 주는 효험이 달랐다. 고객을 놓고 유물끼리 서로 경쟁을 벌이는 일종의 연옥 같은 자본주의였던 셈이다. 가장 서열이 높은 것은 베로니카의 수건이었다. 예수님이 십자가를 지고 갈보리로 가실 때 베로니카가 그분 얼굴의 땀을 닦아 드렸다는데, 이 천에는 기적처럼 그분의 얼굴이 찍혀 있다. 이 수건 앞에서 기도하면 한 시간 당 1만 2천 년의 연옥 생활이 면제된다고 바티칸은 말했다. 이에 그 수건이 있는 기도실은 늘 사람들로 북적였다. 시장 상황이 그렇다 보니 차라리 좀 덜 붐비는 기도실을 몇 군데 돌며 기도하면 성 베드로 성당에 한 번 갈 때마다 면제받는 연수의 총합이 더 많아질 수도 있었는데, 때로는 그 계산이 복잡했다.

그런 확신을 얻을 수 있다면 정말 놀라울 것이다. 그런데 종교개혁자들은 "그런 확신을 얻을 수 있다. 하지만 그것을 얻으려고 굳이 유물이 있는 데까지 가지 않아도 된다. 우리는 어린양의 피로 씻음받았다. 그것을 알면 된다"라고 말한다. 그야 그렇지만 나도 누군가 다른 사람이 내 영원한 운명을 그렇게 확실히 말해 주었으면 싶을 때가 종종 있다. 가톨릭은 "당신들이 몰라서 그렇다. 이것은 구원과는 아무런 상관이 없다. 대사란 이미 용서받은 죄 때문에 부과된 연옥의 한시적 형벌을 면제해 주는 것이다"라고 말한다. 그거라면 나도 알고 있다. 연옥 교리는 엄청난 심리적 효과를 미치며, 로마에 있는 어떤 사람이 내가 연옥에서 치를 형량을 결정할 수 있다는 개념도 마찬가지다.

* * *

두어 달 전에 나는 로마의 성 계단(Scala Sancta) 밑에 서 있었고 아들 녀석은 무엄하게도 거기서 놀고 있었다. 그것은 4세기에 헬레나가 예루살렘에서 로마로 가져왔다는 '거룩한 계단'인데, 신도들은 그것이 빌라도의 재판정에 있던 것으로 예수님이 공개 재판을 받으실 때 오르내리신 계단이라고 (거의 확실하게 잘못) 알고 있다. 이 계단은 로마에 있는 주요 순례지 중 하나로, 그렇게 된 지는 적어도 수백 년이 되었다.

마침 그때는 성 계단이 가장 붐비는 시간이라서 무릎으로 계단을 오르는 참회자들로 북적였다. 눈물을 흘리는 사람들도 있었고, 어딘지 모르게 비참해 보이는 사람들도 있었다. 활발하고 사무적인 사람들도 있었고, 실리콘 시대 이전의 중국 아이들이 주판알을 튕기듯이 묵주를 탁탁 능숙하게 돌리는 사람들도 있었다. 아닌 게 아니라 그곳에는 온통 치밀하게 계산하는 분위기가 감돌고 있었는데 이는 놀랄 일이 아니었다. 1817년에 교황 비오 7세는 그 계단을 한 칸 오를 때마다 9년의 연옥 생활이 면제된다고 선포했다. 그런데 1908년에 교황 비오 10세가 그것을 번복하여, 고해와 영성체 후에 지극히 경건한 마음으로 그 계단을 다 오르는 사람에게는 누구를 막론하고 전대사를 베풀었다. 이 대목에서 내 속에 있는 변호사 기질이 고개를 쳐든다. 둘 중 어느 쪽이 옳을까? 신성한 규례를 그렇게 바꾸면 1908년 이전에 참회하고 순종하여 계단을 오른 사람들에게 좀 불공평한 것이 아닌가? 아니면 1908년의 칙령이 그 이전에까지 소급 적용되는 것일까?

나도 계단을 오를까 생각해 보았지만 왠지 몰래 엿보는 기분이 들었다. 딱히 참회하는 마음도 아니었거니와 무릎이 까지는 것 말고 거기서 과연 어떤 일이 벌어질지를 그냥 보고 싶었을 뿐이다. 아울러 머릿속에 있는 내 일정표에 이곳을 보았다는 표시를 하고 싶었다.

"이 사람들 뭐하는 거야?" 네 살배기 아들 톰이 불경하게시리 계단을 막 뛰어 올라가며 큰소리로 물었다. 아이가 예배당까지 들어가는 바람에 나는 관리인이 성난 눈빛으로 지켜보는 가운데 얼굴이 벌게지도록 숨차게 쫓아 올라가 미안한 얼굴로 아이를 거기서 끌어냈다.

톰이 던진 질문은 아주 정곡을 찌르는 질문인데 정말이지 나 역시 답을 몰랐다. 톰은 잘한 일도 없이 카페에 가서 아이스크림을 얻어먹었고, 나는 일찍이 찰스 스펄전(Charles Spurgeon)이 그 계단에 대해서 했던 말을 읽었다.

가톨릭 교리가 어떻게 지성을 가진 한 나라를 물신 숭배의 수준으로 떨어뜨리고 한없이 복된 예수님의 이름을 천박한 우상숭배와 혼합시킬 수 있는가를 보면서, 가톨릭 교리와 거기서 비롯되는 모든 것에 대한 우리의 혐오는 격노로 변했다. 순하고 물러 터진 개신교도들이 가톨릭 교리를 직접 눈으로 볼 수 있다면 우리 입에서 [개신교가] 편협하다는 말은 쑥 들어갈 것이다. 또 화려한 예배 놀음을 하고 있는 가톨릭교도들이 자신들의 많은 상징이 어디로 치닫고 있는

지를 볼 수 있다면 그들은 기겁하여 뒷걸음질 칠 것이고 이제부터는 지극히 단순한 예배에 충실할 것이다. 루터가 로마에 가서 바로 이 계단을 올라 보지 않았다면 그는 아마 종교개혁자가 되지 않았을 것이다. 그가 그 도시에서 보기를 바랐던 것은 하나님의 지극히 거룩한 교회였는데 정작 본 것은 전례 없이 만연한 죄였다. 그는 "로마에서 얼마나 수치스러운 일들이 자행되고 있는지 정말 믿어지지 않을 정도다. 직접 보고 들어야만 믿을 수 있다. 다시 말해, 지옥이 있다면 로마가 바로 그 위에 세워져 있다. 로마는 모든 죄가 발원하는 악의 구렁텅이다"라고 말했다.[3]

스펄전의 말을 읽었기를 정말 다행이다. 이런 분통을 불러일으키는 말이라면 잘못된 말일 리 없다. 예수님의 침이 시각장애인으로 태어난 사람의 눈을 뜨게 했듯이 이 분통도 내 눈을 뜨게 했다. 덕분에 나는 성 계단에서 벌어지는 모든 광경을 훨씬 더 연민을 가지고 바라볼 수 있게 되었다.

잘 보니 그 참회자들은 내가 모르는 것을 알고 있었고 내가 행하지 않는 것을 행하고 있었다. 몸으로 하는 일이 존재의 다른 부분에도 영향을 미친다는 것을 그들은 알고 있었던 것이다. 내가 무릎으로 그 계단을 오르지 않은 이유는 복잡했지만, 그 밑바닥에는 종교란 영혼의 문제이며 따라서 뼈와 근육과 연골로 이루어진 내 무릎은 영혼과 상관이 없다는 해로운 영지주의적인 전제가 깔려 있었다.

'물신 숭배'라 함은 곧 그들이 역사성조차 의심스러운 그 계단을 오르기 때문인가? 결코 그렇지 않을 것이다. 자신이 만들어 낸 하나님의 이미지를 숭배하기는 우리도 다 마찬가지다. 성숙한 그리스도인이 된다는 것은 그런 이미지들이 얼마나 부적절한 것인지를 점차 깨닫는다는 뜻이다. "하나님은 위대한 우상 파괴자이시다"라고 한 C. S. 루이스의 말은 옳다.[4] 하나님은 우리가 그분에 대하여 가지고 있는 이미지들을 끊임없이 부수신다. 그나저나 하나님을 미라가 된 어느 성인의 머리나 계단 따위와 혼동할 위험성은 아무에게도 없다. 오히려 지극히 해로운 진짜 위험은 하나님을 성경이 그분에 관하여 말하고 있는 것들과 혼동하는 것이다.

그 계단을 오르는 사람들에게도 내가 본받아야 할 절박한 마음이 있었으니 그것은 바로 때를 벗으려는 마음이었다.

현대의 개신교 독자들은 순례에 관한 오래된 책들을 대충 넘기면서 대사 문제에 대하여 루터처럼 발끈 노하기가 매우 쉬울 것이다. 허나 그러다 보면 다른 것들은 하나도 볼 수 없다. 만일 당신에게 그런 문제가 있다면, 대사 문제가 다시 기어 나올 수 없게 그것을 상자에 넣고 단단히 봉하라고 권하고 싶다. 당신의 마음대로 그 상자에 '심리적으로는 이롭지만 신학적으로는 정통이 아닌 것' 또는 '불가해한 문제'라고 딱지를 붙여 두라. 그러고 나서 이야기의 나머지 부분으로 넘어가 그것을 최대한 잘 활용하라. 옛 이야기들이나 새로운 이야기들이나 똑같이 들을 만한 가치가 있기 때문이다.

* * *

"내가 순례를 간 이유는 파경을 맞은 고통에서 벗어나고 싶어서였다." 독일 하이델베르크에서 온 40대의 컴퓨터 프로그래머이자 레위기에 나오는 아주 엄격한 말씀들을 좋아한다는 마르틴(Martin)은 그렇게 말했다.

"내가 순례를 떠난 이유는 책상과 그 위에 있는 모든 것이 싫어졌기 때문이다. 단조로운 일상에서 벗어나고 싶었다. 아무 일도 벌어지지 않는 세상을 떠나 가능성의 세상으로 성큼성큼 (비틀비틀이 더 정확한 표현이겠다) 걸어가고 싶었다." 이렇게 말한 마서(Martha)는 나이를 가늠할 수 없는 아주 영국적이고 유쾌한 여자였다. 담백한 셰리 주를 좋아한다는 그녀는 템스 강이 내려다보이는 첼시의 아파트를 팔고 푸들 개와 함께 프랑스 칼레에서부터 산티아고까지 걸었다.

"순례에 오르면 우리의 연약한 모습, 서로 다른 모습이 드러난다. 일상에서 벗어나 뭔가 용감한 일을 할 수 있는 자유와 자신을 완전히 비울 수 있는 자유가 생긴다."[5] 유고슬라비아의 성지인 메주고리예(Medugorje)에서 일한다는 가톨릭 신부 에드워

드 머피(Edward Murphy)는 그렇게 말했다.

힌두교의 「아이타레야 브라흐마나」에는 다음과 같은 말이 있다. "방랑자의 발은 꽃과 같다. 방랑자의 영혼은 자라서 열매를 거두고, 모든 죄는 방랑의 노곤함에 떨어져 나간다. 그러므로 방랑하라."[6]

이처럼 사람들은 일상에서 벗어나 문제를 떨쳐 내기 위해서, 새로운 곳에 가서 새 출발을 하고 새 사람이 되기 위해서, 옛것을 토해 내고 낡은 허물을 벗기 위해 순례를 떠난다. 이런 똑같은 말들이 수천 년에 걸쳐 계속 되풀이되고 있다.

* * *

무언가로부터 벗어나는 데는 세 가지 단계가 있다. 우선 여정을 시작할 때는 당신 본연의 모습이 되지 못하게 막고 있는 것들을 뒤로하고 떠난다. 여정 도중에는 우리 모두에게 들러붙어 굳어진 것들이 길과 마찰을 일으키면서 벗겨져 나간다. 마침내 여정이 끝나면 성지의 성인이나 신성한 돌이나 새로 깨달은 개념 등의 발밑으로 짐이 떨어져 나간다.

앞서 말한 마르틴과 마서는 비열한 겁쟁이였을까? 그들은 그냥 제자리에 남아 그토록 두렵던 현실에 씩씩하게 부딪쳐야 했을까?

겁을 낸다고 해서 그것이 반드시 비열한 것은 아니다. 겁은 기독교의 한 덕목인데 몹시 푸대접을 받고 있다. 잠언은 "네 길을 그 [부도덕한 여자]에게서 멀리 하라. 그의 집 문에도 가까이 가지 말라"[7]라고 경고한다. 괜히 상대하다가 결국 동침하게 되는 모험을 감행하지 말라는 것이다. 보디발의 아내가 요셉에게 동침하자고 졸랐을 때 요셉은 기도하거나 설교하지 않고 도망쳤다.[8] 인간이 체질상 잘 물리치지 못하는 유혹들이 있는데, 당연히 그것은 우리라는 존재의 뿌리 자체를 칼로 내리치는 유혹들이다. 예컨대 우리는 본래 관계 속에서 살아가도록 지어진 동물인지라 아무런 관계도 없는 사람과 익명으로 벌이는 섹스가 특히 매혹적으로 다가올 수 있다. 또 우리는 이주하는 동물인지라 평생 우리를 쫓아다니며 딴죽을 거는 타성에 빠지기 십상이다. 방랑하는 동물에게 방랑을 막는 것은 사탄의 일대 공격이다. 다른 많은 죄들은 순순히 관성을 따르게 되어 있다. 그러므로 바깥 길로 뛰어나가라. 지금 앉아 있는 책상은 위험한 곳이다. 우리 집 근처에 아무도 가지 않는 듯한 교회가 하나 있는데, 그 교회에는 "임박한 진노를 피하라"라는 큰 표지판이 붙어 있다. 나는 "당신이 있는 곳이 어디든 거기 붙어 있는 데서 오는 진노를 피하라"라고 말하고 싶다. 지금의 파탄 난 관계에서 앞으로 나아가는 최선의 길은 한 마을에서 그다음 마을로 나아가는 것이다. 우리는 대책 없이 은유적인 동물이며 몸과 정신과 영혼이 어쩔 수 없이 하나로 얽혀 있다. 그 치명적인 책상으로부터 물리적 거리가 멀어질수록 그만큼 그 책상으로 대변되는 모든 것들로부터 우리의 영혼이 이동했다는 뜻이다.

하지만 우주가 순례자에게 베푸는 도움은 거기서 그치지 않는다. 중력과 자력은 입방체 법칙의 지배를 받기 때문에 자장의 위력은 입방체의 중심부에서 멀어지는 거리에 비례하여 감소한다. 중심부에서 1미터만 멀어지면 자장이 중심부보다 아홉 배나 약해지는 식인데, 고맙게도 이것은 순례에도 똑같이 적용된다. 눈에 보이지 않는 세계의 계산법은 우호적이고 감동적이어서, 책상에서 한 걸음씩 멀어질 때마다 순례자는 책상의 위력으로부터 생각보다 훨씬 더 멀어진다.

아무것도 없는 곳을 떠나 뭔가가 있는 곳으로 가는 것은 비겁함과는 거리가 멀다. 불난 동네에서 최선을 다하여 다른 사람들을 구해 낸 뒤에 그곳을 떠나는 사람은 그냥 현명한 것이다. 필요하다면 얼마든지 다시 돌아와 재건을 도울 수 있지만, 만일 재건을 포기해야 할 상황이라면 오히려 겁쟁이는 사라진 삶의 추억을 등질 수 없어 연기가 피어오르는 잔해 속에 앉아 울고 있는 바로 그 사람이다.

새로운 변화를 수용하는 것도 비겁함과는 거리가 멀며 대개는 오히려 그 반대다. 겁쟁이란 보수적인 사람들, 즉 익숙한 풍경이 아닌 것에는 겁을 내는 사람들, 사무실과 편안한 교회와 각종 기념일과 텔레비전의 매일 연속극 같은 버팀목들이 없는 삶은 상상할 수 없는 사람들이다. 물론 예외적인 경우도 있다. 때로는 제자리에 남아 병든 부모나 장애가 있는 자녀라는 사나운 파도에 맞서는 사람이 정말 강인한 모험가일 때도 있다. 하지만 그렇게 남아 있는 사람들의 특성은 안락한 도시인들의 특성이 아니라 길을 떠나는 사람들의 특성과 같다. 인류학적 규범과 하나님의 규범은 여행하는 것임을 잊지 말라. 존재의 모든 차원에서 우리는 매순간 한 걸음씩 뗄 때마다 새로운 풍경을 보도록 지음받았다. 그런데 그렇게 살아가는 사람은 극소수이며, 따라서 이 책이 우리에게 던지는 도전은 과감히 그 규범으로 돌아가자는 것이다. 그것은 생동감 넘치는 삶이며, 겁쟁이가 삶을 대하는 방식과는 전혀 거리가 멀다.

* * *

예수님은 "무릇 내게 오는 자가 자기 부모와 처자와 형제와 자매와 더욱이 자기 목숨까지 미워하지 아니하면 능히 내 제자가 되지 못하고"[9]라고 말씀하셨다. 이것은 랍비 특유의 과장법이 들어간 표현일 수 있다. 또한 우리가 짊어져야 할 책임을 매몰차게 버려야 한다는 명령은 물론 아니지만, 그래도 성경에서 그 말씀을 지울 수는 없다. 예수님이 말씀하신 문맥에서 '떠난다'라는 말은 정확히 말 그대로 떠난다는 뜻이었다. 그분과 함께 길로 나가서 그분처럼 집 없는 떠돌이가 된다는 뜻이었다. 현대의 눈에

이지 저작들에서는 흔히 순례의 목적이 "자신을 찾는 것"으로 표현된다. 소크라테스의 명언으로 유명한 "너 자신을 알라"라는 말은 가장 오래된 순례의 행선지 중 하나인 델포이(Delphi) 신전 입구에 새겨진 경구다. 당신이 그리스도인이라면 이런 식의 표현을 너무 경멸하듯 일축하지 말라. 교회에는 자신을 발견한 그리스도인들이 더 많이 필요하다. 아무튼 예수님도 제 목숨을 잃는 사람은 "찾으리라"[10]라고 좋은 뜻으로 말씀하지 않으셨던가. 지금껏 나는 자기를 발견한 사람들을 몇 명 만나 보았는데, 그런 빛은 아주 멀리서도 보이기 때문에 사람들이 나방처럼 거기로 끌려든다.

물론 치러야 할 대가도 있으므로 먼저 잘 따져 보아야 한다. 헤아려 보니 대가가 너무 높게 나오거든 다시 당신의 책상과 도시로 돌아가라. 하지만 실은 당신의 산수가 틀린 것이니 그냥 떠나라. 신발에서 옛 생활이라는 먼지를 털어 버리고 일단 걸음을 떼라. 그리고 롯의 아내처럼 뒤돌아보면 위험할 수 있으니 어깨 너머로 뒤돌아보지 말라.

떠나는 즉시 아주 중요한 것 한 가지가 벗어지는데, 그것은 바로 지금까지 순례자가 아니었던 당신의 옛 신분이다. 당신은 구도자가 아닌 상태에서 벗어나 공개적인 구도자가 되며, 그래서 자신이 보기에도 그리고 당신을 아는 모든 사람이 보기에도 즉시 딴 사람이 된다. 설령 순례를 가겠다고 발표만 해 놓고 그냥 방에 앉아 천장만 멀뚱멀뚱 쳐다보고 있다고 해도 이제 당신은 결코 이전과 같을 수 없다. 당신은 이미 순례를 갈 사람으로 낙인이 찍혔고 그것이 도움이 된다.

그 다음부터 두 번째 종류의 벗어남이 시작되는데, 그것은 바로 도로의 우호적인 마찰에 힘입어 지금까지 수십 년 동안 쌓여 온 때를 벗는 것이다. 산티아고 데 콤포스텔라까지 걸은 한 영국인 여성은 이렇게 썼다. "새로운 삶에 준비되려면 내 안에 뭔가 변화가 필요하다. 고독과 규칙적인 보행의 리듬이 서로 짝을 이루어 나를 정화하고 치유해 준다."[11] 이것은 순례자들에게 매우 보편적으로 일어나는 현상이다.

글라스고의 장로교인인 짐(Jim)은 이런 반론을 폈다. "그냥 햇빛도 보고 바람도 좀 쏘이면 좋다는 뭐 그 정도겠지. 개하고 산책만 나갔다 와도 누구나 기분이 좋아지지 않는가. 그것을 가지고 '영적 체험' 운운하는 것은 말도 안 된다. 기독교 어휘의 가치를 완전히 떨어뜨리는 일이다. 복음에 대한 믿음과 진정한 회개가 개입되지 않는 한 어떤 것도 '영적 체험'일 수 없다." 그는 강조한 부분을 힘주어 내뱉으며 그것이 신성한 전문 용어임을 똑똑히 알렸다.

나는 짐에게 어디서부터 말을 꺼내야 할지 몰라 아무 말도 하지 않았다. 굳이 그러지 않아도 되었던 것이, 짐은 아주 다정다감하고 사랑이 많은 불교도 몇 명과 함께 스코틀랜드 서해안의 마가목 밭에 있는 켈트족의 돌 십자가에까지 사흘 동안 도보 여행을 떠날 예정이었다. 이튿날 그가 내게 이런 문자를 보내왔다. "그냥 한 인간으로서 살아 있다는 사실 자체가 필연적으로 종교적인 체험인 것 아닌가? 왜 진작 말해 주지 않았나?" 짐은 지금도 복음을 믿는 믿음과 회개가 꼭 필요하다고 믿고 있고 그건 나도 마찬가지다.

마크 트웨인(Mark Twain)은 "편협하고 옹졸한 마음과 편견을 고치는 데는 여행이 특효다"[12]라고 했는데 정말 맞는 말이다. 산티아고까지 다 가고 나면 아무도 파벌을 따지지 않는다. 사람을 미워한다는 것은 상대방을 이해할 수 없을 때만 가능한 일이므로, 아무리 이해가 안 되는 사람도 나에게 물병을 빌려 주었으면 그 사람을 미워하기란 힘들다.

길을 걷노라면 많은 거짓말들이 떨어져 나간다. 당신의 몸과 직장 동료들은 당신이 하루에 40킬로미터씩 걸을 수 없다고 말한다. 그것은 틀린 말이며 당신은 걸을 수 있다. 당신의 몸은 당신이 평소처럼 11시에 스타벅스의 라테를 마시지 않고는 견딜 수 없다고 말하지만 그것은 거짓말이며 당신은 잘 지낼 수 있다. 당신이 자라온 배경은 당신이 피레네 산지에서 성모 마리아상을 앞세우고 마을을 한 바퀴 도는 정성스런 행렬에 절대로 감동할 수도 없고, 땅바닥에서 잠을 잘 수도 없고, 합숙소에서 수십 명의 다른 순례자들 앞에서 옷을 갈아입을 수도 없고, 숫양의 고환을 먹을 수도 없다고 말하지만 당신은 전부 다 할 수 있다. 그러므로 길을 가다 거창한 깨달음을 얻지 못한다 해도 당신의 삶에는 진실이 이전보다 훨씬 더 많아진다.

깨달음에 대해서라면, 당신이 혹시 변화되지 않은 채로 남고 싶거든 각별히 조심해야 한다. '그런 일이 벌어지지 않는' 사람이란 없다. 다음은 매우 평범하고 아주 어렸던 케임브리지 학생이 인도에서 공책에 쓴 내용인데, 그때 그는 자신에게 몰두한 채 히말라야 산기슭의 어느 길을 걷고 있었다.

> 갑자기 나무들 위쪽으로 공중에서 광선이 파열하면서 한 쌍의 칼새가 좀 오래다 싶게 아악 울었는데 그 순간만큼은 그 소리가 하늘에 딱 들러붙은 듯 싶었다. 미세한 것 하나도 변하지 않는데도 전보다 더 빨리 움직였고, 정지되어 있는데도 고정된 실루엣과는 달랐으며, 변할 수 없다는 그 사실이 오히려 새로운 유동성을 더해 주었다. 그때 바람이 몰아쳐 구름을 밀어내면서 광선은 사라졌고 칼새들은 휙 몸을 틀어 농가의 흙벽 아래로 급강하했다. "빛나는 것들은 어떤 말로도 설명이 안 된다"던 피터 매티슨(Peter Matthiessen)의 말을 그제야 알 것 같았지만, 그것은 이미 알고 있던 교훈을 다시 배운 것이었다. 인도의 하늘에서는 오래된 연습장처럼 퀴퀴한 곰팡내가 났고 잉크의 얼룩과 철자를 고친 자국들이 선명했다.

그 학생은 바로 나였다. 그때 내가 조금이라도 철이 들었더라면 그날 거기서 귀한 교훈들을 배웠을 것이고 덕분에 이후로 많은 가슴앓이를 면했을 것이다.

* * *

마지막 종류의 벗어남은 행선지에 다다라 짐을 내려놓고 거기서 완전히 벗어나는 것이다. 존 번연의 「천로역정」(*The Pilgrim's Progress*, 포이에마)에 나오는 순례자는 등에 있는 짐을 벗고 싶었다.

크리스천이 말했다. "이 무거운 짐 좀 제발 벗어 버리고 싶다. 하지만 내 힘으로는 떨쳐낼 수 없고 내 어깨에서 그것을 떼어내 줄 수 있는 사람도 이 세상에는 없다. 이미 너에게 말했듯이 그래서 나는 이 짐을 벗으려고 이 길을 가고 있다."

그의 짐은 십자가 앞에서 벗겨진다.

크리스천은 그렇게 달려 마침내 비스듬한 오르막길에 이르렀는데 그 위에는 십자가가 서 있고 약간 아래의 바닥에는 무덤이 있었다. 내가 또 꿈에 보니 크리스천이 십자가 앞에 다다르자마자 어깨에 있던 짐이 풀려 등에서 툭 떨어지더니 구르기 시작했다. 짐은 계속

굴러 마침내 무덤 입구까지 와서는 무덤 속으로 떨어져 더 이상 보이지 않았다. 그러자 크리스천은 기뻐서 어쩔 줄 몰랐고 즐거운 마음으로 이렇게 말했다. "그분이 슬픔을 당하여 나에게 안식을 주셨고 그분이 죽으심으로 나에게 생명을 주셨다."[13]

물론 우화 성격이 아주 강한 책이지만 주인공이 죄와 죄책을 벗고 누린 해방감은 수많은 순례 이야기 속에 계속 되풀이되어 나타난다. 예컨대 현자 풀라스타야(Pulastaya)는 인도의 라자스탄에 있는 힌두교의 신성한 푸슈카라(Pushkara) 호수에 대하여 「마하바라타」에서 이렇게 말했다. "남녀 인간이 태어난 뒤로 무슨 악을 저질렀든지 간에 [거기서] 한 번만 몸을 씻으면 그 악이 다 없어진다."[14] 그런가 하면 시크교의 순례자들은 인도의 암릿사르(Amritsar)에 있는 황금 사원을 참배하는데, 그곳에 시크교의 스승이 감로주를 가득 부어 놓았다는 연못이 있다.

신에게 바쳐진 가장 신성한 이곳, 모든 고통과 번뇌를 없애 주는 이 신성한 물을 찬미할지어다. 이곳에 오는 사람은 모두 찬미할지어다. 여기서 신과 신비롭게 합일하는 복을 얻을지어다. 이곳은 위선자나 사기꾼이 오는 곳이 아니니 오직 참된 신앙심을 아는 이들만이 올지어다. 여기서 신성하고 숭고하고 아름다운 노래를 부를지니 듣는 사람마다 기쁨을 얻으리로다. 여기서 우리는 경이를 목격하고 참으

로 독실한 신자들을 만나고 평화를 얻으리로다.[15]

14세기의 무슬림 여행가 이븐 바투타(Ibn Battuta)는 자신이 메카에 도착한 경험을 이렇게 기록했다.

지존하신 신의 자비와 은혜로 말미암아 우리의 참배가 신께서 받으실 만한 것이기를, 이 일에 바친 희생이 [내세에서] 우리에게 유익이 되기를, 신을 위한 이 행동이 [생명책에] 기록되기를, [메카 참배로 얻은 공로를] 받아 주셔서 죄의 짐이 없어지기를 기도한다.[16]

기독교 전통에서도 전대사를 얻는 데 필요한 의무를 완수했을 때 얻는 심리적 해방감은 감당할 수 없을 정도로 벅찬 것이었고 지금도 마찬가지다. 성 계단만 하더라도 맨 위에까지 올라간 순례자들은 밑에 있을 때보다 더 가벼워 보였다. 예루살렘의 비아 돌로로사(Via Dolorosa, 예수님이 갈보리로 가실 때 지나가신 길을 중세 시대에 복원한 것)의 좁고 가파른 길은 다양한 교단에서 온 그리스도인 단체들로 미어터진다. 그들은 종종 나무 십자가를 지고 걷는다. 텔아비브로 가는 비행기 표를 사려고 자신의 밴을 팔았다는 브라질의 배관공 페드로(Pedro)는 "나는 꼭 그 십자가를 지고 싶었다"라고 말한다.

하지만 자진해서 나설 용기가 없었다. 비아 돌로로사에 올라가기 전날 밤에 나는 저녁을 먹으러 내려가지 않았다. 밤새도록 침대 옆에 무릎을 꿇고 앉아 하나님께 그분의 수치에 동참할 수 있는 영광을 달라고 기도했다. 아침식사 시간에 신부님이 "페드로가 십자가를 져 주어야겠다"라고 해서 나는 한없이 기뻤다. 나는 기운도 센 편이고 그렇다고 십자가가 무겁지도 않았지만, 그렇게 걸으면서 여태껏 내가 저지른 모든 미련한 짓들이 십자가 속으로 흘러드는 것을 느꼈다. 차차 땀이 나면서 나는 십자가에 곧 그 죄들에 눌려 짜부라질 것 같아 겁이 났다. 사람들은 내가 연극을 하는 줄 알았지만 성묘 교회에 다 왔을 때 나는 기진맥진하여 다리가 후들거렸다. 내가 비틀비틀 안뜰로 들어가 푹 쓰러지자 사람들은 내가 좀 심하다 싶었던지 약간 어색하게 박수를 쳤다. 그러다 나는 벌떡 일어났는데 몸이 하늘을 날 것처럼 가벼웠고, 두 팔을 높이 쳐들고 노래를 부르다 웃음이 터져 나왔다. 갑자기 온 세상이 총천연색으로 변했고 비둘기들마저 몸에 무지개 색 줄무늬를 두르고 있었다. 내 모든 죄는 그 나무통 속으로 녹아들어 사라져 버렸다. 나는 내 과거를 예루살렘에 두고 왔다.

어떤 순례자들은 목발이 더 이상 필요 없어져 목발을 두고 가기도 한다. 이런 목발들은 대개 성지의 박물관에 자랑스레 전시되어 그 성인의 치유력을 증언해 준다. 중세 시대에는 순례자들이 자신의 초상을 가져가 성지에 두고 오는 일이 흔했는데, 월싱엄에만 해도 그런 초상들이 꽤 많이 소장되어 있다. 어떤 때는 사람들이 아예 자신의 전신 조각상을 두고 오기도 했는데, 페드로의 경우처럼 그것은 "과거의 나는 여기 있다. 이제 나는 갓난아기다"라는 고백이었다. 그런가 하면 자신과 키나 무게가 같은 양초에 불을 붙여 성지에 두고 오는 순례자도 있었고, 아주 구체적인 기도가 응답되었다는 고백이나 앞으로 응답되리라는 믿음의 표시로 신체의 한 부분을 두고 오는 순례자들도 있었다. 예컨대 밀랍이나 철이나 나무로 만든 다리와 코 등 말이다. 어떤 목자는 성 커스버트(St. Cuthbert: 7세기 스코틀랜드의 주교-역주)가 새 손톱을 주리라고 믿고 더럼(Durham) 대성당의 제단에 자신의 죽은 손톱을 두고 갔다. 캔터베리의 성 토머스 성지를 방문한 어느 순례자는 기침을 하다가 큰 기생충을 뱉어내면서 만성병의 고통에서 해방되었는데, 이에 감사하여 그 기생충을 제단 옆에 걸어 놓고 갔다.

중세 유럽에는 참회하는 순례자들이 족쇄를 차거나 쇠사슬을 묶고 다니는 통에 절걱절걱 소리가 끊이지 않았다. 그들은 자신이 피해자를 죽이거나 다치게 하는 데 사용했던 무기를 녹여 쇠사슬을 만들었다. 그들이 여정을 마치고 성인의 성지에 이르면 쇠사슬이 온데간데없이 사라져 버릴 때도 있었다고 하는데, 굳이 그것을 의심할 까닭은 없을 것 같다.

* * *

어떤 때는 목숨 자체를 두고 떠남으로 순례를 마감하는 경우도 있다. 힌두교의 탁발승들은 평생 인도 땅이라는 거룩한 여신의 몸을 떠돌며 걸식하며 살다가, 죽을 때가 다가오면 고요하고 평온하게 죽을 수 있는 곳으로 아주 특별한 순례를 떠난다. 그렇게 죽음을 맞이하는 사람들은 어느 전통에나 많이 있다. 아일랜드의 한 그리스도인 은자는 "이 작은 오두막에 아무도 없이 나 홀로라네. 이제까지의 아름다웠던 순례를 마치고 나 이제 죽음을 맞이하려네"[17]라는 시를 남겼다. C. S. 루이스의 「새벽 출정호의 항해」(*Voyage of the Dawn Treader*, 시공주니어)에 나오는 리피치프라는 생쥐도 세상 끝에서 무슨 일이 벌어지는지 알아보려는 생각에 들떠, 다시는 돌아올 수 없는 길을 혼자서 작은 배를 타고 떠난다. 작은 배가 돌진하여 초록색 파도를 넘는 것으로 그의 모습은 자취를 감추고, "그 순간 이후로 아무도 생쥐 리피치프를 보지 못했다. 하지만 내가 믿기로 그는 무사히 아슬란의 나라에 도착하여 지금까지도 그곳에 살아 있을 것이다."[18]

당신이 방금 불치병 진단을 받고 병원에서 휘청휘청 나왔다면, 훨씬 구차한 다른 방식들로 반응하느니 차라리 가족들에게 작별 인사를 하고 카약을 들고 바다로 나가 노를 저어 가다가 구원을 맞이할 수도 있다. 물론 그것은 이기적이고 비겁한 방식일 수도 있다. 어쩌면 당신은 아내의 손을 잡고 모르핀에 취한 상태에서 빛 가운데로 들어가야 할지도 모른다. 둘 중 어느 경우든 당신은 자신이 지금 여행 중임을 알게 될 것이다. 지금까지 아무리 인생이라는 여정을 의식하지 못하고 살아왔을지라도 말이다.

* * *

그렇다면 순례를 통하여 죄도 벗어질까? 그렇다고 생각하고 느낀 사람들이 많이 있다. 물론 구원은 우리 힘으로 얻어내는 것이 아니라 값없이 주어지는 것이다. 하지만 그래도 우리 쪽에서 받아야 하며, 회개도 진정한 회개라야 열매를 맺는다. 하나님은 "너희가 **참**으로 나를 찾으면 반드시 나를 만나리라"[19]라고 하셨다. 겉으로는 찾는 것 같은데 결국은 그분을 만나지 못하는 경우도 있다는 뜻이다. 겉으로 찾는 듯한 사람들은 앞서 보았듯이 아주 많은데 정작 만나는 사람들은 아주 적다고 하셨으니, 그렇다면 겉으로 찾는 것 같은 사람들 중 대다수는 예수님이 뜻하신 방식대로 찾고 있지 않다는 것이다.

소파에서 내려와 유럽을 가로질러 걷는 것도 찾는 일이고 일요일에 잘 차려입고 가까운 교회에 차를 몰고 가는 것도 찾는 일이라면, 내 생각에는 전자가 진짜일 가능성이 더 높다. 이튿날 십자가를 지고 언덕을 올라갈 수 있게 되기를 바라며 예루살렘의 싸구려 여인숙에서 실밥이 다 뜯어진 카펫에 무릎을 꿇는 것도 회개이고 주일 예배가 끝난 후에 가볍고 후련한 느낌이 들게 하는 것도 회개라면, 내 생각에는 전자가 진짜 회개일 가능성이 더 높다.

셰인 클레어본은 테네시 주 동부의 기독교적인 환경에서 자랐는데 전도 집회가 있을 때마다 사람들을 앞으로 나오게 하는 초청 시간이 있었다고 한다. 그도 해마다 친구들과 함께 "내 모습 이대로"를 부르며 앞으로 나갔지만, 해마다 예배당을 나설 때면 역시 **있는 모습 그대로** 나왔다고 한다. 당신이 참회하는 순례자들에 대하여 품고 있는 까다로운 신학적 의혹이 무엇인지는 몰라도, 자기 아내를 때려죽인 몽둥이로 멍에를 만들어 등에 지고 겨울철에 파리에서 로마까지 걸으며 생 베르나르 고개(St. Bernard's Pass)에서 동상으로 발가락이 잘려 나간 사람에게는 결코 그런 의혹이 없었다.

또 한 가지가 더 있는데, 나는 용서받은 죄가 남긴 흉터를 느낀다. 때로는 그 보이지 않는 흉터의 조직이 병적으로 비대해져 제 기능을 방해하는 통에 일부러 딱지를 뜯어내야 할 때도 있다. 그냥 한 발짝씩 걷기만 했는데도 나에게 때때로 그런 일이 일어났다는 것만은 분명히 말할 수 있다. 이것은 어떤 식으로든 연옥 교리와 상관이 있을까? 나는 그것에 대해 알지도 못하고 큰 관심도 없다. 하여간 C. S. 루이스는 연옥이라는 개념에 좋게 볼 점들이 많다고 보았다. 그의 말대로 천국 문에 도착한 우리를 성 베드로가 맞아 주는 장면을 상상해 보자. 의심할 나위 없이 우리는 천국에 들어갈 권리가 있으며 이는 주님이 은혜로 주신 권리다. 성 베드로가 "당신은 들어와도 좋다. 하지만 미안하게도 당신은 아직 냄새가 좀 나고 옷도 더럽다. 여기 정신이 번쩍 드는 찬물과 새 옷이 있다"라고 말해 준다. 이때 당신이라면 씻지 않고 그냥 들어가겠느냐고 루이스는 묻는다. 그리고 그가 기대하는 대답은 그렇지 않다는 것이다. 루이스에게 연옥은 또 다른 형태의 은혜였다.[20] 아울러 단테의 「신곡」에서 연옥의 문이 낙원의 문 **이후에** 나온다는 사실도 잊지 말라.

순례의 목적지에 도착하기 전에 씻는다는 이 주제는 모든 종교에 똑같이 나타난다. 무슬림은 메카에 들어가기 전에 정성스레 목욕재계 의식을 행하고, 머리를 깎고, 면도하고, 몸에 달린 모든 장식품을 버린다. 인도의 성지 사바리말라이(Sabarimalai)에 가는 힌두교 순례자들은 떠나기 45일에서 60일 전부터 금욕을 서원하여 여정이 끝날 때까지 계속 금욕한다. 그들은 성관계를 갖거나 여자와 동행하지 않고, 고기나 계란을 먹지 않고, 술을 마시지 않고, 신발을 신지 않고, 갈아입을 두 벌 옷만 (모두 파란색, 검은색 또는 황토색 단색으로) 가져가고, 다른 사람들을 욕하고 싶을 때는 혀를 깨물고, 하루에 세 번씩 몸을 씻는다.

시편 저자는 "여호와의 산에 오를 자가 누구며 그의 거룩한 곳에 설 자가 누구인가"라고 물은 뒤 "곧 손이 깨끗하며 마음이

청결하며 뜻을 허탄한 데에 두지 아니하며 거짓 맹세하지 아니하는 자로다"라고 말했다.[21] 성경에 그렇게 하라고 되어 있을 뿐 아니라 우리 안에도 마땅히 그래야 한다는 직관이 있다. 그 이유가 무엇일까? 우리가 순례의 목적지에 도착하기 전에 비누를 집어 든다는 사실(내 경우에는 아주 드문 일이지만)이야말로 순례의 핵심이 무엇인지를 말해 주는 가장 확실한 표일 때가 많다. 순례의 핵심은 **만남**이며, 그래서 우리는 가장 냄새도 좋고 보기도 좋은 모습으로 만나고 싶어 하는 것이다.

6장
왜 떠나는가? 만남에 목말라서 간다

이제 나는 안전한 집을 떠날 때가 되었다. 순례자가 되어 거칠고 장엄한 바다 물결 너머로 여정에 오를 때가 되었다. 마리아의 위대하신 아들을 만날 방도를 궁리할 때가 되었다.
켈레다베일[1]

하나님을 향한 갈망이 지극히 복된 에게리아 수녀의 마음을 불타오르게 했다. 영광의 주께서 주시는 힘으로 그녀는 용감하게 세상의 반대편으로 망망한 여정에 올랐다.
발레리우스[2]

4월의 단비가 3월의 가뭄을 뚫고 뿌리까지 파고들어 그 수분으로 모든 잎맥을 적셔 거기서 꽃이 피어날 때면…사람들은 순례를 떠날 생각에 들뜨고, 성지 순례자들은 여러 먼 나라에서 신성시되는 낯선 성인들을 만날 생각에 설렌다. 특히 그들은 병자에게 속히 도움을 베푸는 거룩하고 복된 그 순교자를 만나러 영국 방방곡곡에서 캔터베리로 향한다.
제프리 초서[3]

그날은 예루살렘 옛 도시의 전형적인 하루였다. 장터에는 여느 때처럼 냄새가 진동했고, 올리브나무로 만든 낙타를 파는 상인들의 쾌활한 모습은 희망이 과거의 경험과 매상을 영원히 이긴다는 증거였다. 이스라엘 병사들은 껌을 씹으며 빈둥거렸고, 예복을 길게 늘어뜨린 사제들이 가파른 길을 검은 돛배처럼 미끄러져 내려가면 모세 앞에서 홍해가 갈라지듯 그들 앞에서 무리가 양옆으로 갈라졌다. 사람들이 입은 티셔츠에는 "나는 가자 지구에서 돌팔매질을 당했다" "우지 기관단총으로 쏜다" 같은 문구들이 새겨져 있었는데, 이제 그것을 보고 웃는 사람은 없었다.

관광객들은 우스꽝스럽게도 저마다 자기 나라의 전형적인 옷차림을 유감없이 보여 주었다. 외국에 나오면 각 나라의 특징이 더 도드라져 보이는 법이다. 도쿄 여자들이 다 그렇게 화려한 양말과 야구화를 신지는 않으련만 이들 일본인 일행은 그런 차림이었다. 미국인들은 체크무늬 골프복을 입었고 목청만 높이면 사람들이 자기네 영어를 알아들을 줄로 생각했다. 나는 그 자리에 전혀 어울리지 않는 트위드 재킷을 걸치고 사냥터에서나 신는 신발을 신고 있었다.

야구화들이 일장기를 따라 성묘 쪽으로 뮤리스탄(Muristan) 길을 터벅터벅 걸어갔다. 나는 딱히 할 일도 없고 해서 경중경중 그들을 따라갔다. 그들은 각자 파란색 플라스틱 클립보드와 펜 하나씩을 들고 걸어 다니면서 자기가 본 것들에 체크 표시를 하고 있었다. 우선 예수님이 돌아가신 자리가 나오자 그들은 표시했고, 저만치 여자들이 울고 있는 곳에 그분의 시신을 내려놓고 기름을 바른 자리가 나오자 또다시 표시했다. 바로 모퉁이를 돌자 그분을 가두지 못한 무덤, 우주를 영원히 변화시킨 무덤이 나왔는데 역시 거기서도 그들은 표시했다.

"저렇게 해서 과연 무슨 의미가 있을까요?" 역시 트위드 재킷 차림의 어떤 남자가 물었다. "저 사람들은 다시 747비행기를 타고 각자 조그만 조립식 가옥으로 돌아가 누구도 이해하지 못한 똑같은 사진들을 각자 컴퓨터로 내려받고 클립보드를 잘 보관해 두겠지요. 그러고는 다시 거대한 다국적 기업에서 불평을 모르는 임금의 노예로 살아갈 텐데 말입니다." 지나가던 한 사제가 은색 향로를 그의 얼굴 쪽으로 들고 향을 살짝 풍겨 주자 그는 기침이 나서 말을 잇지 못했다.

"너무 냉소적이시군요." 내가 그 영국인에게 말했다. "인간이란 흡수를 잘 하는 동물로 영적인 스펀지와 같습니다. 저 사람들은 이미 여기서 신성함에 흠뻑 빠졌습니다. 지금부터 잘 보십시오." 나는 일본 관광객 한 명의 어깨를 톡톡 치고는 영어를 할 줄 아느냐고 물었다. 그 남자는 영어를 할 줄 알았다.

나는 과감히 본론으로 들어갔다. "뭘 좀 여쭤 봐도 될까요? 여기까지 아주 먼 길을 오셨을 텐데, 이번 여행이 당신에게는 어떤 의미가 있습니까? 당신에게 정말 변화를 가져다줄까요?"

"벌써 아주 많이 변했습니다." 그가 말했다.

나는 그것 보라는 듯이 트위드 재킷 차림의 남자를 뒤돌아보았다.

"어떻게 변하셨는데요?"

"피클을 잘못 먹어 지독한 설사를 하는 바람에 살이 2킬로그램이나 빠졌거든요." 그는 다시 체크 목록에 눈길을 돌렸다가 니콘 카메라의 플래시 설정을 조절했다.

* * *

나는 모든 관광객은 적어도 어느 정도는 순례자라고 마음을 다하여 믿고 싶은데 증거는 그 반대다. 반대로 모든 순례자는 머리가 멀쩡한 이상 적어도 어느 정도는 관광객이지만 그건 전혀 다른 문제다. 역사의 현장을 보고 싶은 마음은 모든 순례자도 똑같다. 베데스다에 정말 연못이 있었고 예루살렘에서 11킬로미터쯤 떨어진 곳에 정말 엠마오라는 마을이 있었다는 것을 알면 믿음이 더 다져지고 굳어질 수 있기에 많은 사람들이 그런 확신을 구한다. 뒤에서 살펴보겠듯이, 비록 그런 것들을 보고 나면 예상대로 믿음이 굳건해지기보다 오히려 기분 좋게 믿음이 흔들릴 때가 더 많기는 하지만 말이다. 하지만 순례자와 관광지 목록만 표시하는 사람의 차이는 이것이다. 순례자에게는 멀리서부터 오는 자신의 발소리를 누군가가 듣고 있다가 자신이 문턱에 다다르면 그 사람이 문을 열고 자기를 안으로 불러들여 함께 먹으리라는 희망이 있으며 또한 어느 정도 그렇게 믿는다는 것이다. 순례자는 그 사람이 어떻게 생겼을지에 대해서는 전혀 아는 바가 없다. 하지만 문이 열리는 순간 서로 알아보고 기뻐 어쩔 줄 모르리라는 것과 거기가 집이 되리라는 것, 그리고 그 안에서 전에 어디선가 들어 본 적이 있는 음악이 흘러나오리라는 것을 그는 안다. 그 음악은 그가 간절히 다시 듣고 싶었던 음악이고 처음부터 그를 지금의 이 성지로 오라고 부르던 그 소리였다.

* * *

그런데 우리가 직면해야 할 충격적인 사실이 하나 있다. 예나 지금이나 많은 순례자들이 이러한 숭고한 만남을 얻기 위하여 찾아가는 곳이 하필이면 부패한 신체 부위나 교회의 돌조각 따위가 들어 있는 상자들이라는 사실이다.

아들 톰은 스칼라 상타에서 창피를 당한 후에 나더러 자기가 악한 행실에서 돌아섰다고 다짐을 했고, 그래서 우리는 제루살렘메(Gerusalemme)에 있는 산타 크로체(Santa Croce, 성 십자가) 성당으로 갔다. 그곳은 유물을 찾아다니는 현대인들에게 낙원과도 같은 곳이다. 예수님이 달리셨던 십자가가 예루살렘에서 발견되었을 때 세인트 헬레나가 그 십자가를 몇 조각 가져다 둔 곳이 바로 산타 크로체다. 그 십자가 외에도 그곳에는 여러 가지 유물들이 함께 소장되어 있다.

산타 크로체의 본당 바닥은 본래 지을 때의 모습 그대로 색색의 투박한 모자이크이며 지금은 수많은 신도의 발에 닳아 있다. 그런데 교회의 나머지 부분은 지나치게 화려한 바로크 양식으로 되어 있어 바닥과 전혀 어울리지 않는다. 수수한 바닥보다 바로크 장식이 기독교를 더 잘 대변해 준다는 생각은 도대체 어디서 온 것일까? 그 바닥은 순례자들을 로마로 데려온 길을 닮았으나 다만 카발라(유대교의 신비주의 전통—역주)의 나선형 모양에 깊은 땅속 같은 색깔들이 점점이 박혀 있다.

통로로 들어가면 인상적인 유화들이 걸려 있다. 클레르보의 성 베르나르(St. Bernard of Clairvaux)가 성 체사리우스(St. Cesarius)의 유골에서 기적처럼 이를 뽑는 그림도 있고, 성 베르나르가 대립교황 빅토리우스 4세에게 교황 이노센트 2세 앞에 겸손한 자세를 보이라고 권유하는 그림도 있다. 그림 속 교황의 머리 위로는 희미하게 원광이 퍼져 나가고 있다. 문득 흑백의 옷차림을 한 빡빡머리에 매부리코의 신부 하나가 회중석에 앉아서 내가 필기하는 모습을 지켜보고 있었다. 그의 얼굴은 바로 위에 놓여 있는 돌 해골과 비슷했고 온 사방으로는 먼지가 뿌옇게 떠다니고 있었다. 바로 그것이야말로 이곳이 전해 주는 전체 메시지가 아니었나 싶다.

웅장한 대리석 계단을 따라 위로 올라가면 유물들이 있는 예배실이 나온다. 번역이 엉성한 안내문에는 "이 [입구]는 온통 예수의 수난과 죽음이라는 신비를 묵상하며 갈보리로 순례를 떠난다는 개념으로 꾸며졌다"라고 적혀 있었다. 그러나 톰은 묵상은커녕 전속력으로 뛰어오르고 있었다.

그 교회에 소장된 유물로는 예수님이 달리셨던 십자가의 파편 세 개, 예수님의 몸에 박혔던 못 하나(몸통이 정사각형이며 길이는 12.5센티미터다), 죄패(십자가 위에 붙여 구경꾼들에게 그분의 신원을 알려 주던 패의 일부분), 가시관의 가시 두 개(길이가 하나는 3.5센티미터이고 하나는 3.4센티미터다), 성 도마의 집게손가락(만일 진품이라면 그가 부활하신 예수님의 옆구리에 난 상처를 만져 보려고 내밀었던 그 손가락일 확률이 50퍼센트다), 회개한 강도가 달렸던 십자가의 파편 한 개, 채찍질할 때 예수님을 묶었던 기둥의 돌조각 세 개 등이다.

유물함 앞에 선 신도들은 어디까지가 호기심이고 어디부터가 신앙심인지 분간하지 못했고, 자신들의 그러한 호기심에 약간 당황하는 눈치였다. 만일 그런 자기들을 누가 보고 있는 것을 안다면 그들은 애써 다른 데로 눈길을 휙 돌릴 것이다. 마치 잡지 가판대 앞에서 성인용 잡지들이 꽂혀 있는 맨 위쪽 칸을 쳐다보다 들킨 사람들처럼 말이다.

"이 모든 물건이며 이에 대해 느끼는 감정을 어떻게 보아야 하는지 말씀해 주시겠어요?" 나는 밀라노에서 성별된 삶을 살아가고 있는 독실한 가톨릭교도인 맨디(Mandy)에게 물었다.

그녀는 이렇게 말했다. "나도 잘 모르겠어요. 다만 당신이 마치 이것이 가톨릭 신앙의 핵심인 것처럼 글을 쓸까 봐 걱정입니다."

역사적 맥락에서 볼 때 그녀가 그렇게 당황스러워하는 모습은 의외였다. 유물을 떠받드는 관습은 길고도 중요한 역사를 지니고 있으며, 그 역사를 순례 자체의 역사와 분리한다는 것은 불가능한 일이다.

로마 군인들이 304년경에 성 빈센트(St. Vincent)를 죽였을 때 그리스도인들은 까마귀 떼처럼 달려들어 그의 피에 자신들의 옷을 적셨다. 155년 서머나에서 폴리캅(Polycarp)이 순교했을 때 그의 동료들은 "우리가 거둔 그의 유골은 금보다도 귀하고 값비싼 보석보다도 소중하다. 우리는 그것을 적절한 장소에 안치했다"⁴라고 의기양양하게 말했다. 그런가 하면 1170년에 헨리 2세의 기사들이 토머스 아 베켓을 참살했을 때 구경꾼들은 그의 뇌수를 대접에 긁어 담았고 천 조각에 그의 피를 묻혀 자신들의 눈을 닦았다.

그것이 일반적인 관행이다 보니 사람들은 재빨리 성인들의 사지를 잘라 곳곳으로 유포했다. 이후 주후 787년에 제2차 니케아 종교회의에서 유물이 한 점이라도 없으면 어떤 제단도 완전하지 못하다는 칙령이 나오면서 유물 거래는 대호황을 맞았다. 물론 남용도 있었기에 중세기 전반에 걸쳐 가짜 유물은 수지맞는 사업이 되었고, 그래서 오늘날에도 적지 않은 냉소를 사고 있다. 평생 여행을 쉬지 않았던 16세기 영국의 여행가 앤드류 보드(Andrew Boorde) 박사는 역사 속에나 로마와 산티아고로 가는 길목의 여관들에나 '유쾌한 앤드류'로 알려져 있는데, 그는 유럽 대륙의 순례 안내서를 쓰면서 독자들에게 "콤포스텔라에는 성 야고보의 머리카락이나 뼈는 하나도 없고…다만 성 야고보의 머리를 베었다는 낫과 갈고리가 있을 뿐이다"[5]라고 확언했다. 초서의 「캔터베리 이야기」에 나오는 면죄부 판매인은 돼지 뼈가 성인의 유물이고 베갯잇이 성모 마리아의 면사포라고 속인다. 노장의 기베르(Guibert of Nogent) 수도원장이 언급한 어떤 유물 행상인은 예수님이 최후의 만찬석상에서 씹으셨다는 빵조각을 팔려고 했다. 그렇다면 예수님이 내쉬셨다는 공기는 가장 뻔뻔한 사람만이 팔았을 것이고 가장 얼빠진 사람만이 샀을 것이다.

이러한 남용은 유물을 떠받드는 행위를 우상숭배요 미신이라 비난한 종교개혁자들에게 전략상 유용한 소재가 되었다. 종교개혁자 중에서도 남달리 예민하고 박식했던 에라스무스(Erasmus)는 1515년에 친구 콜레(Colet)와 함께 캔터베리에 갔다가 거기서 본 광경에 기겁했다. 박물관으로 손색없는 그곳에는 토머스 아 베켓을 난도질해 죽인 칼에서 떼어냈다는 거룩한 녹, 입을 맞출 수 있도록 이마 부분만 그냥 두고 나머지는 은으로 입힌 베켓의 두개골, 베켓이 "자신의 얼굴이나 목의 땀, 콧물, 기타

인체에서 어쩔 수 없이 흘러나오는 액체를 닦아낼" 때 쓴 천 조각이 있었고, 지하실에는 "두개골, 턱뼈, 이빨, 손, 손가락, 팔 전체" 등 다른 성인들의 유물이 있었다. 그러나 콜레가 입을 맞추려던 팔에 "아직도 피투성이 살점이 붙어 있는" 데는 그들도 더 이상 참을 수 없었다. 콜레는 차마 입을 맞출 수 없었고, 두 사람은 갈 때보다 더 불타는 종교개혁자가 되어 맹비난을 퍼부으며 그곳을 떠났다.[6] 그 정도면 가톨릭이 마케팅을 잘못한 것이다.

이 책을 읽는 개신교 독자들 중에는 유물을 떠받드는 행위를 에라스무스와 콜레처럼 싫어할 사람들이 많을 것이고, 그러한 반감을 역시 신학적인 방식으로 표현할 것이다. 하지만 참으로 성경적인 신학이 되려면 올리버 크롬웰(Oliver Cromwell)의 의회당원들이 난폭하게 문화유산을 파괴하던 것보다는 더 동정적으로 유물을 대해야 한다.

"엘리사가 죽으니 그를 장사하였고 해가 바뀌매 모압 도적떼들이 그 땅에 온지라. 마침 사람을 장사하는 자들이 그 도적떼를 보고 그의 시체를 엘리사의 묘실에 들이던지매 시체가 엘리사의 뼈에 닿자 곧 회생하여 일어섰더라."[7] 유물과 관련된 이 어마어마한 기적이야말로 중세 시대에 사랑받던 일이자 종교개혁자들이 혐오하던 일이었다. 중세 시대였다면 아마 이 기적의 현장에 대성당이 건립되면서 경기가 크게 활성화되었을 것이다. 비단 구약에만 그랬던 것이 아니고 신약에도 "하나님이 바울의 손으로 놀라운 능력을 행하게 하시니"라고 나와 있다. 물론 거기까지야 문제될 것도 없고 그런 말씀이라면 주일 아침마다 즐겁게 들을 수 있다. 하지만 말씀은 거기서 끝나지 않고 이렇게 이어진다. "심지어 사람들이 바울의 몸에서 손수건이나 앞치마를 가져다가 병든 사람에게 얹으면 그 병이 떠나고 악귀도 나가더라."[8]

이것을 어떻게 설명할 수 있을까? 모든 주요 종교와 인간의 마음속 깊은 곳에는 뭔가를 만지고 싶고 누가 만져 주기를 원하는 갈망이 있다. 예컨대 이스탄불의 톱카피 궁(Topkapi Palace)에 가면 모세의 지팡이와 예언자 마호메트의 턱수염 한 오라기를 볼 수 있다(그것들을 소장해 둔 특별 구역에는 라마단 기간에만 들어갈 수 있다). 이븐 바투타는 자신이 메디나(Medina: 마호메트의 무덤이 있는 사우디아라비아의 성지—역주)에 도착하여 "마호메트의 무덤과 숭고한 강단 사이에 있는 정원에서 기도했고, 마호메트가 기대어 서서 설교했던 야자수 줄기의 남아 있는 조각을 경건하게 만졌다"[9]라고 고백했다. 불교의 경우에도 부처가 유물을 금했는데도 오히려 정반대로 많은 사찰에 부처의 머리카락이나 손톱이나 발가락뼈가 봉안되어 있다. 탄트라 불교의 영적 스승인 뒤좀 린포체(Dudjom Rinpoche)가 1987년에 프랑스에서 죽었을 때 사람들은 그의 시체를 미라로 만들어 네팔로 이송했다. 지금도 그는 눈 없이 유리창 밖을 내다보며 산중의 불탑에서 이루어지는 일을 감독하고 있다.

과거에 예루살렘에서 순례자들이 예수님이 달리셨던 십자가에 입을 맞출 때는 그들이 세상에서 가장 신성한 그 유물을 조금씩 입으로 뜯어 점차 갉아 내는 바람에 엄격한 단속이 필요했다. 중세 시대 건축가들은 성인들의 묘를 설계할 때 순례자들이 천 조각을 늘어뜨려 유물에 닿을 수 있도록 무덤에 구멍을 내거나 또는 순례자들이 기어 들어가 성인의 품에 안겨 볼 수 있도록 무덤 밑에 아치형 공간을 마련해 두었다. 어떤 그리스도인 순례자들은 성인들의 묘에서 먼지를 가져와 그것을 물에 타서 마시기도 했다. 캔터베리에서는 성 토머스의 피 몇 방울을 몇 리터의 물에 탄 '성 토머스의 물'이 인간의 모든 시름을 없애 주는 만병통치약으로 통했다.

유물과 그에 수반되는 치유와 변화를 모조리 다 병적인 현상으로 치부하는 풍조가 유행이다. 마치 그것으로 무엇 하나라도 설명된다는 듯이 말이다. 하지만 정확히 말할 수 있는 것은 이것뿐이니, 즉 성인은 거룩한 세계와 아무래도 특별한 소통을 했으므로 유물에 열광하는 사람들은 그 성인과의 관계를 간절히 원했다는 것이다. 사도신경을 외울 때마다 우리는 "성도(saints)가 서로 교통하는 것[을]…믿사옵나이다"라고 생각 없이 중얼거려 놓고는 실제로는 아무도 나한테 말을 걸지 않기를 바라며 돌아간다. 하지만 유물을 떠받드는 사람들은 성인들(saints)과 교통하는 것을 믿었을 뿐 아니라 그 교통을 들이마셨다. 그들은 우리가 물리적인 세상에서 물리적인 존재로 살아가고 있기에 하나님이 일부러 물리적인 방식으로 우리와 소통하실 가능성이 상당히 높다는 것을 알았다. 그러한 물리적인 방식의 예로는 죽은 사람이든 살아 있는 사람이든 누군가가 만져 주는 것(안수하여 병을 고친다는 신약 성경의 모든 말씀과 사도직의 승계에 관한 모든 신학은 이러한 맥락에서 나온 것이다), 성찬식의 빵과 포도주, 성례적인 성관계 등이 있다.

유물 숭배를 가장 싫어하는 사람들은 누구일까? 말할 것도 없이 영지주의자들이다. 무엇이든 영지주의자들의 심기를 불편하게 하는 것이라면 크게 잘못된 것일 수 없다. 물론 유물을 떠받들되 섬뜩할 정도로 온갖 법석을 떠는 것은 나로서도 잘 소화가 되지 않는다. 하지만 유물 숭배가 중심이 되는 곳에는 영지주의가 발을 붙이지 못한다. 유물이라면 무조건 눈살부터 찌푸리는 우리의 결벽증을 좀더 냉철하게 돌아볼 필요가 있다. 그러한 우리 속에 작은 영지주의자가 도사리고 있을 수도 있으니 말이다. 이제 영지주의를 단호히 물리치고 신나게 예루살렘으로 달려가라. 가는 길에 원한다면 이미 죽은 성인을 마음에 맞아들여도 좋지만, 어쨌든 살아 있는 많은 성도들과 함께 먹고 마시고 노는 것도 잊지 말라.

* * *

성령은 약탈자이기는 하지만 온유한 약탈자이시다. 그분이 매복하여 계시다가 불쑥 나타나시는 것은 인사를 건네기 위함이지 약탈하기 위해서가 아니다. 진정한 순례자들이 원하는 만남은 당신이 그 만남에 준비되어 있지 않는 한 일어나지 않는다.

다음은 내가 로마의 성 베드로 성당에서 공책에 썼던 글이다.

여기는 믿음을 말살하는 곳이다. 여기까지 오려면 종교적인 싸구려 기념품을 파는 가게들에 시달려야 한다. 저질 플라스틱으로 만든 뚱뚱하고 도도한 마리아상도 있고, 인간이 만든 어떤 유아용 침대에도 들어가지 않을 만큼 어처구니없이 큰 아기 예수도 있는데, 아기 예수는 유전자 조작을 거쳤는지 백인의 머리털을 길게 휘날리고 있다. 그런가 하면 예수님이 고난당하시는 모습을 정교한 폴리에틸렌으로 찍어낸 타이완제 십자고상도 수두룩하다. 다 같은 로마식 십자가형(또는 중세기의 관점에서 본 그것)인데도 고객의 기호에 따라 별의별 모양이 다 있다. 고개가 왼쪽이나 오른쪽으로 푹 꺾이거나 거만하게 꼿꼿이 선 것도 있고, 어깨가 한 쪽이나 양쪽 다 탈골된 것도 있다. 15세기 피렌체의 귀족이나 독일 수녀의 복장을 한 마리아가 십자가의 아랫부분을 붙들고 있거나 마스카라가 지워지지 않게 울고 있는 것도 있다. 교황 요한 바오로 2세는 현재의 교황 베네딕토보다 인상이 온화해서인지 여전히 우편엽서로 뜻밖의 인기를 누리고 있다. 그가 교황으로서 들려주는 축복의 말은 대개 봄꽃들과 뛰노는 어린 양들로 테두리가 둘려 있는데 아주 잘 팔려나간다.

광장에서 파는 아이스크림과 파니니 빵은 그것을 샀다가는 주택 융자금도 갚기 힘들겠다 싶을 만큼 터무니없이 비싸고, 신도들은 그곳을 지나 거룩한 신앙 검색대 쪽으로 정말 기력도 좋게 우르르 몰려간다.

플라스틱으로 만든 마리아상 주변에 한 무리가 모여 있다. 마리아는 약간 꾸부정한 자세로 중고차 세일즈맨 같은 미소를 짓고 있다. 어떤 사람들이 "두려워하지 말라"라고 적힌 깃발을 하나씩 들고 동상에 바짝 다가간다. 그들은 거의 모두가 여자이지만 그중에는 노인이 아닌 사람들도 있다. 마리아의 눈물을 닦아 주려는 것인지 많은 사람들이 동상의 얼굴에 손수건을 갖다 댄다. 동상의 손에 묵주를 대는 사람들도 있는데, 그들은 연거푸 성호를 그은 다음 마리아의 눈길을 의식하며 뒤로 물러난다. 마리아의 붉은 심장이 주머니처럼 밖으로 툭 튀어나와 있다. 나는 아무런 감동도 없이 길가의 카페로 걸음을 옮긴다.

로마에서 나에게는 아무 일도 일어나지 않았다. 어떻게 그럴 수 있었을까? 교만하게 이런 말을 쓸 수 있는 나라면 혹시 예수님이 나에게 다가와 노숙자 숙소에서 하룻밤만 묵을 돈을 달라고 하셨다 해도 그분을 알아보지 못했을 것이다. 생각해 보면 그분은 정말 나에게 그러신 적이 있다. 로버트 피어시그(Robert

Pirsig)는 "진리가 문을 두드리는데 우리는 '돌아가시오. 나는 지금 진리를 찾고 있는 중이오'라고 말한다. 그래서 진리는 떠나가 버린다"[10]썼다.

* * *

성묘 교회에서 나는 야구화 차림의 일본인과 헤어져 구불구불한 길을 따라 통곡의 벽 쪽으로 갔다. 유태인 구역의 큰 광장 바로 옆에 앉아 커피를 마시던 중 어떤 소동이 눈에 들어왔다.

30대 초반의 말쑥한 미국인이 침대 시트를 옷처럼 길게 걸치고는 의자 위에 올라가 성경에 나오는 표현을 써가며 청중을 꾸짖기 시작했다. 킬킬대는 여덟 살 아이들 무리를 향하여 그는 이렇게 말했다. "너희들은 뱀이요 독사의 세대이니 어찌 지옥의 저주를 피할 수 있겠느냐."

아우슈비츠의 수인 번호가 여태 팔뚝에 찍혀 있는 한 할머니에게는 이렇게 소리쳤다. "너는 쭉정이다. 내가 너희에게 말하노니 주께서 곧 오셔서 자기의 타작마당을 온전히 정하게 하여 알곡은 모아 곳간에 들이고 쭉정이는 꺼지지 않는 불에 태우실 것이다."

젊은 낙하산 부대원들 몇이 얼른 그의 뒤쪽으로 가서 시트 자락을 걷어올리자 꽉 끼는 파란색 팬티가 드러났다. 그는 이로써 자기 사역의 진정성이 확인되기라도 한 듯 오히려 즐거워 보였고, 그들에게로 고개를 돌려 짐짓 확신에 찬 미소를 지으며 말했다. "박해할 테면 해 보라. 그러므로 하나님의 지혜가 일렀으되 내가 선지자와 사도들을 그들에게 보내리니 그중에서 더러는 죽이며 또 박해하리라."

경찰이 도착했고 공부깨나 한 듯한 의사도 동그란 안경을 쓰고 왕진 가방을 들고 같이 왔다. 그들은 그 예언자를 의자에서 끌어내려 차에 싣고는 이런 환자를 전문으로 취급하는 근처의 정신병원으로 데려갔다. 소견서에 그들은 '예루살렘 증후군'이라고 쓸 것이다.

예루살렘 증후군은 흥미롭고도 복잡한 질환이다.[11] 거의 매번 그것은 성경을 믿는 보수 성향의 서구 그리스도인들에게 벌어지는 일이며, 그 방식도 대개 이번 경우와 비슷하다. 신앙심이 아주 뜨거운 사람이 생전 처음으로 예루살렘에 온다. 그의 머릿속은 예루살렘에 관한 온갖 환상들로 가득 차 있다. 그에게 그 환상들은 어렸을 적 온 가족이 저녁 식탁에 둘러앉아 성경을 읽던 때로부터 물려받은 유산이며 가장 귀한 재산이다. 어느새 그것은 자신의 성격과 구분이 안 될 정도로 그의 바탕에 녹아들었고, 그래서 그는 예루살렘에 대한 기대가 엄청나게 크다. 이 사람은 자신이 경배하는 하나님을 만나기 원하는 전형적인 신앙의 순례자다. 하지만 그가 예루살렘의 벤구리온 공항에 도착하는 순간부터 일이 틀어지기 시작한다. 물론 그도 이스라엘 공항의 직원들이 뿔피리를 불거나 성구함을 차고 있으리라고 의식적으로 기대했던 것은 아니다. 하지만 그렇더라도 그의 무의식 한구석에 작은 괴리의 씨앗이 뿌려진다. 마차가 아니라 에어컨이 완비된 버스에 올라 포장된 고속도로를 달려 예루살렘 시내로 향하면서 그 괴리는 점점 더 커진다. 드디어 거룩한 도시의 불빛이 눈에 들어오면 그는 당황하여 어쩔 줄 모른다. 교통경찰이며 햄버거 가게며 연쇄점은 다 있는데 낙타는 어디에도 없다.

그가 묵는 호텔 방은 기독교 세계의 가장 거룩한 유적들이 모여 있는 예루살렘 옛 도시가 보이는 위치에 있다. 하지만 밤이라서 정작 보이는 거라곤 성전 산에 있는 황금색 바위의 돔 사원뿐이다. 퍼뜩 그는 예루살렘을 상징하는 기념물이 이슬람 사원이구나 하는 생각이 든다.

이튿날 아침 그가 속한 관광단은 목사의 인도로 기도를 마친 후에 곧장 옛 도시로 향한다. 유난히 조심성 많은 일부 개신교도들과 달리 이 그룹은 정원 무덤(Garden Tomb) 대신 성묘 교회에 가기로 했다. 보기에는 훨씬 더 진짜 같아도 가짜가 거의 확실한 정원 무덤을 진짜처럼 취급하지 않기로 한 것이다.

성묘 교회에서 드디어 이 환자에게 심한 고뇌의 징후가 나타나기 시작한다. 눈앞에 펼쳐지는 광경마다 그가 애지중지해 온 환상들과 하나도 닮은 구석이 없다. 도시의 성벽 바깥으로 펼쳐진 초록색 언덕도 없고, 세 개의 십자가가 섰던 자리에는 정교하게 금박을 입힌 제단이 하나 있어 그것을 아토스 산(Mount Athos)의 사제들이 인상을 쓰며 단속하고 있다. 무덤의 위치도 동산이 아니라 거대한 건물 안이며, 그나마 경건한 마음은 향 냄새와 사람들의 체취 속에서 숨이 턱 막혀 버린다.

이 환자는 멍해져서 비틀비틀 걸어 나온다. 마침 그 교회로 십자가를 지고 오는 가톨릭교도들을 보며 그는 도대체 기독교가 이 사람들과 무슨 상관이 있나 하는 의문이 든다. 겟세마네 동산에는 그나마 나무들이라도 있어 다행이지만, 오후에 방문한 다윗 성은 그에게 치명상을 입힌다. 이 작디작고 지저분한 땅뙈기가 구약 성경을 온통 뒤덮다시피 한 그 예루살렘이란 말인가? 다윗이 음욕을 품고 밧세바를 내려다본 건물이 널찍하고 으리으리한 궁전이 아니라 이런 집이었단 말인가? 하나님이 그림을 그리신 캔버스가 이보다는 훨씬 더 컸어야 하는 것 아닌가? 사망의 음침한 골짜기라는 곳은 사람들이 내다버린 냉장고들이며 인분 더미로 가득했다.

그는 저녁식사 시간에 아무 말도 하지 않고 있다가 곧 슬그머니 자기 방으로 들어가 성경책을 편다. 그럴수록 사태는 더욱 악화되어 이제는 잠도 오지 않는다. 이튿날 그는 평계를 대고 무리에서 빠진 다음, 온종일 강박적으로 몸을 씻고 손톱을 깎고 수염을 깎는다. 그리고 입었던 옷을 전부 쓰레기통에 버리고 침대 시트를 찢어 긴 옷을 만든다. 드디어 다음날 먼동이 틀 무렵에 그는 맨발로 성큼성큼 걸어 나가 사역에 착수한다.

이것은 아주 오랫동안 품어 온 생각이나 환상이 현실과 극명한 모순을 이루는 '인지 부조화'의 전형적인 사례다. 이에 대한 합리적인 반응은 생각과 환상을 뜯어고치는 것이지만 이미 그것은 불가능한 일이다. 그러기에는 그동안 정서적으로 투자한 것이 너무 많다. 기존의 생각과 환상은 환자의 존재 자체와 워낙 얽히고설켜 있어 그것을 도려내면 환자 자신의 목숨이 위태로워진다. 그래서 그는 이 부조화를 다른 식으로 해결한다. 자신이 품고 있는 환상들이 사실인 세상, 사람들의 옷차림이 옛날 그대로인 세상을 만들어 내는 것이다. 그러면서 그는 그 세상이 바로 현실임을 자신과 하나님은 알고 있으며, 누구든지 거기에 동조하지 않는 사람은 미혹된 것이고 머잖아 그 오류가 아주 비참하게 밝혀질 것이라고 주장한다.

이와 동일한 증후군을 우리는 보수적인 종교에서 늘 보고 있다. 이들 극성파들은 자신이 주장하는 내용이 현실의 증거와 상반될수록 더 열심히 그 주장을 펼치게 되고, 그 결과로 나머지 세상으로부터 더 고립된다. 하지만 그럴수록 그들은 자신을 타락시키는 다른 세계관들의 세력으로부터 더 쉽게 보호받을 수 있다. 여기에는 '신실한 남은 자'라는 표현의 탓도 크다고 할 수 있다. 논리적 사고가 계발되지 않은 회중은 설교자들이 "우리는 멸시받는 남은 자이며 따라서 우리야말로 참으로 신실한 사람들이다"라고 말하면 그 말을 곧이곧대로 믿기 쉽다.

    정신병원으로 끌려간 그 환자가 정말 구하던 만남은 어떤 만남이었을까? 본인이 아무리 항변한다 해도 그 만남의 대상은 성경의 하나님이 아니라 자기가 생각하는 성경의 하나님이었고 자기가 만들어 낸 하나님이었다. 그것은 관계가 아니라 자위행위다. 다행히 순례가 우리에게 해줄 수 있는 아주 유익한 일이 하나 있다. 순례가 당신을 정신병원에 밀어 넣지만 않는다면, 순례는 자위행위와도 같은 환상을 실존하는 관계로 바꾸어 준다.

7장

어디로 갈 것인가? 하늘과 땅이 맞닿은 곳으로 간다

그대가 무릎 꿇은 이곳은 기도다운 기도가 있는 곳이다.
T. S. 엘리엇, 「네 개의 4중주」[1]

거기서 불어오는 산들바람은 처음 분봉하는 꿀벌들 같고 세상 한가운데서 풀밭 너머로 풍겨 오는 사향이나 향유의 달콤한 향기와 같다.…그곳의 핏방울은 들장미에서 우수수 떨어지는 빨간 열매들 같고 십자가 위에서 흘리는 그리스도의 눈물과 같다.
15세기 노스웨일즈 홀리웰 지방의 시인[2]

세상의 중심은 갈보리 산에서 서쪽으로 4미터 지점에 있다.
무명의 그리스도인 작가, 1101-1104년경

성지들에 관한 이 책을 당신을 사랑하는 마음으로 썼다. 그곳들은 세상의 구주이신 우리 주님께서 몸으로 임재하심으로 말미암아 그리고 그분의 영광스러운 어머니이자 영원한 동정녀인 마리아와 그분의 복된 제자들이 함께함으로 말미암아 거룩해진 곳들이다.
뷔르츠부르크의 요한, 1170년경[3]

어느 날 오후, 반라의 몸에 온통 재를 바른 큰 무리의 요기들이 교통의 흐름을 몇 킬로미터나 끊어 놓은 채 노래하고 춤추며 지나간 뒤에 B가 조용히 말했다. "이 나라가 너에게 어떤 일을 해주는지 아느냐? 이른바 현실의 장막이 어느 순간에라도 걷히면서 놀랍고 멋진 세계가 드러날 수 있음을 네가 믿고 싶지 않아도 믿게 해준다는 것이다."
앤드류 하비[4]

그렇다면 순례를 어디로 갈 것인가? 사랑하는 그분이 계신 곳으로 가야 하는데 거기가 어디인가? 그리고 사랑하는 그분은 왜 그곳에 계시는가?

지금껏 나는 예루살렘에서 많은 시간을 보냈다. 예루살렘의 매력은 끝없이 점점 더해만 간다. 왜 자꾸 그곳에 가느냐고 누가 물으면 내 대답은 상대방에 따라 달라진다. 세상 어느 곳보다 예루살렘에서는 시간당 열 배 이상의 일을 해낼 수 있다고 대답할 수도 있고, 그곳에 켜켜이 쌓인 기막힌 역사를 보노라면 그 맥락에 대하여 희열과 위안을 느낀다고 대답할 수도 있다. 평소에 생각만 하던 것들을 가장 잘 호흡할 수 있는 곳이 거기라고 대답할 수도 있고, 내가 좀 영적이다 싶을 때면 대답을 바꾸어 하나님이 분명히 그곳을 선호하시는 것 같고 그래서 그분을 따라하는 것이 현명해 보인다고 말할 수도 있다. 이 모두가 진실이지만 진실의 전부는 아니다. 그것들은 다 일부분일 뿐이며 더 거대하고 근본적인 대답은 따로 있다. 즉, 예루살렘 근교의 버스 정류장에서 있기만 해도 우리는 이 세상과 다른 세상을 가르고 있는 막이 샐 듯이 아주 얇다는 것과 자신이 바로 그 막과 마주하고 있음을 분명히 알게 된다. 이는 마치 C. S. 루이스의 「사자와 마녀와 옷장」(*The Lion, the Witch and the Wardrobe*, 시공주니어)에 나오는 유명한 옷장 속에 있는 것과 같아서, 뺨에 모피 코트의 감촉이 느껴지면서도 한순간 소나무가 몸에 스치거나 콧잔등에 눈송이가 내려앉을 것만 같다. 예루살렘이 그런 곳인 까닭은 팔레스타인의 십대 아이들이 세뇌를 당해 배낭에 폭약을 넣고 버스에 타서 나와 모든 사람을 당장 다른 세상으로 보낼 수 있는 곳이라서가 아니다. 나는 그보다 훨씬 더 위험한 곳들에도 가 보았지만 그렇게 금방이라도 그분을 만날 것처럼 느껴진 적은 없다.

초기의 켈트족 그리스도인들이 말한 '막이 얇은 곳들'(thin places)이란 하늘과 땅이 맞닿아 이 세상과 저 세상(나는 세상 대신 '차원'이라는 말을 쓰고 싶다)이 유독 서로 가까운 곳이고, 조용히 있으면 하나님이 속삭이시는 소리가 들리는 곳이다.

인간이 무엇이든 간에 인간을 인간 고유의 모습이 되게 한 요소들이 처음 나타난 때는 고고학자들이 입을 모아 말하는 것처럼 후기 구석기시대다. 인간의 의식이 후기 구석기시대에 갑자기 폭발한 것인지, 아니면 고고학 문헌에 폭발처럼 표현되어 있는 것이 허구이며 사실은 인간의 눈이 점차 서서히 뜨인 것인지에 대해서는 결론 없는 토론이 활발하게 진행되고 있다. 어느 쪽이 진실이든 이 새로운 피조물의 특이성은 엄청난 것이다. 좀 큰 박물관에 가서 후기 구석기시대의 전시실을 둘러보라. 그 시대에 나타난 요소들은 그전 시대까지만 해도 어떤 조짐조차 없었던 것들이다. 우선 미술과 음악이 활짝 피어나고, 사람들은 처음으로 북도 치고 음악에 맞추어 춤도 춘다. 또 그들은 기호를 대폭 쏟아내며 그것으로 자신과 주변 세계를 표현한다. 그러나 후기 구석기시대의 혁명이 보여 주는 가장 중요한 특징은, 인간에게서 우주의 다양한 가능성을 정신적 개념으로 설명할 수 있는 능력과 그런 설명을 시도하려는 욕구가 나타난다는 것이다.

그 시대에 벌어진 일이 또 있다. 어떤 사람들은 종교가 기호화 혁명의 산물이라고 말하고 어떤 사람들은 거꾸로 신과의 관계가 집요한 기호화 과정을 촉진했다고 말한다. 하지만 진지한 학자치고 그 일이 벌어진 시기가 이때였음을 의심하는 사람은 없다. 종교와 기호는 신학적 차원은 물론이고 역사적 차원이나 생물학적 차원에서도 근본적으로 밀접한 관계가 있다. 그리고 이 관계는 모호하고 추상적인 것이 아니라 눈으로 직접 볼 수 있게 나타난다.

프랑스의 피레네 산맥 고지에 자리한 아뱅티냥(Aventignan)이라는 작은 마을 근처에 가르가(Gargas) 동굴들이 있다. 2만2천-2만7천 년 전에 그 동굴들에서 살았던 인간들도 신경학적으로는 우리 같은 현대인과 비슷했다. 가르가 동굴 벽에는 바위에 손을 대고 주위에 물감을 뿜어 손의 윤곽이 드러나게 하는 방식으로 어른들과 아이들의 손바닥을 찍어낸 것이 모두 250개쯤 있다. 유럽의 다른 곳에 가면 들소와 큰 사슴과 다른 동물들이 아름답고 정교하게 그려져 있는데 이상하게도 생략된 부분들이 있다. 몸의 어떤 부위들이 빠진 것처럼 보이는데, 실제 생략된 것이다. 그 부위들은 화가들이 일부러 바위의 다른 편에 있음을 그렇게 표현한 것이다. 이 동물들은 말 그대로 발 하나가 다른 세상에 있다. 가르가 동굴 속의 암벽은 이 세상과 영들의 세상을 가르는 막을 상징하며, 사람들은 바로 그 막에 손을 대고 있었다.[5] 우리가 예배드릴 때 하나님을 향하여 손을 들듯 그들도 신들에게 손을 뻗고 있었던 것이다. 이후의 많은 사람들과 마찬가지로 그들에게도 동굴은 이 세상과 다른 세상이 맞닿은 경계선이었고, 그래서 다른 세상에 가까워지고 싶으면 막이 얇은 그곳으로 가면 되었다. 그것이 순례였고 그 동굴은 신에게 바쳐진 곳이었다. 암벽에 찍힌 그들의 손바닥은 우리처럼 먹고 자는 방을 장식하는 벽지 같은 것이 아니었다.

프랑스 남서부에 있는 후기 구석기시대의 한 유명한 유적지에는 신성한 방이 있다. 다른 이유로는 전혀 갈 곳이 못 된다는 사실이 거기가 신성한 곳임을 말해 준다. 그곳은 접근하기가 매우 나빠서 납작 엎드려 한 시간 동안 엉금엉금 기어가야만 한다. 이들 고대인들은 자기들 나름의 거룩한 세계에 가까워지려고 캄

캄한 그곳을 기어가곤 했다. 하늘과 땅이 맞닿은 막이 얇은 곳으로 순례를 떠났던 것이다.

예루살렘은 전형적으로 막이 얇은 곳이다. 거기가 원래 막이 얇아서 하나님이 그곳을 선택하셨는지 아니면 순례자들의 신실한 발이나 집요한 손에 닿아 막이 얇아졌는지는 나도 모르겠다. 아마 양쪽 다일 것이다.

기도나 악행이 장소를 변화시킬 수 있음은 틀림없는 사실이다. 기도하는 장소는 언제나 대개 푸근하고 마음을 끌어당기는 반면, 저주를 받았거나 엄청난 악이 자행된 장소는 햇빛 속에서도 부들부들 떤다. 그래서 아우슈비츠에서는 새들도 지저귀지 않는다. 하지만 그것이 거룩한 곳이 지닌 특징의 전부는 물론 아니다. 하나님이 예로부터 유독 예루살렘을 좋아하셨다는 사실은 그것으로 설명되지 않는다.

거룩한 곳이라는 개념은 인류 보편적인 것이자 생명력이 질긴 것이다. 또한 그곳은 신의 세계에 유난히 더 쉽게 접근할 수 있는 곳이다. 이 개념은 동굴, 신령한 숲속, 특정한 나무(예컨대 북유럽 신화에는 여러 세상이 하나로 연결된 물푸레나무가 나오는데 그것이 「잭과 콩나무」 같은 이야기들에 응용되기도 했다), 신령한 산, 복된 샘 등으로 시작되어 차차 교회, 도시, 국가로 발전해 나갔다.

힌두교 경전 「스칸다 푸라나」(Skanda Purana)의 한 부분인 "카시 칸다"(Kashi Khanda)의 저자는 "이 땅에 거룩한 곳들이 많지 아니한가?"라고 물은 뒤 이렇게 말을 이었다.

> 하지만 그중에 카시('빛의 도시'라는 뜻으로 인도에 있는 힌두교 성지—역주)의 먼지 한 톨에라도 견줄 만한 곳이 어디인가? 바다로 흐르는 강들이 많지 아니한가? 하지만 그중에 카시의 극락 강과 같은 것이 무엇인가? 이 땅에 해방의 벌판이 많지 아니한가? 하지만 시바 신에게 한 번도 버림받지 않은 이 도시의 가장 작은 땅뙈기에라도 필적할 만한 곳은 하나도 없다. 갠지스 강과 시바 신과 카시, 이 삼위일체가 지켜 주는 곳이니 사람을 지극한 복으로 인도하는 은혜가 이곳에 있음은 자명한 이치다.[6]

이런 종류의 예찬은 어디서나 볼 수 있는데, 내 친구 스티브는 여기에 대하여 이렇게 말했다.

> 여기서 우리는 하나님과 인간의 관계에 관한 근본적이고도 해로운 하나의 오해를 볼 수 있다. 그리스도인들은 결코 그런 식으로 생각해서는 안 된다. '거룩한 곳'이란 없다. 이 세상과 다른 세상을 휘장이 가르고 있다는 이 모든 공론이 그 오류를 아주 잘 보여 준다. 예수님이 돌아가셨을 때 지성소와 바깥세상을 가르고 있던 휘장이 위에서부터 아래로 찢어졌다. 그전까지 예루살렘 성전에 갇혀 있던 거룩한 세계가 그때 바깥으로 다 쏟아져 나왔고, 그래서 이제 신성

한 곳과 속된 곳의 구분이 없어졌다. 세상 모든 곳이 적어도 잠재적으로는 거룩하다. 누군가 죄를 회개하고 예수님께 돌아올 때마다 그의 마음속에 거룩한 곳이 생겨난다. 런던의 히드로 공항도 예루살렘만큼이나 거룩하다. 둘 중 어디서나 똑같이 쉽게 하나님을 만날 수 있다.

스티브의 말은 '똑같이 쉽게'라는 두 단어만 빼고는 꼭 맞는 말이다. 우리 인간이라는 존재에게는 장소도 중요하다. 우리는 그냥 세상에 태어난 것이 아니라 그 속의 어느 특정한 장소에 태어났다. 인간과 물질의 관계, 인간과 장소의 관계는 장소라는 것에 현실적인 의미는 물론 신학적으로 정당한 의미를 부여한다. 스페인의 철학자 호세 오르테가 이 가세트(Jose Ortega Y Gasset)는 "당신이 살고 있는 곳의 풍경을 말해 주면 당신이 어떤 사람인지 말해 주겠다"[7]라고 썼다. 성경은 마치 **출신 지역**이 그 사람의 본질에 대해서 뭔가 말해 주기라도 하듯이 '다소 사람 사울', '나사렛 예수', '구레네 사람 시몬', '마게도냐 사람', '모압 여인 룻'처럼 번번이 사람들의 고향을 밝히고 있다. 심지어 유목민도 출신 지역이 있는 법이다.

소설가 윌리엄 골딩(William Golding)은 자기가 자란 집이 '개인적 신화'의 보고(寶庫)라 했거니와, 흔히 장소란 우리가 공유하는 중요한 신화들의 보고다. 풍경은 사람을 바꾸어 놓는다. 사람은 카멜레온과 같아서 땅에 가까이 누울수록 땅을 닮아 가는데, 이것은 좋은 일일 수도 있고 나쁜 일일 수도 있다.

흔히들 순례를 가리켜 자신의 '신성한 중심부'로 돌아가는 일이라 말한다. 이 표현은 반드시 현대 그리스도인들의 심기를 건드릴 수밖에 없다. 거기에는 바람직한 역사적 이유와 바람직하지 못한 신학적 이유가 있다. 하지만 누구든 자신이 경험한 순례를 묘사하다 보면 이런 식의 표현을 피하기가 어렵다. 순례를 다녀온 사람들의 여행담을 들어 보면 대개 이런 식이다.

> 하나님이 나를 거기로 부르시는 것 같아 그곳에 갔다. 거기는 하나님이 나와 함께 특별한 일을 하실 곳이었다. 나에게 그곳은 세상의 중심, 아니 우주의 중심이었다. 그분이 미소를 지으시며 거기서 나를 기다리고 계셨기 때문이다. 내 여정이 그곳에, 즉 그분께 더 가까워질수록 나는 점점 더 나 자신, 진짜 나, 하나님이 지으신 본래의 나가 되어 가고 있었다. 주변부에 있는 것들은 다 벗겨져 나갔고, 나의 중심부에 있는 그것 말고는 모두가 점점 더 줄어들었다. 그리고 나의 중심부에 있는 그것이 그분과 똑같은 재료로 되어 있음을 점점 더 깨닫게 되었다. 그분이 그 성지의 중심이셨다. 그곳에 가까워지자 '내 안에 계신 그분'과 내가 점차 그분과 하나로 겹쳐졌다.

물론 우리는 이런 경험담을 조심해야 한다. 기독교는 인간과

신이 동화된다는 개념을 거부한다. 하나님께 가까이 갈수록 점점 더 나라는 구별된 개체가 되는 것이지 그 반대가 아니다. 아울러 기독교는 우리 안에 있는 모든 것이 선하거나 하나님에게서 났다고 말하지도 않는다. 하나님은 거룩하시지만 우리 안에는 거룩하지 못한 모습들이 많이 있다. 그래서 당연히 조심해야 하지만, 그렇다고 많은 순례자들이 발견하는 위대한 진리들까지 놓쳐서는 안 된다. 파리에서 산티아고까지 걸어간 웬만큼 민감한 순례자들에게 자신의 경험을 말해 보라고 한다면, 그들이 사용하는 표현에서 학식 있는 힌두교도나 수피교도를 떠올리지 않기란 어렵지 않다. 그렇다고 산티아고의 경험을 몽땅 사탄에게서 비롯된 것으로 생각한다면, 아마 당신은 이 책을 여기까지 읽지도 않았을 것이고 당신과 나는 정말로 피차 할 말이 거의 없을 것이다.

순례를 가는 곳이 하나님을 특별히 친밀하게 만날 수 있는 곳이라는 개념은 유대교와 기독교에 강하게 나타난다. 그리고 모든 곳 중에서 가장 막이 얇은 곳은 당연히 예루살렘이다. 선택받은 다른 곳들도 있지만 하나님의 목록에서 으뜸은 단연 예루살렘이다. 많은 문헌을 보면 예루살렘은 문자 그대로 중심이다. 어떤 의미에서 다른 순례 장소들은 예루살렘이 늘 가기 쉬운 곳만은 아니기 때문에 은혜로 그 역할을 허락받은 부도심지 내지 체인점 같은 곳들이다. 에스겔 5장 5절은 "주 여호와께서 이와 같이 이르시되 이것이 곧 예루살렘이라. 내가 그를 이방인 가운데[중심]에 두어 나라들이 둘러 있게 하였거늘"이라고 말한다. 이것이 예루살렘을 보는 유대교와 기독교의 전통이다.

로마 시대의 유대교 문헌인 「미드라시 탄추마」(*Midrash Tanchuma*)에는 다음과 같은 가르침이 나온다.

> 배꼽이 인체의 중심에 있듯이 이스라엘 땅은 세계의 배꼽으로 세계의 중심에 자리잡고 있다. 이스라엘 땅의 중심은 예루살렘이고 예루살렘의 중심은 성전이다. 성전의 중심은 지성소이고 지성소의 중심은 언약궤와 지성소 앞의 주춧돌이다. 거기서 세상이 건설되었기 때문이다.[8]

십자군도 같은 생각이었는데, 다만 그 시대에는 정확한 중심이 성전 산의 초석[이슬람교에서 신성시하는 지금의 사크라(Sakhra, 바위)로 바위의 돔 사원 안에 있다]이 아니라 모퉁이를 바로 돌아선 지점이었다. 아크레(Acre)의 주교 자크 드 비트리(Jacques de Vitry)는 "[예루살렘은] 세계의 중심에 있고 지구의 한가운데 있어 누구라도 그쪽으로 발길을 돌릴 수 있다. 예루살렘은 족장들의 유산, 선지자들의 유모, 사도들의 여주인, 구원의 요람, 우리 주님의 집, 우리 신앙의 어머니다"[9]라고 썼다. 예로부터 그것이 정통 시각이었다. 성묘 교회의 돌어귀에는 그리스어로 "여기 지구의 중심에서 하나님이 구원을 이루셨다"[10]라는 글귀가 새겨져 있다. 15세기의 여행가 윌리엄 웨이는 그 글귀를 자신의 수첩에 정성 들여 옮겨 적었다.

영국의 헤리퍼드 대성당에 가면 1300년경에 제작된 유명한 마파 문디(Mappa Mundi, 세계 지도)를 볼 수 있다. 거기 보면 예루살렘이 한가운데 있고, 다른 모든 지역은 모든 신학이 그러하듯이 그곳을 중심으로 돌아간다. 요즘도 예루살렘 성묘 교회의 가이드들은 사무적으로 그리스도의 무덤 바로 동쪽을 세계의 배꼽 즉 중심점으로 지목한다. 물리적인 예루살렘과 영적인 세계가 서로 연결되어 있다는 시각이 하도 깊이 배어들다 보니 어떤 사람들은 둘을 혼동하여 서로 융합시키기도 한다. 민중 십자군(People's Crusade)의 일부 무지한 병사들은 자신들이 정말 새 예루살렘으로 행진하고 있는 줄로 알았고 지휘관들도 굳이 그 오류를 고쳐 주지 않았다. 시오니즘을 부르짖는 현대 기독교의 일부 순진한 부류에서도 그와 똑같은 사고방식을 볼 수 있다.

대체로 유대교의 사상가들은 기독교의 진정한 묵시적 전통을 대부분의 그리스도인들보다 더 잘 이해해 왔다. 카발라의 가장 중요한 문헌인 「조하르」(Zohar, 광명)에 이런 말이 있다. "우리 스승들에 따르면 하나님은 천상의 예루살렘의 모형을 본떠 지상의 예루살렘을 만드셨고 그 둘은 정확히 서로 마주하고 있다. 때가 되면 하나님은 천상의 예루살렘이 아래로 내려오게 하실 것

이고…그러면 어머니와 딸이 만나 둘이 하나가 될 것이다." [11]

그러니 사람들이 예루살렘에 가고 싶어 하는 것은 당연한 일이다. 예루살렘은 과거에 모든 일이 벌어진 곳만이 아니라 앞으로 모든 일이 벌어질 곳이다.

예루살렘에 온 클라우스(Klaus)라는 독일인 순례자는 루터교 숙소에서 삶은 달걀을 먹으며 이렇게 말했다. "그래서 나는 세상의 주변부에서 노닥거리고 싶지 않다. 나는 진품을 원하며 중심부에 있고 싶다. 이렇게 예루살렘에 올 수 있는데 기독교 놀이동산에나 가야 할 까닭이 무엇이며, 셰익스피어의 작품을 읽을 수 있는데 신문 나부랭이나 읽어야 할 까닭이 무엇인가?"

중심부에 꼭 가 보는 것까지야 좋지만 우리는 마파 문디와 클라우스가 범한 오류를 범해서는 안 된다. 스티브의 말은 우리가 처음에 인정했던 정도보다 더 옳았다. 예수님의 죽음과 부활은 우주의 영적 지형에 일대 지각변동을 일으켰고, 그리하여 중심부에 있던 은혜의 샘이 모든 곳으로 분산되었다. 이스라엘과 팔레스타인에 있는 예루살렘은 결정적으로 그리고 중대한 의미에서 그 독점권을 잃었다.

이것이 무엇을 의미하고 무엇을 의미하지 않는지 분명히 해 둘 필요가 있다. 우선은 스티브가 지적했듯이 히드로 공항도 거룩한 곳이다. 하지만 이미 보았듯이 사람에 따라 마음에 공명이 더 잘 되는 곳들이 있다. 예컨대 예루살렘에 있는 것이 나를 비롯한 많은 이에게는 유익하다. 이것이 신학인지는 나도 잘 모른다. 어디까지가 신학이고 어디부터가 카를 융(Carl Jung)과 루퍼트 셸드레이크(Rupert Sheldrake) 등이 말하는 인간과 장소의 연관성을 설명하는 것인지 모르겠다. 하지만 그보다 더 근본적인 것은 예수님이신 하나님의 속성이 언제나 반드시 역설로 표현된다는 사실이다. 가장 크게 되려는 사람은 오히려 가장 작아질 것이다. 여정의 과정 자체와 도중에 지나가는 주변부의 땅을 무시한 채 중심부로 직행한다면 당신은 분명 중심부를 놓치고 말 것이다. 독특하게도 기독교 순례에서는 전통적으로 도착점보다 여정 자체가 더 중요하다. 그렇다고 도착이 중요하지 않다고 말한다면, 그것은 옳지 않다(특히 우리의 영원한 종착점은 더욱더 중요하다). 하지만 비록 특정 성지에서 특정 성인을 만나는 것이 당신의 목표일지라도, 당신은 도시 바깥의 빈민가에서 그 성인은 물론 그보다 더 큰 분도 만나게 될 것이다. 왕궁의 중심부인 알현실에서 이루어질 줄로 알았던 만남이 오줌에 찌든 버스 정류장에서 실제로 일어난다. 그것은 그 버스 정류장 자체가 왕궁이기 때문이다.

* * *

예수님은 "네 보물 있는 그곳에는 네 마음도 있느니라"[12]라고 하셨다. 거꾸로 우리 마음이 있는 그곳에 우리 보물도 있다는 말이 된다. 그렇다면 어디로 순례를 가야 할까? 진부하게 들리겠지만 당신의 마음을 따라가야 한다. 책상에 앉아 있는데 당신의 마음이 광활한 잿빛 하늘과 부서지는 파도와 창공을 맴도는 갈매기 떼에 대해서 말한다면, 아이오나(Iona: 스코틀랜드의 성지―역주)로 가야 할지도 모른다. 당신의 꿈에 뜨거운 돌과 얼음장처럼 차가운 별들과 발가락에 피가 도는 소리가 들릴 정도로 깊은 침묵이 자꾸만 나온다면, 사막에 가서 앉아 있어야 할지도 모른다. 산스크리트어로 고대의 가야트리(Gayatri) 염불을 외우는 소리가 들려오고 우주가 멈추어 그 소리를 듣고 있음이 느껴진다면, 당신은 비드 그리피츠(Bede Griffiths) 신부가 인도의 타밀나두에서 운영한 샨티바남(Shantivanam) 수도원에 가서 어둠 속에 가부좌를 틀어야 할지도 모른다. 거기에 가면 박쥐들이 날개 치며 야자수를 빙빙 돌고 베네딕트회 수사들이 영성체 도중에 이런 노래를 읊는다.

옴 부르 부라 스바타
타트 사비투르 바레니암
바르고 데바사야 디마히
디고 요 나 프라호호디아트

번역하면 다음과 같다. "땅과 하늘과 그 너머에 말씀이 있나니,

그 말씀에 인사하라. 생명을 주시는 하나님의 그 찬란한 영광을 묵상하라. 그분이 우리의 묵상에 빛을 비추어 주시리." 혹시 여기서 당신의 마음이 불안해진다면 범신론 자체를 경계하라. 정말이지 그 수사들은 무슨 이상한 사람들이 아니다. 혹시 당신에게 용기와 믿음이 있다면(나는 아니다) 당신도 나룻배에 올라 바람 부는 대로 정처 없이 바다로 나갔던 그 아일랜드의 수사들처럼 해야 할지도 모른다.

무엇보다도 당신이 갈 곳을 다른 사람이 시키는 대로 정해서는 안 되며, 특히 순례에 관한 책을 쓴 저자의 말대로 해서는 더더욱 안 된다. 이것은 다른 사람과는 아무런 상관이 없는 일이지 않은가.

그러나 장소야 어디가 됐든 반드시 떠나라.

8장
짐 꾸리고 준비하기

무엇이든 단순한 것이 중요하다. 일도 오만가지가 아니라 두세 가지만 하라.
셈도 백만 단위가 아니라 대여섯까지만 하고, 이야기도 아주 간결하게 하라.
헨리 데이비드 소로[1]

꾸물거리지 말고 어서 예루살렘으로 발걸음을 재촉하라.
윌리엄 웨이[2]

이번 장은 짧다. 떠나는 일이 실제보다 어렵다는 인상을 줄까 봐 더 길게 쓰고 싶지는 않다. 요컨대 핵심은 떠나라는 것이다. 짐을 많이 가져갈 것도 없고 준비에 대해 너무 걱정할 것도 없다. 당신이 어떤 상황에 준비되어야 하든지 간에 여정 자체가 당신을 준비시켜 줄 것이다.

2500년 전에 노자(老子)는 "천릿길도 한 걸음부터"[3]라 했는데 우리는 그것을 망각하기 일쑤다. 어떤 탐험가는 "당신이 할 수 있는 일 또는 꿈꾸는 일이 무엇이든 간에 일단 시작하고 보

라. 그런 대담함 속에 실력과 괴력과 마력이 들어 있다"[4]라고 독려하기도 했다. 지금 떠나는 것이 가장 편한 신발 없이 가는 것을 의미한다면, 그것 없이 떠나라. 새로운 종류의 편안함을 도중에 만나게 될 것이다. 예수님을 따르는 기독교가 무모한 것처럼 당신의 여정도 그것을 닮기를 바란다. 예수님께 부름받은 어부들은 즉시 생계 수단을 버리고 그분을 따랐다. 주변 사람들을 충분히 배려해야 하지만 만일 지금 떠날 수 있다면 지금 떠나라.

당신이 가져가야 할 짐은 무엇일까? 당신이 필요하다고 생각하는 것보다 훨씬 적다. 꼭 필요한 것들은 가면서 다 채워지게 되어 있다. 마태복음 10장 9-10절 말씀을 최대한 그대로 따라 보라. "너희 전대에 금이나 은이나 동을 가지지 말고 여행을 위하여 배낭이나 두 벌 옷이나 신이나 지팡이를 가지지 말라."[5] 요즘은 세상이 약간 달라지기는 했지만 그래도 셔츠는 하나면 충분하고 그것을 빨아 입으면 된다. 당신이 가져가려고 생각하는 그 가방은 너무 크다. 목적지가 어디냐에 따라 필요한 짐이 달라지겠지만 그래도 여권, 신용카드 하나, 약간의 현금, 스웨터 하나, 여벌로 양말 한 켤레와 속옷 한 벌, 가벼운 방수 재킷 정도면 충분하다. 책을 가져갈 것인지 말 것인지는 그곳에 다른 사람들이 있을 것인지 아닌지에 달려 있다. 다른 사람들이 있을 거라면 그들을 책으로 삼으면 된다. 나는 로버트 페이글스(Robert Fagles)가 번역한 「오디세이아」를 노이로제처럼 늘 가져가는 습관이 있다.

그리고 지퍼가 달린 손때 묻은 작은 성경책도 가져가는데, 그렇다고 여행 중에 많이 읽었다고는 말할 수 없다.

가져갈 짐을 다 챙겼으면 짐 하나하나에 대하여 이렇게 물어보라. "여정 중에 예비되어 있을 다른 것들을 누리는 데 이것이 오히려 방해가 되지는 않을까?" 만일 그렇다면 그 물건은 두고 가라(「오디세이아」도 물론 이 부류에 해당되니 나는 지금 위선자다). 섬뜩한 말이지만 우리 인간이란 자신이 소유하고 있는 물건의 목록에 지나지 않는다. 물건 없이는 우리 존재마저 없어질 정도로, 우리는 물건에 절대적으로 의존하며 살아간다. 그러므로 아주 작은 가방은 우리 자신을 되찾는 데 도움이 된다.

지금부터 중세 순례자들에게서 전해 내려온 짐의 목록을 훑어볼 텐데, 한 번 읽어 보고 대체로 무시하면 된다. 윌리엄 웨이는 젖은 짐과 마른 짐을 넣을 통이 따로 있어야 한다고 조언했다. "손전등과 양초와 침구류와 요리 기구를 챙겨야 하고, 혹시라도 정규 시설을 사용하러 갑판에 올라갈 수 없을 만큼 몸이 아플 경우에 대비하여 요강도 있어야 한다."[6] 그는 또 베네치아에 가면 성 마르코스 성당 바로 옆에 한 상점이 있어, 거기서 반품을 허용한다는 조건으로 깃털 매트리스와 베개와 시트를 판다고 귀띔해 준다. 웨이는 휴대용 제단을 가져가도 된다는 특별 승낙을 교황 비오에게 구하여 얻어냈다. 그가 쓴 성지 여행 안내서에는 "술집이 어디 있습니까?"라든가 "좋은 포도주가 있습니까?"

따위를 현지어로 물을 수 있는 회화 문구까지 실려 있다. 술을 좋아하기는 '유쾌한 앤드류'도 마찬가지였다. 그는 약이 된다는 구실로 순례자들에게 포도주를 처방했고(포도주는 "사람의 정신을 자극하고 마음을 위로하고 간을 씻어낸다"), "자물쇠와 열쇠가 딸린 큰 궤를 사서 포도주와 그 밖의 필수품을 그 안에 보관해야 한다"[7]라고 역설했다. 1480년에 예루살렘 성지를 여행한 밀라노의 산토 브라스카(Santo Brasca)가 작성한 짐의 목록도 웨이의 목록과 놀랍도록 비슷하다. 그가 필수품으로 꼽은 것들로는 실내용 변기나 뚜껑 달린 양동이(용도가 분명하다), 포도주 한 통, 물 한 통, 바닥까지 닿는 비옷(노숙용인데 노숙은 아주 실제적이고 경제적인 방법이며 많은 교훈을 가르쳐 준다), 위장을 다스리는 생강 시럽, 다량의 과일 시럽(열을 내려 준다) 등이다. 비슷한 맥락에서 당신의 작은 가방에 설사약과 수분 보충제를 조금 넣는다 해도 단순성의 원칙에 크게 어긋나지는 않을 것이다.

일단 어디로 갈지를 정했으면 당신의 부재가 미칠 영향에 대해서나 여행의 실제적인 부분들에 대해서 반드시 다른 사람들과 상의해야 한다. 순례는 이기적인 행락이 아니기에 순례를 핑계로 하나님이 당신에게 모든 책임에서 손을 떼라고 명하셨다고 말해서는 안 된다. 당신이 어질러 놓고 간 것을 다른 사람들이 치우게 해서도 안 된다. 그것은 순례가 아니라 착취다. 미결 서류함의 일을 전부 처리하고, 모든 것을 깨끗이 정리해 놓고, 이

메일에도 당분간 자리를 비운다는 메시지를 남겨 두라.

아일랜드의 성 브렌던(St. Brendan)은 서쪽에 약속의 땅이라는 신비의 섬이 있다는 말을 자신을 방문한 바린드(Barrind) 수사에게서 듣고는, 그때부터 그곳에 가고 싶은 마음이 간절했다. 하지만 그는 공동체의 일원이었으므로 맡은 일을 그냥 놓고 갈 수는 없었다. 그래서 그는 수사들을 모아 놓고 그 문제를 의논했다. "나와 함께 선한 싸움을 싸우는 소중한 여러분에게 조언과 도움을 구합니다. 지금 내 마음과 생각은 성인들의 약속의 땅을 찾아가야 한다는 이 한 가지 결심에 쏠려 있습니다."[8]

순례의 출발을 축복하거나 공표하는 의식을 생각해 보는 것도 좋다. 의식이 복잡할 필요는 없으며, 이 때문에 출발이 지연되어서도 안 된다. 다만 그 의식을 통하여 당신은 새로운 사명을 띤 사람으로 자타의 공인을 받게 된다. 그렇게까지 해 놓고서 여행 계획을 취소한다면 창피할 텐데, 이 창피함이야말로 아주 좋은 것이다. 이것은 다분히 돌이킬 수 없는 첫걸음이다. 첫걸음부터 확실히 복되게 내딛으면 이어지는 걸음들도 복된 걸음이 될 소지가 높다. 습관은 중요한 것이므로 거룩함의 습관을 들이라.

무슬림 작가 아미르 솔타이 셰이콜레슬라미(Amir Soltai Sheikholeslami)는 출발 의식에 대하여 모국어인 이란어로 이렇게 썼다.

나는 이란에서 자랐는데 여행을 떠날 때마다 할머니가 집안의 코란을 들고 급히 쫓아와 다시 우리를 안에 들인 다음, 우리 머리 위로 코란을 빙빙 돌리면서 예언자 마호메트와 그의 일가족에게 우리 여행을 지켜 달라고 기도했다. 그러면 그 신성한 경전이 거룩한 향기처럼 우리를 감싸곤 했다. 우리 형제는 코란에 입을 맞추고 나서야 문을 나설 수 있었다.[9]

이 할머니는 기도가 여행에 미치는 위력을 아는 사람이었다. 여행자의 발을 기도의 '거룩한 향기'에 적셔서 보내면 모든 걸음이 기도로 바뀐다는 것을 할머니는 알았다. 이것은 마치 기도의 수레바퀴를 굴리거나 불교에서 기도의 깃발을 펄럭일 때마다 그것이 곧 기도가 될 수 있는 것과 마찬가지다. 이 할머니의 기도는 우리가 흔히 교회에서 듣는 '발걸음에 은총을 베풀어' 달라고 건성으로 중얼대는 기도와는 뚜렷한 대조를 이룬다.

앞에서 살펴보았듯이 여행자들 중에는 몸을 정결하게 하는 의식이나 금욕과 청빈을 다짐하는 의식을 행하는 사람들도 있다. 굳이 거기에 얽매일 필요는 없지만 유익할 수 있으므로 고려해 볼 만하다. 길이 과연 거룩한 곳이고 당신이 길에서 더 거룩해지고자 한다면 그 일을 지금부터 시작하면 된다. 출발한다는 표시로 몸을 씻는 의식을 행하는 것도 좋다. 격식을 갖출 필요는 없고 강에서 수영을 하거나 찬물로 목욕을 하면 된다. 입고 갈 옷만 빼고 모든 옷을 태우면서 그 불에 소시지를 구워 먹는 것도 좋다.

중국의 선종(禪宗)에 이상적인 순례자의 야심 찬 기원을 담은 순례의 노래가 있는데 토머스 머튼(Thomas Merton)이 그것을 인용했다. 당신도 그것을 지향하기는 하되 잘 안 된다 해도 자책하지는 말라.

> 품행이 얼음이나 수정처럼 투명해야 한다.
> 명예나 부를 구해서는 아니되고,
> 온갖 더러운 것에서 벗어나야 하며,
> 다니며 묻는 일 외에는 삼가야 한다.
> 산을 넘고 강을 건너며 몸과 마음을 수련할 것이며,
> 도에 밝은 현인들과 벗하되 매번 예를 갖추어야 한다.
> 악천후에도 아랑곳없이 눈발에 맞서 빙판을 걸어야 하며,
> 파도를 가르고 구름을 헤치며 악마와 악귀를 쫓아야 한다.[10]

물론 순례에 관한 지침은 기독교에도 있으며, 목적은 주로 '묻는' 것이 아니라 만나는 것이다. '현인'은 당신이 길을 가다가 부딪치는 모든 사람들이며, 특히 상대가 마약에 취해 있거나 정부의 지원을 받는 가난한 사람들이라면 더욱 그렇다. 굳이 악마나 악귀를 찾아다닐 것도 없다. 당신이 그러지 않아도 그것들이 당신을 찾아올 것이고, 당신을 보면 비명을 지르며 달아날 것이다.

9장
여정: 새로운 눈을 얻다

열정이 그 위력을 유감없이 발휘하는 때는 대개 인생의 유년기다. 그때 우리는 거룩한 세계와 끈끈히 이어져 있으며, 장난감을 가지고 놀 때는 인형들이 살아나고 병정들이 실제로 행진하는 것처럼 완전히 빨려든다.
파울로 코엘료[1]

훌륭한 여행자는 재미없는 곳들도 마다하지 않는다. 실이 안으로 들어가 목걸이를 꿰듯이 여행자도 어느 곳이든 안으로 들어간다. 온갖 뜻밖의 일들이 펼쳐지는 미지의 세상 자체가 여행의 일부며 그렇게 함께 어우러지는 것이 여행자와 관광객의 차이다. 관광객은 마치 극장에 있으면서도 자신은 연극의 일부가 아니라는 듯 멀찍이 떨어져 있다.
프레야 스타크[2]

나는 밤에만 걸었다. 그곳은 스코틀랜드였으니 사막의 아랍인들처럼 날이 더워서 그랬던 것은 아니다. 낮에는 지저분한 일들이 벌어졌지만 밤은 더 친절했기에 나는 밤에 내 오감을 다시 깨우고 싶었다. 도시에서 낮에 사용하는 눈과 귀와 코가 밤에는 필요 없다. 평소에 우리의 감각 기관들은 본래 지어진 용도보다 훨씬 더 심한 자극들에 시달리며 민감성을 잃어가기 마련이다. 나는 내 눈과 귀와 코가 다시 꼭 필요한 것들이 되었으면 했다. 그것들이 할 수 있는 일이 무엇이며 그동안 내가 놓치고 살아온 세계가 무엇인지 알고 싶었고, 그리하여 본래 지음받은 모습의 동물이 되고 싶었다.

낮에는 관목 밑이나 키 작은 참나무 수풀이나 강가의 후미진 곳에서 잤다. 방수 침낭이 있었지만 되도록 사용하지 않았다. 동이 트고 두 시간이면 이슬방울에 젖은 옷이 햇볕에 바짝 말랐고, 안개가 깔릴 때면 나도 땅처럼 그 안개를 입고 싶었다. 사람을 만날까 봐 점점 두려워졌으나 그 두려움이 자랑스러웠다. 그것은 내가 발전하고 있다는 표시였다. 두려움과 함께 예민한 감각도 따라왔다. 저 멀리 골짜기를 가로지르는 사슴이 보였고, 수달이 휘파람 소리를 내기도 전부터 물장구치는 소리가 들렸으며, 한 시간 전에 양떼를 모아 떠난 사람들의 퀴퀴한 냄새가 났다. 여우 한 마리가 나를 보고 화들짝 놀라기도 했다. 나는 공책에 사춘기 아이들이 쓸 법한 내용을 적었고, 신발 소리가 지긋지긋한데다 신발 때문에 내가 지금 어디에 있으며 정말로 얼마나 연약한 존재인지를 잘 느낄 수 없었으므로 신발을 벗어 버렸다. '하늘을 옷 삼아'(완전히 발가벗고) 인도를 방랑하는 힌두교의 **탁발승**들이 부러웠다. 생각해 보니 그들이 나보다 훨씬 더 치열하게 살고 있었고, 예수님이 최소한의 것만 가지고 여행하라고 가르치신 정신도 그들이 훨씬 더 잘 실천하고 있었다. 문득 나는 절대 무소유인 사람을 부러워하고 있는 내 모습에 웃음이 났다. 이런 여행을 더 자주 해야겠다는 생각, 그러노라면 나도 사람다운 사람이 될지도 모르겠다는 생각이 들었다.

그러다 피곤하고 심심해져 기차를 타고 런던으로 돌아왔다.

알베르 카뮈(Albert Camus)는 "인간은 생긴 그대로이기를 거부하는 유일한 피조물이다"[3]라고 썼다.

* * *

모든 순례는 시간을 거슬러 올라가는 여정이며 모든 순례자의 걸음은 유년기로 돌아가는 걸음이다. 이는 하나님 나라의 역설적인 논리지만 그것만이 앞으로 나아가는 길이다. 어린아이들만이 하나님 나라를 유업으로 받는다.

일상에는 새로운 것이 거의 없는데, 이상하게도 우리는 그 상태를 좋아한다. 우리는 새로운 것에 대한 두려움을 피하려고 삶을 조정한다. 새로운 것이 들어오지 못하도록 단조로운 일상, 각종 보험, 나와 뜻이 맞는 사람들 따위로 담을 쌓는 것이다. 하지만 어린아이에게는 모든 것이 새롭다. 아이는 여태 집배원을 본 적이 없기에 집배원의 제복이 눈부시게 멋있기만 하다. 고양이를 볼 때도 아이는 이빨과 털과 위험을, 그야말로 기원과 본질을 우리와는 전혀 다르게 본다. 아이의 눈에 보이는 콘크리트 공터는 온갖 괴물과 신기한 것들로 가득하다.

연약해지는 연습과 시간이 필요하기는 하지만 순례자도 그렇게 될 수 있다. 그에게는 집에 틀어박혀 있는 사람보다 이점이 많다. 순례자는 하나님 나라가 물리적으로 뻗어내려 온 반도에 발을 딛고 있다. 거기는 규칙이 다른 곳이다. 먼저 된 사람이 나중 되고, 크게 되려면 낮아져야 하고, 어린아이가 현자인 곳이다. 순례자는 그런 규칙이 가져다주는 자유를 점차 알게 되며, 돈이 많이 들고 우습고 어쭙잖은 어른의 모습을 버리는 데 대한 두려움도 그 자유를 알기에 극복할 수 있다. 순례자가 무슨 장관처럼 말하면 동행들이 웃을 것이고, 이 또한 그가 어린아이가 되는 데 도움이 될 것이다.

아이에게 온 세상이 전혀 새로운 풍경이듯이 순례자가 낯선 길에 내딛는 모든 걸음은 전혀 새로운 풍경으로 이어진다. 여정은 낯선 것들에 대한 경이의 연속이며 따라서 유아기로 돌아가는 과정의 연속이다. 문화적 위안을 얻고자 자기 교회나 동네 사람들을 데려가는 사람도 있지만 그러지 않는 것이 지혜로운 선택이다. 이런 지혜로운 순례자는 어린아이처럼 여정 중에 들려오는 대부분의 말을 이해하지 못하지만, 덕분에 사람이 사람을 이해하는 데는 더 친밀하고 명료한 다른 방법들도 있음을 알게 된다. 미리 식당과 숙소를 예약하는 사람들도 있지만 그러지 않는 것이 현명하다. 이런 현명한 순례자는 다음 끼니를 어디서 먹을지, 굶지나 않을지, 잠은 어디서 잘지 알 길이 없지만 덕분에 환경과의 관계가 변화된다. 그는 갑자기 다시 의존 상태로 돌아가게 된다. 그것은 옛날에 그가 엄마 품에 안겨 앙앙 울던 때에 알았던 의존이다. 그때만 해도 그의 생존 자체가 전적으로 외부에 달려 있었다. 당신이 태반처럼 땅과 연결되어 모든 것을 땅에서 받는다면 절대로 땅의 특성을 놓치려야 놓칠 수 없다. 그것을 알아보지 못한다는 것은 불가능한 일이다.

물론 우리는 실제로는 항상 뭔가에 철저히 의존하여 살아가고 있다. 우리가 말하는 '삶'이란 다분히 자립이라는 터무니없는 망상을 유지하기 위하여 만들어 낸 정교한 이기(利器)들로 이루어져 있다. 하지만 배낭에 많은 것을 담을 수는 없으며, 당신의 배낭이 제대로 작다면 아무것도 넣을 수 없다. 순례자는 속도 자체의 속도대로, 즉 시간이 흐르는 속도대로 시간 속을 통과한다. 걷는 속도가 자신의 평균치보다 훨씬 빠를 수도 없고 훨씬 느릴 수도 없다. 50킬로미터 거리에 마을이 있다면 그곳에 단 두 시간 만에 도착하여 저녁을 먹을 수는 없는 노릇이다. 시간과 지형이 함께 꾸미는 음모를 순례자는 당해 낼 재간이 없다. (서구 문화 출신이라면) 난생처음으로 그는 시간과 지형 둘 다와 정면충돌한다. 어린아이의 경우에도 시간과의 관계는 각종 마감 날짜와 비행기의 가속 효과, 권태로움의 감속 효과, 인위적인 알람 기능 따위로 뒤틀려 있지 않고 본래 그대로다.

순례자가 걸음을 내딛을 때마다 주문처럼 되뇌어야 할 기도는 "저를 어린아이가 되게 하소서. 저를 어린아이가 되게 하소서. 저를 어린아이가 되게 하소서"이며, 이 기도야말로 꼭 필요하다. 물론 어린아이가 되는 데 본인의 의지와 길 자체가 큰 도움이 되겠지만 그것만으로는 늘 부족하다. 당신에게는 새로운 눈이 필요하며, 그러려면 단순히 개조가 아닌 창조 행위가 필요하다. 하나님이 주시는 새로운 눈은 이전에 보지 못하던 꽃봉오리를 보거나 특정한 돌무더기와 당신의 미묘한 관계를 보라고 주시는 것만이 아니다. 그것이 전부가 아닐 뿐더러 주가 되지도 않는다. 오히려 새로운 눈은 세상 속에서 예수님을 보라고 주시는 것이며, 그러기 위해서 어디를 보아야 할지에 대해서는 아주 강력한 단서들이 이미 우리에게 주어져 있다.

당신이 주님을 향한 첫사랑을 잃어버린 그리스도인이라면 순례가 당신을 다시 사랑에 빠지게 해줄 수 있다. 제일 좋은 것은 아직 늘 남아 있기에, 이번에는 더 좋고 더 풍성한 사랑이다. 순례는 당신에게 냉소나 의혹이나 시기심 없이 어린아이처럼 사랑하는 능력을 줄 수 있다.

카뮈는 "인생이란 자신의 가슴을 처음으로 열었던 두세 가지의 위대하고 단순한 이미지를 예술이라는 우회로를 통하여 다시 찾으려는 느릿한 여정에 지나지 않는다"[4]라고 썼다. 예술가의 삶에 관한 글인데 나는 그 말이 맞다고 생각한다. 하지만 이 말은 인생 전반에도 그대로 적용된다. **활동**을 **삶**으로 바꾸고 "예술이라는 우회로를 통하여"를 빼면 아주 심오한 말이 나온다. 순례는 처음으로 우리 마음을 열었던 그 이미지들을 다시 보게 해주는 그야말로 느린 여정일 수 있다. 순례는 또 성장기의 그런 원초적인 이미지들과 지금 우리가 예배하고 있는 하나님 사이의 연관성을 정리하고 설명해 줄 수 있다. 순례를 통하여 우리는 내 존재의 심연에, 내가 정말 사랑하고 귀히 여기는 모든 것의 핵심에 하나님이 계셨고 지금도 계심을 배울 수 있다. 우리가 이 오색찬란한 세상에 처음으로 경이의 눈을 떠 무조건적인 사랑이라는 고치 속에 있던 그때, 그 색깔과 사랑의 근원이 바로 하나님이셨음을 우리는 순례를 통해서 알게 된다. 순례는 아주 근본적인 차원의 구속이며, 과거로 소급해 올라가는 유아 세례 같은 것이다. 순례는 우리의 유년기에 세례를 주고 유년기와 성인기 사이의 망가진 관계를 치유해 준다. 이런 의미에서 순례란 일종의 거듭남이라 할 수 있다.

하지만 순례에는 위험도 함께 도사리고 있다. 우리는 새로운 것에 익숙하지 못하여 겁이 날 수 있고, 그래서 단조롭지만 확실한 옛것들로 다시 돌아가고 싶어질 수 있다. 두려움은 사람을 더 독하게 만들 수 있기에, 어떤 사람들은 근무 시간에만 쓰는 가면을 더 단단히 움켜쥐기도 한다. 우리에게는 평생을 편협함과 단조로움과 아부하는 버릇과 이기심에 푹 젖어 살아오느라 쌓인 더께가 있다. 그 더께가 순례를 통하여 벗겨져 나가는 것이 아니라 오히려 더 두꺼워질 수도 있다. 그러다 보니 집 떠난 고생을 감당하지 못해 까다롭고 불평 많은 고집쟁이가 되어 중간에 돌아가는 사람들이 늘 있기 마련이다. 이들은 음식, 딱딱한 잠자리, "영어도 제대로 못하면서 늘 나한테 말을 거는 불쾌하고 냄새나고 코고는 사람들"에 대하여 불평을 늘어놓는다. 이런 사람들은 매우 위험한 상태에 있다. 현실과의 괴리라는 만성병을 고치는 최고의 특효약 중 하나가 바로 순례인데, 그 순례마저도 실패로 돌아갔기 때문이다. 순례는 언제나 순례자를 바꾸어 놓는데, 때로는 좋은 쪽이 아니라 나쁜 쪽으로 바꾸기도 한다.

그렇게 거듭난 눈이 있으면 삶도 여행도 훨씬 더 재미있어진다. 이제 당신은 토끼를 볼 뿐만 아니라 **왜** 하필 토끼인지도 보게 된다. 나아가 당신이 세상에 존재하게 된 목적 중 하나가 그 토끼를 보는 것이고 그 토끼가 모태에서 나온 목적 중 하나가 당신을 보는 것임도 깨닫게 된다. 갓난아기 같은 눈을 깜박일 때마다 자신과 풍경의 새로운 연관성을 보게 되고 자신이 혼자라는 느낌이 점점 줄어든다. 아스팔트길이 젖어 반짝이는 것 자체를 기뻐하게 되고, 기쁨의 원인을 기쁨 자체로 돌리는 능력도 자라간다. 풍경이 당신을 바꾸어 놓듯 당신도 풍경을 바꾸어 놓는다. 당신이 그 안에 들어가 있으니 풍경이 바뀔 수밖에 없다. 힌두교의 순례자들이 인도의 신성한 풍경을 만들어 낸 그 의미를 이제 당신도 알게 된다. 그리고 당신이 풍경에 미치는 영향을 귀찮은 의무가 아니라 황홀한 협력으로 느낀다. 당신은 범신론적인 표현을 쓰지 않으려 애쓰겠지만 당신이 이보다 더 범신론자가 아니었던 적은 평생에 없으리라.

파울로 코엘료가 산티아고 데 콤포스텔라에 갈 때 가이드 역할을 했던 페트루스(Petrus)는 "목표점을 향하여 나아갈 때는 길에 집중하는 것이 매우 중요하다. 우리에게 목표점에 도달하는 최선의 방법을 가르쳐 주는 것은 길 자체다. 길은 또 그 먼 거리를 걷는 내내 우리를 풍요롭게 해준다"[5]라고 말했다. 우리의 오감은 온갖 자극에 단련되어 있어 어떻게든 더 많은 정보를 달라고 아우성치겠지만, 페트루스의 말은 맞는 말이며 아주 요긴한 경고다. 과거에 나는 참선에 심취하여 다른 부류의 여정을 떠났던 적이 있다. 혹한의 선방(禪房)에 가부좌를 틀고 앉아 내 입김이 들고나는 것을 주시하는 데만 정신을 팔고 있노라면, "집중!" 하고 날카롭게 외치는 스승의 외마디가 한밤을 가르며 내가 집중해야 할 초점 주위의 흐리멍덩한 세계에 일격을 가했다. 그 외마디 소리는 언제나 적시에 떨어졌다. 이제 나는 주시해야 할 것이 입김 말고도 더 좋은 것들, 적어도 다른 것들이 있음을 안다.

이 모든 과정을 통하여 당신은 은유라는 것에 점점 더 눈뜨게 된다. 풍경 속에서 자신이 차지하는 자리를 알게 되면서 당신은 길이 가르쳐 주는 교훈을 힘들이지 않고 배우게 되는데, 그런 교훈의 많은 부분은 은유로 전달된다. 이 또한 하나님 나라가 즐겨 사용하는 아이러니 중 하나인데, 즉 당신은 완전히 벌거벗은 모습으로 문자 자체에 충실할수록 그만큼 더 상징에 민감해진다. 후기 구석기시대의 원형에 훨씬 더 가까워지는 것이다. 혹시 이를 바탕으로 아담의 신학을 정립하고 싶은 사람이 있다면 얼마든지 그래도 좋다. 양쪽이 서로 완벽하게 들어맞을 것이다.

그 교훈들은 워낙 명백하고 불가피하므로 굳이 여기서 일일이 늘어놓을 필요는 없을 것이다. 물론 당신은 하루를 시작할 때 그날 무슨 일이 벌어질지 모를 것이고, 알았다면 떠나지 않았을 것이고, 그래도 어쨌든 떠나기를 잘했다 싶을 것이다. 물론 높은 산에 올라가면 시야가 더 탁 트이고, 폭풍 뒤에는 무지개가 뜬다. 물론 이런 모든 관찰을 설교에 예화로 곁들이는 것은 지극히 타당한 일이다. 나는 결코 그런 예화를 업신여기거나 그것이 부당하다고 말하려는 것이 아니다. 다만 이런 부분은 굳이 내가 강조하지 않아도 누구나 알게 된다는 말이다. 반면에 내가 꼭 말해야 할 것이 하나 있는데, 이것은 너무나 명백해서 사람들이 쉽게 놓치는 부분이다.

대개 당신은 목적지에 가 있는 시간보다 길 위에서 보내는 시간이 훨씬 더 많다. 진짜 사건이 벌어지는 곳은 대개 길 위다. 역사적으로 도착보다 여정 자체를 강조해 온 **기독교의 순례**를 내가 신앙적으로 유달리 더 유익하다고 보는 데는 바로 그런 이유도 있다. 순례 여정에서 배운 은유들은 우리의 일상생활에 그대로 적용된다. 집에 돌아오면 우리의 모든 시간은 출생에서 죽음으로 가는 여정에 소요되지만, 도착에 관해서는 어차피 아는 것이 별로 없다. 길에서 배운 교훈은 사무실로 옮겨 올 수 있지만 도착에 관한 교훈을 삶의 과정에 적용하기란(내 경우에 시도는 하겠지만) 어렵다.

이처럼 도착이 관건이 아니고 순례 전체가 은유적으로 중요한 것이라면, 실제로 여정이 이루어지는 그곳들은 어떤 의미가 있을까? 여정 전체는 신성한 목적지의 후방 지역에서 이루어진다. 대부분의 학습과 만남이 이루어지는 곳은 **주변부, 변두리**, 초라한 무명의 시골이다. 그런데 성경에서도 그렇고 실생활에서도 그렇고, 히피에다 비주류이며 우상 파괴자이신 하나님을 만날 수 있는 곳은 바로 그런 곳들이다. 하나님을 무슨 조직이나 왕궁에서 찾지 말라. 그분은 그런 것들에 질색하신다. 대신 하나님을 동네의 주변부에서, 하루가 저물 무렵, 당신의 어머니가 알면 기겁할 정도로 중심을 벗어난 모임의 한복판에서 찾으라.

* * *

지금껏 나는 마치 이 모두가 고역이며 기쁨이란 길거리의 보행자들만큼이나 진부한 것처럼 말할 때도 있었지만, 사실은 그렇지 않다. 때로는 황홀경에 취하여 팔을 들고 예배해야만 하는 깨달음의 순간들도 있다. 이 또한 우리네 삶과 비슷하지만, 그런 순간들은 길 위에서 더 쉽게 찾아온다. 들고 있는 짐이 별로 없으므로 팔은 더 가볍고 그래서 더 쉽게 위로 올라간다. 후각도 더 좋아져 몇 킬로미터 밖에서 나는 향냄새까지도 맡을 수 있다.

어떤 때는 하나님이 길에서 우리 쪽으로 파도처럼 밀려오시는 소리가 들린다. 그러면 우리는 마음의 준비를 단단히 하고 하나님이 나를 확 덮쳐 주시기를 기다린다. 어떤 때는 성령께서 우리를 졸졸 따라오시는 것이 곁눈질로 흘긋 보인다. 그러면 우리는 머잖아 그분께 삼켜져 버릴 것을 안다. 자신이 무조건적인 사랑과 수용을 받고 있고 지극히 안전하다는 것을 알게 되면서 어느새 우리 눈에 저절로 눈물이 맺힌다.

습관적인 관광객들은 이런 말을 읽으며 소외감이 들지도 모른다. 그들이 하는 일은 지금 우리가 말하고 있는 것과는 거리가 멀기에, 미안하지만 그것은 당연한 일이다. 로마나 산티아고의 성지를 방문하는 종교 관광객은 연약하지 않은 순례자다. 연약하지 않은 순례자란 네 발 달린 두 발 동물처럼 말 자체가 성립되지 않는다. 물론 순례자들도 여행 안내서를 읽고 명소를 구경하고 여행지 목록에 표시도 할 수 있지만, 관광객은 관광객으로 남아 있는 한 새로운 눈을 얻을 수 없다. 호기심이란 좋은 것인데도 은밀한 영지주의자인 아우구스티누스(Augustinus)가 순례자들의 호기심을 "기도를 방해하거나 어렵게 하는 쓸데없는 것"[6]이라고 비난한 것은 얼마나 잘못된 일인가. 반면에 토마스 아 켐피스(Thomas à Kempis)는 비록 아우구스티누스처럼 호기심을 비난하여 삶을 부정하기는 했어도, "[관광만으로] 삶에 변화가 나타나는 일은 드물다"[7]라고 한 것은 맞는 말이다. 은혜는 위대한 것이라서 8월의 성 베드로 광장에서도 기적을 일으킬 수 있지만, 눈이 열리는 은혜를 에어컨 시설이 완비된 버스 안에서 발견하기란 어렵다. 우리는 몸을 가진 동물인지라 육체의 상태가 정신과 영혼의 상태에도 영향을 미친다.

10장
여정: 발의 물집과 눈의 피로

우리 세대는 여태껏 해 보지 않은 일을 찾아 지구 끝까지라도 가는 세대다. 그러므로 누가 초대하면 거부하지 말고, 낯선 것을 물리치지 말고, 예의를 잃지 말고, 너무 오래 머물러 눈총을 사지 말라. 늘 마음을 열어 두고 경험을 흡수하라. 그러다 몸을 다친다 해도 그만한 가치가 있을 것이다.
알렉스 갈런드[1]

얼마 전에 나는 아무런 이유 없이 북극으로 스키를 타러 갔다. 그때만 해도 몸 상태가 더 좋았던 나는 거만하게 처음부터 속도를 냈다. 그 바람에 더 똑똑한 다른 사람들이 따라올 때까지 멈추어 기다려야 했고 그러다 그만 감기에 걸리고 말았다.

빙하에서 하루를 보낸 뒤 장갑을 벗었더니 왼손 가운데 손가락 끝이 백짓장처럼 하얗게 돌처럼 굳어 있었다(그러잖아도 그 손은 암벽을 오르다 사고가 나서 심한 부상을 입은 터라 추위에 취약한 상태였다). 냉동실의 고깃덩어리처럼 꽁꽁 언 손가락은 그야말로 냉동 고기였다. 무신경하게도 나는 별로 신경 쓰지 않았고, 다른 사람들의 걱정도 들은 척 만 척했다. 손가락 끝이 잘려 나갈 수도 있다는 것을 뻔히 알면서도 열 손가락 중 하나쯤 없으면 어떠랴 싶었던 것이다.

몇 달 후 영국이 푹푹 찌는 듯한 무더위의 어느 여름날, 괴사로 까매진 내 손가락 끝을 만지작거리고 있는데 갑자기 맨아래 손가락뼈가 똑 부러졌다. 나는 티셔츠에 반바지 차림으로 인근 병원에 가서 동상으로 죽은 손가락을 잘라 줄 수 있느냐고 물었다. 간호사는 나를 당장 정신과로 보내야 할 것처럼 쳐다보았다. 지금도 나에게 그것을 권하는 사람들이 늘 있다.

그때 잘라낸 손가락 끝을 나는 플라스틱 상자에 담아 책상 서랍에 넣어 두었다. 가끔 강연에 그것을 가져가 사람들이 지루해 보이면 상자를 흔들곤 한다.

이것은 순례 도중에 부상을 당한 예다. 이 경우에 순례지는 내 자존심의 성소였고 나는 그 성소에서 꾸준히 예배를 드리던 독실하고 훈련된 신자였다.

더 위대한 목표를 추구하다 훨씬 큰 고초를 겪은 순례자들도 있다. 새울프(Saewulf: 십자군이 예루살렘을 수복한 뒤 3년 후에 팔레스타인을 순례한 영국의 여행가—역주)는 1102년에 있었던 자신의 여정에 대하여 이렇게 썼다.

우리는 욥바[현재의 야파(Jaffa)]에서 예루살렘으로 올라갔다. 이틀 걸리는 그 길은 바위가 많고 아주 위험한 산길이었다. 늘 그리스인들을 잡으려고 노리는 사라센 사람들이 산속의 움푹 들어간 곳이나 바위 동굴에 숨어 습격 대상을 찾아 밤낮없이 망을 보고 있었다.···
길 위에나 길가에나 들짐승에게 갈가리 찢긴 사람들의 시체가 지천으로 널려 있었다.[2]

번연의 책은 비록 우화이기는 하지만 순례자들에게 닥치는 온갖 현실적인 위험을 실감나게 그려냈다. 중세 시대에는 물론 다른 시대에도 납치와 약탈은 순례자들이 흔히 당하던 위험이었다. 「천로역정」에 나오는 절망이라는 거인은 순례자들 앞에 우뚝 서서 "내 땅을 밟고 내 땅에서 자는" 이유를 따지며 윽박지른다. 그러다 그들을 의심의 성으로 끌고 가서 지하 감옥에 던지고는 물과 음식과 촛불도 주지 않고 "돌능금나무로 만든 매서운 곤봉"으로 때린 다음, 거기를 벗어나는 방법은 자살뿐이라고 말해 준다. 물론 주인공 크리스천은 거기서 탈출했지만[3] 그렇게 운이 좋지 못한 사람들도 많이 있었다. 중세 시대에 프랑스에서는 관리들이 어느 하숙집 주인의 뒷마당에 있는 헛간을 열었더니 순례자 88명의 시체가 쌀가마니처럼 가지런히 쌓여 있기도 했다.[4] 베네치아에서 이스라엘의 야파로 가는 뱃길에서 터키의 해적들에게 약탈을 당한다든가, 캔터베리에서 런던으로 돌아가는 길에 고문에 못 이겨 터무니없는 바가지요금을 내고 가짜 유물을 억지로 산다든가, 중세 대부분의 시기에 이스라엘 성지를 지배했던 사라센 사람들에게 엄청난 뇌물을 바쳐야 했던 일은 모두 흔한 일이었다. 순례가 한창이던 시절에 유럽을 뒤덮고 있던 삼림지대는 산적이 우글거리던 소굴이었다. 온갖 으스스한 소리가 가득한 그런 괴기한 숲속에서 밤을 보낸다는 것은 결코 안전한 일이 못 되었다.

길을 찾아가는 것 자체도 번연이 중요하게 다룬 또 하나의 문제였다. 지금도 휴대용 내비게이션의 건전지가 떨어지면 얼마든지 쉽게 길을 잃을 수 있다. 산티아고로 가는 카미노의 후미진 샛길에서, 거룩한 섬 린디스판(Lindisfarne)으로 가는 바닷길의 습지에서, 마야의 성지를 찾아가다 중앙아메리카 고지대의 단구나 단조로운 평원에서, 설인의 머리 가죽이 소장된 히말라야의 불탑을 찾아가는 길에서, 예스러움과 혼란스러움이 사방에 자욱한 인도의 뜨겁고 냄새 나는 거리에서 말이다. 번연의 등장인물인 '소망'은 "아, 그때 곁길로 빠지지 않았더라면!"이라고 탄식한다.[5] 번연이 독자인 우리에게 기대한 결론은 "수시로 지도를 보아야 하며 그 지도는 바로 성경"이라는 것이다.

번연은 많은 시간을 할애하여 순례자가 악에 빠질 위험을 경고한다. 순례자가 거룩한 성에 도달하려면 세상적인 겉치레를 상징하는 '허영의 시장'의 달콤한 유혹을 물리쳐야 한다. "신분, 명예, 지위, 감투, 정욕, 각종 쾌락과 유희…창녀, 매춘부…은,

금, 보석, 진주 등" 거기서 파는 값싸고 시시한 물건들에 돈을 쓰면 계속 길을 가는 데 필요한 것이 하나도 남지 않게 된다. 그 밖에도 순례자는 "절도, 살인, 거짓 증언을 당하거나 간음에 빠질" 수 있다. 실제로 책 속에서 크리스천과 신실은 다른 사람을 비방했다고 거짓 고소를 당하는데, 크리스천은 목숨을 건지지만 신실은 화형대에서 죽임을 당한다.[6] 역사상 수많은 개신교인이 가톨릭에게 그리고 수많은 가톨릭이 개신교인들에게 화형을 당한 것과 마찬가지다.

번연의 우화는 허영의 시장 부분에서 힘을 잃는다. 대부분의 사람들이 이미 길을 떠난 것은 애써 허영의 시장을 등졌기 때문에만 가능한 일이다. 대개는 그 해방감이 아주 커서 다시 돌아가고 싶은 마음이 없다. 여정 중에는 비위를 맞추어야 할 상사도 없고, 하나님과 나 자신의 평가 외에는 나에 대한 다른 평가도 없다. 당신은 마지막 등성이에 올라 황금빛 돔과 그 너머로 퍼져나간 유대 광야를 보려고 세상에서 높은 자리에 오르는 것을 포기했다. 게다가 당신은 너무 피곤하여, 몇 킬로미터를 당신 옆에서 함께 걸은 늘씬하고 햇볕에 그을린 독일인 요부와 동침할 마음도 없을 것이다. 그나저나 스무 명이 함께 쓰는 합숙소에서는 간음도 쉽지 않으므로 어차피 가능한 일도 아니다. 물론 수상한 인물이나 위험한 일들은 늘 있기 마련이다. 나만 하더라도 인도의 델리에서 흠씬 두들겨 맞고 추방당한 적도 있고, 네팔의 카트

만두에서는 뇌물을 바라는 부패한 경찰관에게 쫓긴 적도 있다. 하지만 당신의 가방 속에 코카인이 1킬로그램씩이나 들어 있지 않은 이상(가방이 작아야 할 또 다른 이유다) 그런 일들은 진짜 도전이라기보다 나중에 흥미진진한 얘깃거리가 될 만한 불상사에 지나지 않는다.

다음으로 자연의 위험을 빼놓을 수 없다. 번연의 책에 나오는 '낙심의 수렁'이 좋은 예인데, 그곳은 "죄를 깨닫고 양심에 가책을 느끼게 되면서 그 찌꺼기와 오물이 계속 모여드는 저지대"다.[7] 중세의 순례자들도 저지대에 윙윙대는 말라리아모기 때문에 저지대를 두려워했다. 하지만 더 두려운 곳은 흑사병이 도사리고 있던 도시와 추운 고산지대였다. 많은 순례자들이 로마로 갈 때 생 베르나르 고개를 지나 알프스 산맥을 넘었는데 그 악명 높은 고개에서 많은 사람이 목숨을 잃었다. 959년에 캔터베리 대주교인 에일프리지(Aelfrige)가 거기서 얼어 죽었는가 하면 1188년 캔터베리의 존(John of Canterbury)은 수염이 "얼어 긴 고드름이 되었고" 잉크병도 꽁꽁 얼었다.[8]

하지만 순례자의 호스텔에서 밤중에 오가는 대화는 주로 위험보다는 불편함에 관한 것들이며, 그것은 예나 지금이나 다름이 없다. 현대의 여행자들은 음식, 물, 숙소 상태, 화장실 시설, 전반적인 지저분함 따위에 대하여 불만을 토로하는데, 예전의 선조들도 마찬가지였다. 2009년 예루살렘에서 만난 앤디(Andy)

는 "펠라펠(고기와 야채를 다져 넣은 중동의 빵—역주)에서는 아연 냄새가 났고 냉장고가 고장 나 생선은 상해 있었다"라고 말했다. 한스 폰 메르겐탈(Hans von Mergenthal)은 1476년에 성지 예루살렘으로 가는 길에 빵에는 구더기가 득실거렸고 포도주는 "뜨겁고 아무 맛도 없다"라고 썼다.[9] 성당 참사회원이던 피에트로 카솔라(Pietro Casola)는 1494년에 예루살렘에 가는 도중에 그리스산(産) 포도주가 역겹게 느껴졌고 "아주 이상한 냄새가 남아 불쾌했다."[10] 2007년에 아테네에서 델포이까지 걸어간 캐서린(Catharine)도 "그리스 사람들은 어떻게 이런 걸 마시는지 모르겠다"라며 흥분해서 침을 튀겼다. 폰 메르겐탈은 "각자에게 할당된 공간이 너무 좁아 순례자들은 잠잘 때 서로 몸을 겹치다시피 했고 찌는 듯한 열기와 날벌레 떼에 시달려야 했다. 심지어 어둠 속에서 몸 위로 큼직한 쥐들까지 활보했다"라고 썼다.[11] 코디(Cody)는 "비행기에서 앞좌석과의 간격이 지독히도 좁아 잠을 두어 시간밖에 자지 못했고, 몇 줄 뒤에서는 아이가 울어댔고, 기내에서 보여 준 영화는 음울했고, 기내 서비스는 형편없었다"라고 말했다.

피에트로 카솔라가 조심스레 전하는 말에 따르면, 베네치아의 갤리선에는 "일을 보는 곳"을 옆으로 쭉 밀어내 바다 위로 위태롭게 걸쳐 놓았는데 그나마 변기의 앉는 부위가 "타르를 잘 바른 목재인데다 짱짱하게 접합된" 것 같아 다행이었다.[12] 화장실의 위험은 육지에서도 마찬가지여서 크레타 사람들은 "전혀 주의하지 않고 다들 창밖으로 요강을 비우는데…내용물이 행인의 머리에 떨어져도 벌금이 부과되지 않았고…그러다 보니 사방에 악취가 진동했다."[13] 사람들이 화장실에 집착하는 것까지도 예나 지금이나 다를 바 없다. 앤(Anne)은 "화장실 사정이 정말 기가 막혔다. 어떤 곳에서는 아예 앉는 부위가 없어 직원을 불러 방을 옮겨 달라고 해야 했다"라고 말했다. 주후 670년경에 예루살렘을 방문하고 그것을 글로 남긴 프랑크족의 아르쿨프(Arculf) 주교는 "노새와 황소는 물론이고 수없이 많은 낙타와 말과 나귀가 온 도시의 길거리마다 꼴사납게 똥을 싸 놓아 악취가 시민들에게 이만저만한 골칫거리가 아닐 뿐더러 아예 걷기조차 힘들었다"라며 유난히 깔끔을 떨었다.[14]

위에 인용한 현대인의 불평 중에 진정한 순례자의 입에서 나온 말은 하나도 없다(앤디와 캐서린과 코디와 앤은 다 관광객이었다). 그것은 내가 순례자에게서는 그런 예를 하나도 찾을 수 없었기 때문이다. 불평이 입 밖으로 나오는 순간 순례는 단체 여행으로 변하고 만다. 순례자가 고생 앞에서 보일 수 있는 태도는 세 가지다. 하나는 그 고생이 전혀 고생이 아님을 깨닫는 것이다. 집에서는 버리던 빵이 길가의 들판에서는 성찬으로 변한다. 모래 위에 깐 침낭이 중앙난방으로 숨이 턱턱 막히는 당신의 침실에 두고 온 스펀지 매트리스보다 실제로 더 편하고 허리에도 훨씬 좋다. 두 번째는 고생을 기분 좋게 참는 것이다. 비가 오면 그냥 웃고, 물집이 생기면 내일이면 좀 나아지겠거니 하는 것이다. 그나저나 아킬레스건이 찢어진 사람도 있는데 내가 무슨 특별한 존재라고 불평을 한단 말인가? 마지막 세 번째는 긍정적으로 고난 중에도 즐거워하는 것이다.

바울이야말로 고난 중에 즐거워하는 아주 열성적인 사람이었다.[15] 내가 그를 제대로 이해했는지 잘 모르겠다. 물론 고난 중에 즐거워하는 것과 고난 자체를 즐기는 것은 내가 알기로 엄연히 다르다. 하지만 바울의 말에는 후자의 의미도 섞여 있는 것 같다. 그렇다면 나로서는 그를 따라가기가 어렵고, 그 까닭은 바울은 기독교의 큰 위인이고 나는 그렇지 못하다는 명백한 사실 탓일 수밖에. 다만 이것만은 말할 수 있다. 여태까지 내가 만나 본 중에 고난을 적극적으로 즐긴 사람들은 전부 괴짜였다는 것이다. 중세 시대에 그런 사람들이 넘쳐났다. 기억할지 모르지만 영화 "몬티 파이튼의 성배"(Monty Pyton and the Holy Grail)에 보면 라틴어를 읊조리는 수사들이 발을 질질 끌고 마을을 돌면서 손에 든 널빤지로 자신의 머리를 때리는 인상적인 장면이 나온다. 그렇게 자신을 매질하는 고행자들이 실제 있었는데 정말이지 웃을 일이 아니었다. 흑사병이 죄 때문이라고 믿은 그들은 둘씩 정확히 줄을 맞추어 끝없이 유럽 전역으로 순례 행진을 하면서, 그 죄를 속하기 위해 채찍으로 자신을 때리며 딱하고 청승맞게 이렇게 읊조렸다.

> 너희는 다 살인자요 강도니
> 하나님의 진노가 너희에게 임하리라.
> 우리가 이렇게 참회하지 않았다면
> 기독교는 모두 망했을 것이다.[16]

지금도 이런 사람들이 꽤 있다. 그들은 알파 코스(비신자에게 복음을 전하고 새 신자가 교회에 정착하도록 돕는 프로그램으로 저자가 다니는 성삼위일체 브롬튼 성공회 교회에서 시작되었다—역주)를 할 필요가 있다.

예수님은 여정에 오를 때 단벌옷만 가져가라고 하셨는데, 만일 그것이 고행자들이 입던 마미단(馬尾緞) 옷을 뜻하신 것이라면 그렇다고 말씀하셨을 것이다. 그러잖아도 작은 가방에 참회의 옷까지 여벌로 넣을 자리가 어디 있는가. 순례 길에 고생은 이미 충분하므로 굳이 우리가 더 보탤 것까지는 없다.

내 경우에 가장 큰 고생은 여행에 걸리는 시간 자체다. 향수병이 심해져 아내와 자녀들, 대학의 만찬 행사, 옥스퍼드 보들리 도서관의 안뜰에 햇빛이 노니는 모양이 그리워진다. 자리를 비운 무책임한 아버지와 남편이 된 나 자신을 자책하기도 한다. 하지만 대체로 나는 어떤 일에 시간이 걸리는 데는 그만한 이유가 있음을 깨달았다.

성 브렌던은 7년 동안 여행하여 세상 끝에 있는 약속의 땅에 도착했다. 거기서 그는 한 청년을 만났는데, 그 청년은 시간이 그렇게 오래 걸린 이유를 이렇게 설명했다. "당신이 이곳을 곧바로 찾지 못한 것은 하나님이 큰 바다의 여러 가지 비밀을 당신에게 보여 주고 싶으셨기 때문입니다."[17] 내 경우에도 열흘째 집에 돌아가려고 했다가 그 계획이 아쉽게 틀어지고 나면 꼭 열하루째 놀라운 일이 벌어진다. 스웨덴의 정치가 다그 함마르셸드(Dag Hammarskjold)는 "얼마나 먼 길인가. 하지만 이미 여정에 들어간 모든 시간을 되돌아보면, 길이 가르쳐 주는 교훈을 배우기 위해서 그 모든 일분일초가 얼마나 꼭 필요했던가"[18]라고 회상했다.

하지만 오늘날 대부분의 순례자들에게 진짜 위험은 아주 값진 교훈들 속에 이미 들어 있다. 예컨대 혼자서 걸으면 무서운 심리적인 위험에 빠질 수 있다. 그런 경험을 다시 떠올리기만 해도 나는 등골이 오싹해져 얼른 사람들로 북적대는 술집으로 달려가게 된다. 하지만 대부분의 순례는 사람들과 어울리는 즐거운 시간이다. 물론 그렇다고 해서 순례가 안전해지는 것은 아니지만 말이다.

* * *

새로운 것의 위험에 대해서는 앞에서 이미 살펴보았지만 그와 밀접하게 연관된 또 다른 위험이 있다. 인간은 직선으로 진행되는 선형(線形)의 삶을 두려워하는 것 같다. 그런데 시간과 역사는 직선으로 진행되며, 그리스도인들이 옳다면 신학도 직선으로 진행된다. 우리가 모태에서 나와 역사라는 직선형 컨베이어 벨트 위로 직행했음에도 불구하고(어쩌면 그렇기 때문에), 우리는 좀처럼 시간이 편하게 느껴지지 않는다. 특히 시간이 직선으로 흐른다는 사실에 맥이 빠지기도 한다. 그래서 우리는 온갖 기발한 장치들을 이용하여 그것을 피하려고 한다. 되풀이되는 사계절에 위안을 받고, 해마다 되돌아오는 절기가 좋아지는 것도 그러한 까닭이다. 사람이 일정한 나이가 되면, 왠지 기운이 빠지는 생일보다는 단순히 계절을 알리는 절기들이 정말 좋아진다. 생일은 우리가 죽음으로 난 일직선 도로를 가고 있음을 상기시켜 주는 표지판이다. 딱하게도 우리는 자잘한 절기들을 지어내 사실은 우주가 원형으로 진행되고 있다고 자신을 세뇌하기도 한다. 예컨대 매주 월요일에는 아무개와 함께 차를 마시고, 매주 수요일에는 아무개와 함께 술을 한잔 하고, 매주 목요일 오전에는 임원 회의에 참석하고, 매주 토요일 오후에는 반드시 골프를 치는 식이다. 삶을 원형으로 보는 동양 종교는 그것을 기술하는 언어에 묻어나는 푸근하고 둥글둥글한 느낌과 더불어 많은 사람들에게 큰 매력으로 다가온다. 본능적으로 사람들은 "인간은 한 번 살고 나면 그 후 심판이 있다"[19]라는 기독교의 냉정한 개념보다는 윤회 사상을 더 좋아한다. 그러면 대개는 가혹한 인과법칙이 깨지거나 그 엄격성이 약해진다. 예컨대 이 업무를 내가 하지 못해도 결국 누군가가 할 것이고, 이번에 버스를 놓치면 10분 후에 다른 버스가 올 것이다.

그러나 길은 우리의 이 모든 도피를 비웃는다. 절기니 뭐니 없이 시간만 유유히 흐르는 곳이 길이며, 우리는 가차 없이 다가오는 새로운 것들을 상대해야만 한다. 매일 아침은 말할 것도 없고 걸음을 내딛을 때마다 세상이 새로워지기 때문이다. 또 길에서는 인과관계를 결코 피하거나 잊을 수 없다. 걸으면 목적지에 도달하고 걷지 않으면 도달하지 못한다. 세상이 본래 그런 식으로 설계되어 있다. 길은 우리에게 현실의 맛을 톡톡히 보여 주며, 이는 매우 고통스럽고 두려운 일일 수 있다.

길은 우리를 심문하는데 이건 참 곤란한 일이다. 증인석은 누구나 진땀을 빼는 곳인데 도대체 길은 그것도 모른단 말인가? 질문은 갈수록 더 빨라지며 언제까지나 피할 수만은 없다. 법원에서처럼 친구들과 함께 점심을 먹을 수 없으니 그 핑계로 답변을 피할 수도 없고, 직장에서는 늘 너무 바쁘다는 핑계로 이런 중요한 일을 제쳐두지만 이제는 그럴 수도 없다. 당신은 오늘도 내일도 다음 주도 이 길을 걷는 것 말고는 아무것도 할 일이 없다. 길은 "당신이 믿는 것은 무엇인가? 당신은 누구인가? 당신은 어쩌다 이런 사람이 되었는가? 영영 이 모습으로 남을 건가?

오늘밤 당신이 죽는다면 지금 그게 중요한 일이겠는가?" 등을 물으며 답변을 요구한다.

사람이 이런 부류의 물음에 반응하다 보면 대개는 점점 겸손이 무르익게 된다. 이것이야말로 인간의 가장 매력 있는 특성 중 하나이며, 그래서 여행을 많이 한 사람들일수록 사랑이 많아진다. 물론 그 겸손이 자기혐오로 삐딱하게 뒤틀릴 때도 있는데, 자기혐오를 고칠 약은 사랑뿐이며 사랑은 기적처럼 특효를 발한다. 자기혐오에 빠진 여행자들(나도 그중 하나였다)은 그 혐오의 일부를 바깥으로 돌리고, 그것은 다시 여행자들의 염세적인 냉소로 변한다. 배낭 여행자들이 자는 호스텔이면 어디서나 그런 냉소를 들을 수 있는데, 듣고 있자면 정말 따분하다. 하지만 나는 그것이 썩 위험한 상태는 아니라고 본다. 그것은 여행자가 여정이 줄 수 있는 것 이상을 갈망하고 있다는 표시이며, 그 갈망은 곧장 성경의 로마서로 연결될 수 있다.

우리는 두려워할 필요가 없으며 사실 두려워하지 말아야 할 이유가 얼마든지 많이 있다. 사망의 음침한 골짜기는 구속의 도시인 예루살렘의 일부이고 어두운 순례의 길은 하나님 나라의 일부다. 천성적인 보행자이신 그 나라의 왕께서 대개는 당신 곁에 친히 함께 계신다. 우리 삶에는 그분이 곁에 계시지 않는 시간들도 있을 수 있는데, 위대한 신비가들은 이를 "영혼의 어두운 밤"으로 설명했다. 테레사 수녀는 어느 신앙 상담자에게 "[내 마음속의] 침묵과 공허감이 너무 커서 보아도 보이지 않고 들어도 들리지 않습니다"라고 말했다. 또한 그녀가 1955년에 기록한 글에는 "내가 그분을 더 원할수록 그분은 나를 덜 원하신다. 하나님을 갈망하는 마음은 이렇게 깊은데 그분을 나를 물리치시니 마음이 공허하여 믿음도 없고 사랑도 없고 열정도 없다"[20]라는 말이 나온다. 테레사 수녀는 또 예수님께 이런 편지도 썼다.

> 주님, 나의 하나님, 제가 누구라고 주께서 저를 버리시나이까? 주께서 사랑하시는 자녀인 제가 이제 가장 미움받는 존재가 되었습니다.…주께서 원하지 않으시고 사랑하지 않으셔서 버리셨습니다.…제 안에는 답변 없는 의문이 이리도 많이 살고 있는데…그것을 다 들추어내기가 두려운 것은 신성모독이 될까 싶기 때문입니다. 하나님이 계시다면 부디 저를 용서하소서. 저는 하나님이 저를 사랑하신다고 배웠으나 이 어두움과 냉기와 공허감의 실체가 너무 커서 아무것도 제 영혼에 와닿지 않습니다.[21]

위대한 신비가이신 주님 자신도 가장 요긴한 시점에 버림받으셨다. 하지만 나는 위대한 신비가가 아니며, 그런 대가를 치러야 한다면 위대한 신비가가 되고 싶은 마음도 없다. 나 같은 사람들에게 해당되는 일반 원칙은 하나님이 함께 계신다는 것이다. 성 브렌던은 "아무런 해도 당하지 않을 것이니 두려워하지 말라. 여정에 필요한 도움이 우리 위에 머물고 있다"[22]라고 썼다. 때로는 그러한 도움이 기적으로 나타날 때도 있다. 아일랜드의 성자인 글렌달록의 성 케빈(St. Kevin of Glendalough)의 생애를 보면, 성 케빈의 교회로 가고 있던 두 명의 여자 순례자에 관한 이야기가 나온다. 한적한 고개에 강도들이 숨어 있다가 두 여자의 옷을 벗기고 머리를 베었으나 그 소식을 전해들은 케빈이 황급히 시체가 있는 곳으로 달려가 성령의 능력으로 머리를 몸통에 다시 붙여 두 사람을 살려냈다.

그러나 대부분의 경우에 도움은 더 고요하게 온다. 귀의 주파수가 하나님의 고요한 음색에 맞추어져 있지 않는 한 당신은 아마 그것을 우연의 일치라 여길 것이다. 이미 이런 주제로 책들이 많이 나와 있는데 유명하다는 책들에는 그것이 동시 발생으로 표현되어 있다. 즉 당신에게 정말 뭔가가 필요할 때 그리고 종종 당신이 뭔가를 정말 원할 때, 때마침 그것이 생겨난다는 뜻이다. 기도하면 우연의 일치가 발생한다는 말은 옳다. 그런데 하나님 나라의 길에서는 발걸음 하나하나가 곧 기도이므로 그 길에서 순례자로 걸으면 그때도 우연의 일치가 발생한다. 그렇게 될 거라고 이미 말씀하셨으니 새삼스레 놀랄 일이 아니다. 우리가 구하면 주시겠다고 하셨고,[23] 비록 늘 당장은 그렇게 보이지 않을지라도 하나님의 사람들에게는 모든 것이 합력하여 선을 이룬다고 했다.[24]

노상에서는 무엇이든 아주 급하게 필요하고 그래서 아주 명백하게 채워진다. 이는 순례가 믿음을 길러 줄 수 있는 한 가지 이유에 지나지 않는다. 사람이 연약해지면 그에 대한 보상을 받게 되는데 연약함의 정도가 클수록 보상도 커진다. 당신이 잘 데가 없어 계속 걸을 수밖에 없다면, 누군가가 해질녘에 담배를 피우러 나왔다가 당신에게 헛간을 내주며 하룻밤 묵어가라고 할 것이다. 당신이 도움이 필요한 사람과 함께 있어 주려고 약간 멀리까지 더 빨리 걷느라 발이 부르텄다면, 다음번 여인숙에는 전문 의약품을 한가득 가져온 성형외과 의사가 있을 것이다. 1982년에 죽기까지 28년 동안 미국을 돌아다닌 '평화의 순례자'는 이러한 의존을 절대적인 원칙으로 삼았다. 그녀는 아무것도 구걸하지 않았지만 그래도 꼭 필요한 것은 다 채워졌다. 그녀는 누가 자고 가라고 할 때까지 걸었고 낯선 사람이 음식을 줄 때까지 굶었다. 당신이 의에 주리고 목말라 있다면 그런 당신을 위하여 푸짐한 잔치가 벌어져도 놀라지 말라.

물론 당신은 인도하심을 받겠지만 반드시 집에서 탁자에 앉아 지도에 표시했던 그 지점으로는 아니다. 십자가의 성 요한(John of the Cross)은 "하나님은 마치 당신이 앞을 못 보는 사람인 것처럼 어둠 속에서 당신의 손을 잡고 목적지로 인도하시는데, 그분이 인도하시는 길은 당신이 아무리 보행의 달인이라 해도 모르는 길이고 당신의 눈과 발로는 감히 엄두조차 낼 수 없는 길이다"[25]라고 썼다. 나침반이 필요 없음을 배우려고 거기까지 간 것이니 나침반을 너무 많이 보지 말라. 이렇게 젖을 떼는 것과 비슷한 이러한 과정은 부드러울 수도 있지만 단호할 수도 있다. 이것을 잘 알았던 성 브렌던은 "전능하신 하나님이 우리가 탄 배의 조타수이고 항해사가 아니신가? 그분께 맡기면 그분이 친히 자신의 뜻대로 우리의 여정을 인도해 주신다"[26]라고 말했다.

언젠가 나는 인도 북부의 어느 길에서 선홍색 옷을 걸친 탁발승을 만났다. 다리에 뼈만 남은 그가 동냥하는 깡통을 흔들며 나한테 "쌀이 있으면 좀 주시겠습니까?" 하는데 제법 세련된 말투였다(알고 보니 그는 프린스턴에서 천체물리학으로 박사 학위를 받은 사람이었다). 나는 그에게 쌀을 좀 주며 물었다.

"어디로 가시는 길입니까?"

"그야 당신처럼 나도 죽으러 가는 길이지요."

"거기가 어딘데요?"

"그건 모릅니다. 언제고 때가 되면 죽겠지요. 나는 지금 여기가 어딘지도 모릅니다."

그는 정말 거기가 어딘지조차 몰랐고 자신이 현재 위치에서 500킬로미터쯤 떨어진 곳에 있는 줄로 알고 있었다.

우리 중 모두가 다 그 정도로 용감하지는 못하지만 그래도 그것을 동경할 수는 있다.

조셉 캠벨은 "자신을 발견하는 모험의 시작은 길을 잃는 것이다"[27]라고 썼다. 맞는 말이지만 그것만으로 부족하다. 마이스터 에크하르트(Meister Eckhart)는 이에 대한 깨달음이 있었다. 그에게 삶과 순례의 길이란 곧 "길 없는 길이신 하나님 자신이시며, 그분의 자녀들은 바로 거기서 자신을 잃음과 동시에 자신을 발견한다."[28]

11장

길에서 나누는 교제

성도가 서로 교통하는 것[을]…믿사옵나이다.
사도신경

주께서…둘씩…보내시며.
누가복음 10:1

길을 가면서 나는 나무줄기며 물웅덩이며 낙엽이며 아름다운 포도 덩굴 등 모든 것들에게 말을 걸기 시작했다. 이것은 인간이 흔히 하는 일인데, 우리는 그것을 어렸을 때 배웠다가 어른이 되면 잊어버린다. 자연들 또한 마치 내 말을 알아들었다는 듯이 내게 신비로운 반응을 보냈고 불타는 사랑으로 나를 가득 채웠다.
파울로 코엘료[1]

우리 중에는 순례를 영웅적이고 개인주의적인 관점에서 보는 사람들이 많으며 특히 서구인들일수록 더하다. 우리의 머릿속에는 외지고 가파른 고개가 그림처럼 펼쳐져 있고, 심리 상태에 따라 아직 산기슭에 있을 수도 있고 이미 정상에 올라 있을 수도 있다. 남자라면 수염을 깎지 않아 억센 인상에다 무릎에 핏자국이 묻어 있고, 여자라면 바람을 맞는 모습이 가냘퍼 보이면서도 매니큐어만은 기적처럼 멀쩡하다. 남녀 불문하고 굳게 다문 턱에서 은근한 매력마저 느껴질 듯하다. 갈 길은 멀지만 우리는 우주를 상대로 큰일을 하러 여기까지 왔다. 우리는 귀신과 바다 괴물과 거인들과 싸워 이길 것이고, 인디애나 존스처럼 하나님의 은밀한 곳들과 자신의 정신세계의 은밀한 곳들로 뚫고 들어갈 것이다. 과도하게 조롱받는 순례자인 기사 돈키호테가 바로 자신을 그렇게 보았다.

> 경멸당하여 상처투성이인 이 한 사람이
> 마지막 남은 용기까지 다 짜내어
> 저 다다를 수 없는 별에 이르려 애썼기에
> 세상은 더 좋은 곳이 될 것이다.[2]

모자 달린 방한복을 입고 계란 샌드위치를 먹으며 킬킬거리는 한 무리의 스웨덴 사람들은 그런 환상을 망쳐 놓을 것이다. 하지만 은혜의 주된 통로는 그런 스웨덴 사람들과 그들의 샌드위치다. 많은 순례자들(그것도 최고의 순례자들)이 떠날 때는 단신으로 가지만 마칠 때는 일행과 함께 있다. 순례를 순례 되게 하는 것은 순례자들이다. 남편이 죽은 후에 캔터베리에서 산티아고까지 걸은 케이트(Kate)는 "되돌아보면 내가 정말 깊이가 없어 보인다"라고 말했다.

나는 가죽으로 제본된 두꺼운 일기장을 가지고 갔다. 일기를 쓰면서 내 비밀도 쏟아 놓고, 하나님께 된통 따지기도 하고, 잘되면 그분께 감사하는 법도 배울 참이었다. 오든(Auden)과 예이츠(Yeats) 풍으로 어둡고 냉소적이고 지적인 시들도 써 보고, 산과 수도원을 담아 작고 깔끔한 수채화도 그려 볼 작정이었다. 사람들은 내가 정말 용감하다고 생각할 것이고 그러면 나는 마지못해 선심 쓰듯이 수긍하려고 했다. 어쩌면 눈물까지 흘리면서 말이다.

그런데 실제로는 그렇게 되지 않았다. 그 일기장은 내가 가장 아끼는 보물로 지금도 가지고 있지만, 거기에 쓴 시라고는 내 아이들(아주 엄정한 평가를 내리는)에게 읽히기도 부끄러운 5행시 한 편뿐이다. 수채화도 양 한 마리를 그린 것이 전부인데, 레온(Leon)에서 만난 스페인의 배관공이 양의 머리를 꿰뚫는 화살을 그려 넣었다. 꽃을 눌려 말린 것도 꽤 있지만 일기장의 나머지 부분은 사람들의 이메일 주소와 전화번호로 가득하다. 나는 전혀 용감하지 못했고 처음부터 모든 것이 재미있기만 했다. 나는 와자지껄 떠드는 사람들 틈에서 걸었고 일행은 계속 바뀌었다. 우리는 노래하고 웃으며 도중에 사람들을 끌어모았고, 서로 말을 잘못 알아들어 배꼽을 쥐면서도 어쨌든 말뜻은 물론 그보다 더 깊은 의미까지 알아들었고, 제일 싸구려 적포도주를 찾아서 사곤 했다.

케이트는 깊이가 없었던 것이 아니라 오히려 성도의 교제를 발견한 것이다. 성도의 교제는 생사를 뛰어넘을 뿐 아니라 종(種)까지도 초월하는 것 같다. 방랑자들은 하나의 친한 가족이다. 누구나 다 "내 조상은 방랑하는 아람 사람"[3]이라고 말할 수 있으며 그래서 그들은 형제자매다. 이렇게 가족이다 보니 방랑자들끼리 통하는 언어가 있고, 길손들이 순례자의 식탁에 둘러앉으면 희한하고 재미있는 방언의 은사가 터진다. 모국어밖에 할 줄 모르는 핀란드 사람들에게 독일 사람은 웃기는 달변가가 된다. 칼라하리 사막의 사냥꾼들에게 정확하고 중요하게 작동하는 텔레파시가 이들에게도 초보 수준으로나마 작동하기 시작한다.

친밀함은 길이 가져다주는 자유의 결과이자 원인이다. 이 사람들 앞에서는 나 아닌 다른 무엇인 척할 필요가 없는데, 이것은 평소에는 극히 누리기 힘든 자유다. 반대로 다른 사람들의 시선에 전혀 신경 쓰지 않는 사람은 못할 일이 거의 없을 정도로 엄청난 평안과 능력을 맛보게 된다. 오늘의 동료가 내일이나 모레면 사라져 버릴 뿐 아니라 보폭이 다르다면 단 한 걸음만에라도 사라져 버리기 때문에 서로간의 경쟁은 존재하지 않는다. 게다가 이 공동체는 상사도 없고 왕도 없이 모두 대등한 사람들로 이루어져 있다. 모두가 걷고 있으며 다음번 농가가 나올 때까지는 아무도 먹지 못한다.

길이 가져다주는 자유 덕분에 당신은 어쩌면 아주 어렸을 때 이후로 처음으로 자기 자신이 될 수 있다. 앞에서 말한 '평화의 순례자'는 "내가 얼마나 자유로운지 생각해 보라. 다시 걷고 싶으면 그냥 일어나 떠나면 된다"라고 말했다. 그녀는 어떤 여왕보다도 훨씬 자유로운 사람이었다. 그만큼 길에서 사귀는 사람들은 겉과 속이 다르지 않다는 뜻이다. 이는 평소에는 아주 보기 드문 관계지만, 거기서 얻는 활력이란 이루 말할 수 없다. 평상시에는 누구나 어느 정도 내숭을 떨며 조심하기 마련이다. 예컨대 고국에서 당신과 존은 서로 친구로 생각하는 사이다. 하지만 둘은 정말 친구일까? 어떻게 친구일 수 있을까? 존은 자신이 누구인지 전혀 모르고 있고, 따라서 당신에게 자신을 내주는 친구가 될 수 없다. 당신이 안다고 생각하는 존은 전무이사, 남편, 좌절한 소설가, 입만 열면 대장암 타령인 건강 염려증 환자, 채무자, 간혹 기회를 잡아 간음을 즐기는 사람, 주일학교 교사 등 잡다한 존재의 합성물이다. 하나님은 그중에 무엇을 구원해야 할지를 어떻게 아실까? 우리는 또 그중에 무엇을 알아야 할지를 어떻게 알까? 도대체 존이란 사람은 누구일까?

그러나 길에서는 사정이 달라진다. 존은 이미 많은 것을 버려두고 왔다. 전무이사직을 뒤로했고 깔끔한 양복도 찢어 버렸다. 그는 너무 헤픈 비서들과 바람을 피웠던 것을 회개했고, 앞으로는 주일학교에서 자기가 아이들에게 배울 참이다. 존은 들판에서 술에 취하여 웃고 떠들기도 했는데, 이번 일이 인사고과에 반영될까 봐 걱정하지 않고 그러기는 십년 만에 처음이었다. 그러다 문득 그는 울면서, 이미 돌아가신 지 오래된 어머니와 화해를 했다. 아침에 일어나니 머리가 깨질 것 같았고, 유치원 시절의 옛 교사를 찾아 감사하고 싶은 마음이 들었고, 난데없이 시편을 읽고 싶은 갈망이 생겼다. 다발성 경화증이 있는 한 여자가 함석판에 옥수수떡과 아스피린을 담아 그에게 먹여 주자 그는 그녀의 뺨에 입을 맞추었다. 존은 드디어 다른 사람이 알 수 있는 존재가 되어 가고 있었고, 그리하여 관계가 다시 가능해졌다. 허물벗기와 통합이라는 두 가지 거룩한 과정이 빠른 속도로 존을 훑고 지나가고 있었다.

번연이 크게 잘못 안 것이 하나 더 있다. 그의 책에서 크리스천과 신실 곁으로 수다쟁이가 다가오자 신실은 "유익한 것들에 대하여" 대화하자고 영지주의적이고 따분하게 말한다. 그런데 불행히도 번연에게 수다쟁이는 여정 중에 부딪치는 또 하나의 치명적인 위험인물이다. 신실의 말을 들은 수다쟁이는 어떤 것에 대해서도 말할 수 있는 자신의 실력을 이렇게 자랑한다. "내가 하늘의 것들이나 땅의 것들, 신성한 것들이나 속된 것들, 과거의 것들이나 미래의 것들, 외국의 것들이나 국내의 것들에 대

하여 다 말하겠다." 마땅히 '대단하다'는 반응이 나와야 할 대목이지만, 물론 그런 반응은 없다.[4]

당신이 걷고 있는 순례의 길에 수다쟁이가 다가오거든 마음껏 말할 기회를 주라. 이는 친절한 일이기도 하지만 아마 재미도 있을 것이다. 당신도 많이 배울 것이고 그도 당신이 들어 주는 동안 많이 배울 것이다. 온통 허튼소리뿐이라 해도 일단은 길가에 다 토해 내게 하라. 그런 실없는 소리가 순례 중에 그를 공격해 올 현실과 얼마나 대조적인지를 길 자체가 그에게 가르쳐 줄 것이다. 그의 수다는 허물을 벗는 과정의 일환일 수 있고, 그는 지금 사무실에서 쓰고 살던 마지막 가면을 벗는 중일 수도 있다. 그의 질긴 겉껍질을 벗겨 주는 맷돌 역할을 하는 것도 당신의 특권이다. 알파 코스에서는 사람들을 존중하고 사랑하는 마음으로 그들의 엉뚱한 이야기를 앉아서 들어 준다. 당신도 상대방과 자신에게 하나님의 무조건적인 수용과 사랑의 본을 보이라.

뿐만 아니라 대화의 상대가 사람으로 한정될 필요는 없다.

케이트는 "목적지인 산티아고를 향하여 중간쯤에 이르렀을 때부터 정말 이상한 일이 벌어졌다. 막상 말하려니까 창피하다"라며 얼굴을 붉히고 머뭇거리다 말을 이었다. "내가 나무와 새에게 말을 걸기 시작한 것이다. 일부러 꾸며낸 것도 아니고 그렇다고 내가 제정신을 잃은 것도 아니다. 오히려 말을 붙이지 않으면 실례가 될 것 같았다. 그 땅의 주인은 그들인데 내가 그 땅에 들어와 있었으니 말이다. 그들은 내 말을 고마워하는 것 같았다. 어떤 때는 그들이 대답한 것처럼 생각될 때도 있었다."

그 말을 들으며 나는 '순례에 관한 책에 이것까지는 넣을 수 없겠는걸. 차마 안 될 일이지'라고 생각했다. 그런데 다른 순례자들도 비슷한 말들을 하는 통에 어차피 이 문제를 다루지 않을 수 없게 되었다. 그나저나 신학적으로 문제될 것이 무엇인가? 순례의 길은 하나님 나라의 일부이며 사람들은 그 길에서 예수님을 따르고 있다. 그분은 걸음을 내딛으실 때마다 "하나님의 나라가 가까이 왔으니"[5]라고 선포하시는데, 그 나라는 피조물의 종(種) 사이에 쌓여 있던 해묵은 적의가 치유되는 곳이다. 생태계 전반에 걸쳐 나타나는 결과를 미리 내다본 것이 이사야 11장 6절 말씀이다. 거기에 보면 이리가 어린 양과 함께 살고, 표범이 어린 염소와 함께 누우며, 동물들은 가장 잔인하고 무분별하며 대량 살육을 일삼는 호모 사피엔스를 역사 속에서 배웠던 것처럼 그렇게 죽도록 무서워하지 않는다. 그 화해의 첫 열매가 어떤 모습으로 나타날지 누가 알겠는가?[6] 만일 누가 케이트를 정신과 병동에 집어넣으려 하거나 교회의 제직 명부에서 빼려고 한다면 (불순한 범신론적 성향이 있다는 이유로) 그녀를 변호해 줄 아주 유명한 증인들이 있다. 우선 성 프란시스(St. Francis)는 친구들과 함께 순례를 가던 중에 "내가 가서 내 자매들인 새들에게 말씀을 전해야 하니 잠시 기다리라"라고 말했다. 그는 정말 새들에게 말씀을 전했고 그러자 새들은 기뻐서 어쩔 줄 모르며 그의 설교를 들었다. "새들을 생각해 보라."[7] 성 프란시스는 또 구비오(Gubbio) 마을에 내려와 인간을 잡아먹는 늑대를 설득하여 얌전히 있게 했다. 그런가 하면 린디스판의 성 커스버트도 있다. 물오리들이 그에게 날아왔고, 바다표범들이 해변에서 그와 함께 놀았고, 수달들이 파도 속에서 달려와 그의 발을 녹여 주었다. 사체를 부패시키는 세균들마저도 그의 친구가 되었다. 그가 죽은 지 11년 후에 그의 관을 열었더니 시체가 죽던 날의 모습 그대로였다. 묘지 관리인은 그 성인의 손톱과 "계속 자라는 복된 수염"을 깎아 주었다. 한편 순교자왕 성 에드먼드(St. Edmund)를 살해한 바이킹들은 그의 머리를 베어 숲속에 감추어 두었다. 그의 친구들이 머리를 찾고 있는데 숲속에서 "여기, 여기, 여기" 하고 부르는 소리가 들렸다. 친구들이 가보니 늑대 한 마리가 에드먼드의 머리를 지키고 있었다. 장례를 치르려고 시체의 머리를 들고 가는 그들 뒤를 늑대가 얌전히 따라왔다. 또한 성 빈센트가 살해되었을 때는 까마귀들이 들짐승을 막아 사체를 먹지 못하게 했다.

대부분의 사람들에게 이것은 너무 심한 이야기가 될 것이고 나에게도 그렇지 않다고는 말할 수 없다. 하지만 이러한 전통이 교회에 일관되게 나타나고 있고 그것이 반드시 신학적으로 허튼소리가 아니라는 것만은 말할 수 있다.

당신이 순례를 가거든 일부러 암소에게 말을 걸 필요도 없지만 그렇다고 그런 가능성에 지레 마음을 닫을 필요도 없다. 가장 중요한 것은 고대에 이스라엘 백성이 불렀던 순례의 노래인 시편 133편의 진리를 알고 경험하는 것이다. 순례자들은 예루살렘 성전으로 가면서 "형제가 연합하여 동거함이 어찌 그리 선하고 아름다운고!"라고 노래했다. 이것은 순례 중에 벌어지는 일을 직접 관찰한 데서 나온 시다. 분열되었던 것들이 이어지고 인종이나 지위나 성별은 무의미해진다. 신약 백성인 우리는 이 노래의 의미를 더 깊이 알고 있다. 서로 안에서 그리고 도중에 만난 떠돌이들 안에서 우리는 왕을 만난다. 그분이 계신 곳에 그분이 약속하신 나라가 있고, 그 나라는 더럽혀지지 않은 온전한 공동체의 장이자 길가에 모닥불을 피운 방랑자들처럼 모두가 친밀해지는 위대한 도시다.

하지만 너무 낭만적으로만 보아서 좋을 것은 없으며, 순례라는 것이 늘 그렇지만도 않다. 순례가 우리의 편협한 사고와 전반적인 무력증을 몰아내는 데는 좋지만 그렇다고 순례가 전혀 흠이 없는 것은 아니다.

내 경험에 편견이 섞여 있을 수 있지만 지금껏 내가 경험한 바로는, 지나치게 종교적인 사람일수록 더 도움이 안 되며 이기적이고 인기가 없을 뿐 아니라 함께 있기가 더 따분하다. 지금까지 나는, 미사를 트렌트 공의회에서 정한 방식대로 드려야 한다고 열변을 토하는 사람들이나 교황이 적그리스도라며 맹비난을 퍼붓는 사람들보다 세속 인본주의자들한테서 빵과 반창고를 받은 일이 훨씬 많았다.

사상 최고로 욕을 많이 먹는 순례자는 아마 가장 종교적이었던 마저리 켐프일 것이다. 1411년에 하나님이 자신을 순례로 부르신다고 확신한 그녀는 남편과의 성관계를 끊으면서 "다시 부정한 삶으로 돌아가느니" 차라리 죽겠다고 말했고, 그러다 1413년에 남편과 자녀들과 작별하고 성지 예루살렘으로 떠났다. 로마에서 동료 순례자들은 그녀의 괴상한 종교적 열정에 기분이 상했다. 그녀는 먹는 중에도 그치지 않고 계속 울었고, 상대방이 듣든 말든 모든 사람에게 "우리 주님의 사랑과 선하심"을 일깨웠다. 일행은 그녀와 갈라지려 했으나 그녀는 거머리처럼 끈질기게 달라붙었다. 예루살렘에 도착해서는 문제가 더 악화되었다. 갈보리의 성묘 교회에서 그녀는 쓰러져 데굴데굴 구르면서 자신의 몸을 때리며 신앙적인 말들을 시끄럽게 외쳐댔다. 그러고는 그 요란한 소리에 놀란 사람들을 마치 자신은 하나님을 위하여 본분을 다했다는 듯이 쳐다보았다. 그녀는 나귀를 타고 베들레헴에 들어갈 때도 흐느꼈다. 그러자 그동안 참아 왔던 동료 여행자들도 더는 참지 못하고 그녀와 따로 음식을 먹었다. 그 후로 그녀는 흰옷으로 갈아입고 계속 울면서 로마까지 갔다. 아마 예루살렘의 정신병원은 그녀에게 예루살렘 증후군이라는 진단을 내리겠지만 이 경우는 꼭 들어맞지도 않는다. 그녀는 샤론 평야에서 마지막 등성이를 오르기 오래 전부터 이미 이상해져 있었다.[8] 그녀는 잠시 영국으로 돌아갔다가 이번에는 산티아고로 다시 떠났고, 으레 그러하듯 손수건을 휘두르며 이기적으로 끼어들고 온갖 독실한 척을 다하여 사람들을 짜증나게 했다. 모든 것을 고려해 볼 때 영지주의자들은 정말 애물단지다. 그녀는 순례를 통해서도 아무것도 배우지 못한 것 같다.

중세의 순례자들도 대개는 그 시대의 산물이었다. 요즘만 해도 순례는 다양한 종파들 간에 서로 존중하는 분위기를 조성하지만, 종파가 사분오열되던 그 시대에는 그렇지 못할 때가 많았다. 무장 순례단인 십자군은 예루살렘으로 행군하는 동안 유대인들과 정교회 신자들을 죽이고 약탈했다. 1494년 피에트로 카솔라는 예루살렘에 종파가 그렇게 많다는 데 놀랐다면서, 그러나 그들이 "기도를 외우는 방식은 아주 이상해서⋯차라리 보는 사람들의 웃음을 자아냈다"[9]라고 적었다. 독일의 도미니크회 수사인 펠릭스 파브리(Felix Fabri)는 1483년에 시내 산에 도착했는데, 무슬림과 가톨릭 이외의 그리스도인들 중에 자신이 어느 쪽을 더 경멸하는지 모를 정도였다. 자신이 정교회 예배에 참석할 수 없게 되자 그는 "이렇게 분열을 일으킨 또는 이단적인 교회에서 출교당한 수사들이 집전하는 미사를 드리게 하지 않으시는" 자비로우신 하나님께 감사를 드렸다.[10]

성묘 교회의 지하층에는 예수님이 달리신 십자가의 조각이 발견되었다는 예배실이 있다. 앨라배마에서 온 한 뚱뚱한 청년이 거기서 이런 말을 했다. "이 교회의 일부는 그리스도인들의 것이고 일부는 그리스 정교회의 것이랍니다."

이러한 차별이 오늘날에도 지속되고 있다. 이는 주로 태도를 통해서가 아니라(물론 그것도 여전하지만) 별도의 여행 일정을 통해서 드러난다. 예컨대 예수님의 무덤이 성묘 교회에 있다는 것은 교회사에서 가장 일관되게 지켜져 온 전통이다. 그런데 예루살렘을 찾는 개신교인들은 헬레나 시대 이전으로까지 올라가는 그 전통을 무시한 채 예수님의 무덤이 정원 무덤에 있다고 단정한다. 그들은 대개 고고학적인 증거들을 접하고 가톨릭과 정교회 신자들을 비롯한 많은 사람들의 진실하고 꾸밈없는 열성을 보아도 좀처럼 생각을 바꾸려 들지 않는다. 그들은 호텔도 따로 쓰고, 더 오래된 다른 전통들로 오염되거나 뒤섞이지 않으려고 자기네 목사들을 따라 고치 안에 꼭꼭 틀어박혀 있다. 정말 부끄럽기 짝이 없는 일이다. 로마에 가거든 그냥 로마에 갈 것이지 이탈리아 땅에 자기 나라의 한구석을 옮겨다 놓을 것까지는 없다.

순례를 순례 되게 하는 것은 그냥 순례자들이 아니라 당신과 다른 순례자들이다. 순례란 궁극적 타자이신 그분을 향하여 가는 여정이며, 따라서 그 밖의 타자들 무리 속에서 여행하면 그분에게로 가는 길이 한결 쉬워진다. 그 과정에서 당신은 점점 더 온전히 당신 자신이 되어 간다. 다만 그 일은 혼자만의 명상을 통해서나 평소에 뜻이 맞아 사귀었던 사람들이 인정해 주는 듣기 좋은 말을 통해서가 아니라 길에서 마주친 낯선 사람들 속에서 예수님의 눈빛을 만남으로써 이루어진다.

12장
도착과 귀향

사람이 내게 말하기를 "여호와의 집에 올라가자" 할 때에 내가 기뻐하였도다. 예루살렘아, 우리 발이 네 성문 안에 섰도다.
시편 122:1-2

그때 '진리의 용사'가 말했다. "나는 이제 내 아버지의 집으로 간다. 여기까지 오는 동안 어려움도 많았지만 그래도 이 자리에 도착하기까지 겪어야 했던 모든 고생에 대해 후회하지 않는다. 내 칼은 내 순례를 뒤이을 사람에게 주겠고 내 용기와 기술은 그것을 받을 만한 사람에게 주겠다. 하지만 내 상처와 흉터는 내가 그분의 싸움을 싸웠다는 증거로 가지고 가겠다. 이제 그분이 내게 상급을 주실 것이다." 그가 떠날 날이 되자 많은 사람들이 강가로 그를 따라갔다. 그는 강으로 들어가며 "사망아, 네가 쏘는 것이 어디 있느냐"라고 말했고, 다시 더 깊이 들어가며 "무덤아, 너의 승리가 어디 있느냐"라고 말했다. 그렇게 그가 강을 건너자 강 저편에서 그를 위하여 일제히 나팔 소리가 울렸다.
존 번연, 「천로역정」[1]

여행의 요지는 도착하는 것이 아니라 꽃가루를 묻히고 집으로 돌아와 그 꽃가루로 꿀을 만들어 사고의 양식으로 삼는 것이다.
R. S. 토머스[2]

지금까지 당신은 경중경중 걸으시는 인간이자 하나님이신 방랑자를 따라 예루살렘까지 왔다. 그렇다면 거기에는 무엇이 있을 것인가? 당신은 앞서간 사람들의 경험담에 힘입어 만남을 기대하며 왔다. 과연 길에서는 많은 만남이 있었고 당신 자신을 만나기도 했다. 그런데 그게 전부란 말인가?

루스(Ruth)는 "물론 나는 만남도 원했겠지만 또한 몇 가지 답을 원했다. 때로 내가 만남을 원했던 것은 누군가가 무언가를 통해 그런 답도 함께 올 것 같아서였다"라고 말했다.

어쩌면 모든 순례는 신에게서 한 말씀을 듣기 위한 여정인지도 모른다. 그래서 그 말씀을 파는 시장에는 경쟁이 치열하다.

질문이 "정말 이렇게 간단한 일이었나?"가 아닌 이상 예루살렘에서 답을 얻는 사람은 아무도 없다. 질문이 그거라면 답은 일관되고 강경하게 "그렇기도 하고 아니기도 하다"라는 것이다. 우리는 모두 답을 얻기를 바라며 예루살렘에 간다. 자꾸만 거기에 다시 가는 것은 그만큼 우리가 확신 없는 회의에 중독되기 때문이다.

예루살렘은 일이 아주 쉬울 것처럼 우리를 조롱한다. 지혜라는 바늘을 찾아 커다란 낟가리를 뒤질 일은 없다며 지혜가 금방이라도 손에 잡힐 것처럼 우리를 조롱한다. 이것은 다른 성지들도 다 마찬가지다. 혹시 성 바울과 몸으로 접촉하고 싶다면 방법은 간단하다. 로마의 성 바오로 대성당(Basilica of San Paulo)에 있는 그의 무덤으로 가면 된다. 그 성당은 양탄자나 엄숙함만 쏙 빠진 이슬람 사원 같기도 하고 가짜 바로크 풍으로 지은 공항의 도착 청사 같기도 하다. 무덤은 그 한복판에서 번들거리는 진짜 바위인데, 그 성당에서 내가 믿을 수 있는 거라고는 그 바위 하나뿐이다. 줄을 서서 손이 닿을 만한 거리까지 다가가 기도하지만 기대했던 느낌은 없다.

예루살렘의 조롱은 특히 잔인하다. 통곡의 벽 광장의 위쪽 계단에 서면 유대교에 중요한 모든 것, 기독교의 얽히고설킨 수많은 뿌리, 이슬람교의 신전까지 그야말로 모든 것이 한눈에 들어온다. 이슬람교의 진짜 요람은 정말 이곳이다. 실완(Silwan) 지역의 불빛 너머로 낮고 어둡게 사자의 옆구리처럼 뻗어 나간 곡선은 윙윙대는 바람에 잔물결이 이는 사막이며 거칠고 험한 곳이다.

랍비들의 말이 옳다면 성전 산은 하나님이 살인자인 동시에 피해자가 될 뻔했던 아브라함의 처절한 순종에 감복하여 그의 후손과 영원한 언약을 맺으셨던 모리아 산이다. 인간들은 황소와 염소의 피로 모종의 추상적인 사다리를 만들어 그것을 타고 확신도 없이 하나님을 향하여 비틀비틀 올라갔는데, 성전 산은 또한 그 사다리가 있던 자리 곧 휘장 뒤의 냄새나고 어둡던 지성소이기도 했다. 그 성전은 이상하여 도면을 작성하고 원칙을 세우는 데 피가 필요했다.

첫 성전이 소실된 일은 그야말로 대재앙이었다. 바벨론에서 유대인들은 "우리가 이방 땅에서 어찌 여호와의 노래를 부를까"[3]라고 탄식했다. 그들이 노래를 부를 수 없었던 까닭은 무엇인가. 그것은 여호와께서 바벨론을 통치하지 않으셔서가 아니었다. 오히려 그분은 더할 나위 없이 확실하게 그곳을 다스리시는 듯 보였다. 그분이 자기 백성의 노래에 귀를 닫으셔서도 아니었다. 오히려 그분은 그들의 노래를 간절히 듣기 원하셨다. 바벨론이 예루살렘에서 멀어서도 아니었다. 물론 멀기는 했지만 유배지에서 지은 이런 시들은 그저 향수에 젖은 넋두리가 아니었다. 성전은 그 백성에게 존재의 근원과도 같았는데 이제 그 성전이 없어져 버렸기 때문이다. 그래서 터져 나온 처참한 절규가 바로 그 시들이었다. 예루살렘에서 멀어진 것도 비참했을 뿐더러, 예루살렘이 영원한 본향으로 가는 길이라는 이유로 그곳을 유일한 고향으로 생각했기 때문이었다. 성전이 없는 예루살렘은 어쩌면 더 기구한 또 다른 종류의 유배였다.

그래서 마침내 성전은 재건되었다. 그 사다리도 다시 만들어지고 하늘로 오르는 일도 다시 시작되어 한동안은 그렇게 계속되었다.

그러다 한 사람이 나타나 자기가 성전이라고, 머잖아 자기가 유일한 성전이 될 거라고 겁 없이 당돌하게 말했다. 그의 말이 옳고 그르고를 떠나 로마인들은 주후 70년에 그 성전을 훼파하고 오랜 사다리도 부수어 버렸다.

그 사람은 예루살렘의 돌들과 특별한 사이라서, 죽음의 자리로 가시는 길에 "만일 이 사람들이 침묵하면 돌들이 노래하리라"⁴라고 선포하셨다. 이제 그 돌들이 잠잠해졌다고 생각할 만한 신학적인 이유는 없다. 침묵에 잠기는 순례자들은 지금도 그 소리에 귀를 기울인다.

대부분의 유대인들은 그 사람이 성전임을 믿지 않았고, 그러다 보니 그들에게 문제가 생겼다. 이제 성전이 아예 없어져 버린 것이다. 그들은 수많은 바벨론으로 흩어졌고, 어찌 된 영문인지 잘 모르겠지만 거기 낯선 땅에서 결국 여호와의 노래를 부르는 법을 배웠다. 하지만 아무래도 그 노래에는 솔로몬 성전의 지극히 신령한 음향 효과가 주던 울림은 고사하고 하다못해 웅장하지만 금속성이 가미된 헤롯 성전의 음색조차도 없었다. 그것은 구원받은 사람들이 부르는 기쁨의 노래가 아니라 이제는 심금을 울리는 단조로 변해 버렸다. 그렇게 오랜 세월이 흐르기도 하고 또 실력파 가수들이 부르다 보니, 이제 세상은 아름다움과 의미는 단조로 전해져야 한다고 생각하기에 이르렀다. 여름철에 성전에 올라가며 부르던 환희의 노래들, 꽃과 아이의 미소를 언급하던 노래들은 깊이가 없고 천박하며 핵심을 놓친 것이라고 생각하게 된 것이다.

* * *

금요일 밤이었다. 유대교 학교에 다니는 아이들이 가장 좋은 옷을 차려입고 마치 결혼식에서처럼 성녀 안식일(Lady Shabbat)을 맞아 통곡의 벽 앞에서 춤을 추고 있었다. 통곡의 벽은 헤롯 시절에 성전 산에 축성한 옹벽의 일부다. 이전의 두 성전이 있었던 자리에는 이슬람이 팔레스타인을 정복한 직후에 지은 바위의 돔 사원이 있다. 그들이 수천 톤의 호화로운 돌과 모자이크와 금을 들여 그 사원을 지은 취지는 웬만한 사람이라면 누구나 알아차릴 수 있을 것이다. 즉 유대교와 기독교가 망한 잔해 위에 이슬람교가 세워졌으며 따라서 이제부터는 모세와 예수의 가르침도 예언자 마호메트가 역사에 전해 준 렌즈를 통해서 읽어야 한다는 것이다.

이슬람이 그곳을 정복한 이후로 지금까지 별로 달라진 것은 없다. 그곳에는 아직도 성전이 없으며, 역사의 심판대로라면 판결은 이슬람의 승소다. 유대교 학교에 다니는 아이들은 이제 무슨 노래를 부를 것인가?

그들은 성녀 안식일을 만나기는 하지만 분명 그녀는 그들을 비웃는다. 성녀 안식일은 구속의 방도가 없이 또 한 주가 흘러갔다는 표시일 뿐이다. 아이들 자신도 속이기는 마찬가지여서, 그들의 노래는 정말 성녀 안식일에게 부르는 것이 아니라 또 다른 성녀에게 부르는 것이다. 그 또 다른 성녀는 통곡의 벽에 달라붙어, 갈라진 틈새에서 속삭이고 있다. 나에게 그 속삭임은 한밤중이나 이른 새벽에 가장 잘 들렸다. 랍비들은 그녀가 여성임을 아주 분명히 하는데, 그녀는 바로 성녀 쉐키나(Lady Shekinah)이며 여호와의 거룩한 임재다. 그녀는 지성소에 살았고 성전 산을 떠난 적이 없다. 한때 그녀는 나팔수와 황소 통구이들을 잔뜩 차려 놓고 성전에서 성대한 잔치를 벌인 적도 있으나 지금은 망령이 되어 떠돌고 있다. 여호와는 남성적인 분이시지만 그분의 임재는 지극히 여성적이라 모든 여성성은 그녀에게 근접하는 정도에 달려 있다.

지금까지 우리는 길과 비행기와 배에서 그리고 혹한의 고개를 넘고 북적이는 인파를 헤치며 그분을 따라왔다. 부활하신 그분의 몸은 온전하여 벽을 가뿐히 통과하신다. 또 그분은 술을 아주 좋아하여 우리더러 포도주를 마시며 자신을 기억하라 하신다. 그분은 우리를 어렴풋하고 변덕스러우며 나직이 속삭이는 그 여성과의 이상한 만남으로 인도하셨다. 때로 그녀의 속삭임은 사원의 탑에서 기도 시간을 알리는 무슬림의 구슬픈 소리, 히브리인들이 중얼거리며 기도하는 소리, 아라비아에서 불어오는 바람의 신음 소리, 이스라엘 낙하산 부대원들의 임관을 경축하는 악대 소리 너머로 들려온다. 하지만 대개는 들려오지 않는데, 하나님이 그렇게 행동하시는 것은 정말 이상한 일이다. 그분은 마치 우리와 숨바꼭질이라도 하시는 것 같다. 물론 그 음성을 듣는 데 나처럼 어려움을 겪지 않는 사람들도 있고, 예루살렘이 적어도 자신이 열렬하게 찾던 그 완전한 경지인 것처럼 말하는 사람들도 있지만 말이다.

주후 385년에 히에로니무스(Hieronymus)는 파울라(Paula)라는 로마 여자와 그녀의 딸과 함께 팔레스타인에 갔는데, 파울라는 성지의 곳곳을 방문할 때마다 황홀경에 젖곤 했다. 거기에 대하여 히에로니무스는 이렇게 썼다. "가는 곳마다 그녀의 열정과 감격이 어찌나 뜨겁던지 그녀는 나머지 장소에 가려는 갈망이 없었다면 도저히 한 곳을 떠나지 못했을 것이다. 십자가 앞에서 그녀는 마치 거기 달리신 주님을 보는 것처럼 엎드려 경배했고, 부활의 현장인 무덤에 들어갔을 때는 천사가 무덤 문에서 굴려낸 돌에 입을 맞추었다." 베들레헴에서 그녀는 구유에서 울고 있는 아기 예수를 자신이 "영혼의 눈"으로 보았다고 생각했다.[5]

이따금씩 목적지에서 극적인 일들이 벌어지기도 한다. 15세기에 알렉산드리아의 마리아라는 매춘부는 이집트에서부터 계속 몸을 팔아 그 돈으로 성지에까지 왔다. 그런데 어떤 보이지 않는 힘이 그녀를 막아 성묘 교회에 들어가지 못하게 했다. 그녀는 두려워 회개했고 그리하여 지금은 위대한 사막의 성인들 중 하나인 이집트의 성 마리아(St. Mary of Egypt)로 역사에 알려져 있다. 1106-1108년에 예루살렘을 방문한 러시아의 수도원장 다니엘(Daniel)은 "그리스도 우리 하나님께서 우리 죄인들을 위하여 수난당하신 성지 [예루살렘], 그 대망의 땅이 시야에 들어오면 눈물을 흘리지 않는 사람이 없다. 모두가 한없는 기쁨에 겨워 걸어서 그 도시로 향한다"[6]라고 썼다.

15세기 말에 예루살렘에 간 펠릭스 파브리 수도사는 자신이 마음에 품고 있던 모든 사람들을 위하여 "거룩한 갈보리 언덕"에서 기도한 일을 감동적으로 기록했다. 그 기록에는 기도하면 특별히 더 응답이 잘 되리라는 확신이 분명히 엿보인다. "나는 [사람들의 이름을 적은] 종이를 가지고 거룩한 바위로 가서 무릎을 꿇고는 그 거룩한 바위 위에 종이를 펴놓고 한 사람씩 위하여 기도했다."[7] (요즘은 당신의 기도 제목을 예루살렘에 있는 어느 유대교 기관에 이메일로 보내면 된다. 그러면 거기서 이메일을 인쇄하여 통곡의 벽의 갈라진 틈새에 꽂아 준다.)

그러나 기독교의 주요한 순례 장소들에 도착하여 기적을 경험했다는 이야기를 듣기란 쉽지 않다. 왔다는 사실 자체를 후회하는 사람은 거의 없으며 모든 여행자들이 오기를 잘했다고 여긴다. 하지만 구체적인 기적(예컨대 루르드나 기타 성지에서 자주 보고되는 치유의 기적)이 없는 한, 마음속 한구석에 실망이 있을 수 있다. 하지만 자칫 신성모독으로 보일까 봐 또는 믿음을 허물고 맥 빠지게 하는 회의의 문이 활짝 열릴까 봐 그런 실망을 입 밖에 낼 수는 없다. 히에로니무스와 동행한 파울라는 애써 감동하려고 다소 무리를 한 듯싶고, 수도원장 다니엘은 얼른 눈물을 닦고 각종 측정 치수며 세부 건축이며 뻔한 설교로 가득한 여행담을 쓰는 일로 넘어갔다. 그는 신비가라기보다 건축 견적사에 가까웠다. 펠릭스 파브리의 이야기는 깨달음보다는 의무감에 관한 이야기로 들린다. 깨달음은 길을 가는 도중 이름 없는 곳에서 난데없이 찾아오는 경향이 있다.

중세 시대에 우후죽순처럼 생겨나 지속된 성지에 관한 우화들에서도 그런 실망을 볼 수 있다. 윌리엄 웨이가 그린 것으로 잘못 알려진 지도에 보면, 예수 공현절(동방박사들의 아기 예수를 찾아간 날을 기리는 축일―역주)에만 땅속에서 솟구쳐 흐른다는 강, 종려 주일에 모든 새들이 죽었다가 부활절에 다시 살아난다는 숲 등이 표시되어 있다. 이런 얼토당토않은 기적은 진짜 기적이 일어나지 않을 때에만 날조되는 법이며, 그렇게 자꾸만 더 원하는 마음에서 온갖 전설이 생겨난다. 순례자들은 지금도 목말라 있지만, 예루살렘은 그들을 줄곧 실망시켜 왔다.

충실하고 경건하게 신앙을 지키는 순례자들 중에는 예루살렘이 여태까지 자기가 생각해 오던 세상에 도무지 들어맞지 않는다는 이유로 예루살렘에 실망하는 경우도 있다. 윌리엄 웨이는 예수님이 승천하실 때 감람산 꼭대기에 남기셨다는 발자국이 자기가 영국의 웨스트민스터에서 본 그분의 발자국보다 더 그럴듯하다고 엄숙하고 솔직하게 말했다. 하지만 그렇다고 웨스트민스터의 발자국이 가짜라고 결론짓는다면 다른 성지들과 유물들에 관한 믿음까지도 순식간에 다 허물어질 것 같았다. 그래서 그는 거기까지는 가지 않았다. 아마 그로서는 차마 그럴 수 없었을 것이다. 그는 머릿속에 완전히 모순되는 두 가지 생각을 품은 채 그 위태로운 긴장 속에서 살았다. 이러한 인지 부조화의 상태는 현대인들에게서 아주 흔히 볼 수 있는 것이다. 그러니 웨이도 몸에 시트를 두르고 세상의 종말이 임박했다고 외치는 상태까지 절반 이상은 넘어간 셈이다.

반면에 실망을 서슴없이 표출한 여행자들도 있다. 소설가 허먼 멜빌(Herman Melville)은 성묘 교회에 대하여 "빛 좋은 개살구요 구역질나는 사기다. 가장 가난하고 무지한 순례자들의 얼굴도 당신 자신의 얼굴처럼 묵묵히 그렇게 고백할 것이다"[8]라고 썼다. 판화가 W. H. 바틀릿(W. H. Bartlett)도 예루살렘에 잔뜩 실망하여 이렇게 썼다. "이 도시의 풍경보다 더 칙칙한 것은 있을 수 없다. 아르메니아 수도회의 높고 답답한 담장, 곳곳이 갈라지고 쓰레기로 뒤덮인 땅, 유대인 구역의 반쯤 무너진 집들은 온통 침울한 느낌뿐이다. 그 느낌은 다윗 성에 체류하는 사람의 마음을 좀처럼 떠나지 않는다."[9]

* * *

우리를 실망시키는 것은 예루살렘만이 아니라 일반적으로 도착이 다 그렇다. 가정에 연달아 비극이 터진 후에 카미노 데 산티아고(Camino de Santiago, 성 야고보의 길)를 걸은 캐롤라인 프렌드

(Caroline Friend)라는 영국 여성의 글은 현대의 순례 이야기로는 최고 중 하나로 꼽힌다.[10] 그녀의 글은 희망과 웃음이 넘치는 수려하고 빛나는 이야기이며, 그녀야말로 깊고 높은 체험에 대하여 쓸 수 있는 사람이다. "우리가 [삼분의 일쯤 되는 지점] 콩크에서 축복을 받을 때 나는 아름다운 예배에 그리고 우리를 위한 수도원장의 뜨거운 기도에 눈물을 흘렸다. 어느새 나는 실제로 길 한복판에 무릎을 꿇고 하나님께 감사를 드리고 있었다. 점심 때 먹은 멧돼지에서부터 내게 분에 넘치는 사랑과 아량을 베풀어 주는 동료 순례자들에 이르기까지 모든 것이 감사했다." 그런데 이 글에 산티아고에 관한 말은 단 하나도 없다. 도착은 결코 끝이 아니라 오히려 시작이라는 느낌이 글 전반에 흐르고 있다.

윈체스터부터 캔터베리까지 걸은 작가 셜리 두 불레이(Shirley du Boulay)는 이런 글을 남겼다. "인생이 죽음으로 끝나지 않듯이 이번 순례도 결코 도착으로 끝나지 않았다. 다만 성지가 어디에 있는지 더 잘 알게 되었다는 느낌은 분명히 들었다."[11]

심지어 모종의 완전한 경지를 체험한 사람들에게도 그 완전한 경지는 끝이 아니라 시작이다. 미국의 트라피스트회 수사인 토머스 머튼은 "나는 반쯤 공상에 매여 사는 버릇이 있는데 그 형상들을 보자 거의 떠밀리다시피 갑자기 공상에서 화들짝 깨어났고, 내면의 명쾌함이 마치 바위들 자체에서 터져 나온 듯이 아주 맑고 또렷해졌다"라고 썼다.

그렇게 아름다움과 바른 영성이 하나의 미적인 빛으로 결합되어 느껴진 적이 내 인생에 또 있었는지 모르겠다. 마하발리푸람(Mahabalipuram)과 폴론나루와(Polonnaruwa)를 지나면서 분명히 나의 아시아 순례는 깨끗해지고 정화되었다. 그동안 내가 막연히 찾던 것을 이제는 보았고 안다는 뜻이다. 무엇이 더 남아 있는지는 모르지만, 이제 나는 껍데기를 보았고 그것을 뚫고 그림자와 겉치레 너머로 들어갔다.[12]

준비 단계가 끝나고 어둠이 걷혔으니 이제야 비로소 **시작할 때**가 되었던 것이다.

브라질 작가 파울로 코엘료는 마술 학교를 졸업했다는 표로 검 한 자루를 막 받으려던 참이었다. 그런데 마지막 순간에 상대방이 검을 확 낚아채면서 그에게 산티아고 데 콤포스텔라로 순례를 떠나라는 명을 내렸다. 길을 가면서 그는 '내 검을 찾아야지'라고 생각했지만 왠지 막연했다. 그러다 마침내 그는 그 순례의 목적이 "검을 무엇에 사용할 것인가?"라고 자문하게 하는 데 있음을 퍼뜩 깨달았다. 그 질문을 던지고 답하지 않는 한, 검을 지니는 것은 무의미하다.

그리고 그것이 우리가 집으로 돌아가야 하는 이유다.

* * *

순례는 사람들을 변화시킬 뿐 아니라 종종 그들의 집까지도 변화시킨다. 생 베르나르 고개를 넘어 런던에서 로마까지 걸어간 수(Sue)는 거기서 만난 사람들과 사진들을 자기 집의 부엌에 쭉 붙여 놓았다. 예루살렘에서 돌아온 윌리엄 웨이는 자신의 윌트셔 기도원(Wiltshire Retreat)에 예배실을 짓고 그곳을 신성한 박물관으로 꾸몄다. 거기서 그는 날마다 경건하고 기이하게 기도했을 뿐 아니라 갈보리와 다볼 산에서 직접 가져온 돌들, 예수님의 발 크기를 비롯하여 여러 가지 거룩한 치수를 꼼꼼하게 표시한 판자, 십자가 밑에 끼웠던 돌의 복제품, 갈보리 교회와 예수 탄생 교회를 본뜬 목각 모형 등을 어루만지곤 했다. 웨이의 기록에 생애 말년에 관한 내용은 별로 없지만, 1476년 죽음을 앞둔 그에게 자신의 생애를 한 마디로 요약하라고 했다면 틀림없이 그는 "나는 순례자 윌리엄 웨이라오"라고 숨차게 말했을 것이다.

그런가 하면 "이것이 곧 나요"라고 말하듯이 자신이 순례자라는 표시를 하고 다니는 순례자들도 있다. 그 표시는 탁발승의 선홍색 장삼일 수도 있고, 산티아고 순례에서 가져온 가리비일 수도 있고, 메카 참배를 마친 사람을 뜻하는 염색한 수염일 수도 있고, 중세 초부터 다량으로 판매된 순례자용 배지일 수도 있다.

위에 말한 수와 윌리엄 웨이는 목적지에서 못만났다면 여정 중에라도 만난 거룩함을 조금이나마 가지고 돌아오고 싶었다. 우리가 사는 이 세상이 활기차게 물리적인 곳이다 보니 거룩함도 자갈돌이나 자잘한 장신구가 되어 옮겨 다닐 수 있다. 어쩌면 그들은 자신에게 있었던 만남을 물리적으로 확인해 줄 뭔가를 원했는지도 모른다. 이를테면 약혼반지처럼 말이다. 웨일즈의 시인 R. S. 토머스는 "하나님이 잠들어 계실 때 슬쩍 훔친 그분의 머리카락 한 움큼이라든가 성지를 찍은 사진처럼 내가 그곳에 다녀왔음을 보여 주는 뭔가를 가져오고" 싶었다고 말했다.[13]

하지만 기독교는 마술이 아니다. 예루살렘에서 사온 올리브나무 십자가를 영험한 부적처럼 휘두른다면 그것은 뭔가 오해한 것이다. 물론 예루살렘과 로마와 산티아고는 특별한 곳이며, 그것을 인정하는 것은 이단이 아니다. 하지만 그렇다고 그 특별함(그 특별함에 대한 추억이 아니라)을 당신의 배낭 속에 넣어 가지고 올 수 있다는 뜻은 아니다. 예루살렘의 돌들이 특별한 것은 그것이 예루살렘에 있기 때문이다. 그것을 윌트셔의 예배실에서 숭배하는 것은 그냥 어리석은 정도가 아니라 위험하게 어리석은 일일 수 있다. 피에트로 카솔라가 욥바에서 베네치아로 돌아올 때 배 안에 역병이 도는 것으로 의심되자 선장은 요단 강에서 가져온 물을 전부 배 밖으로 버리라고 명했다. 성지에서 마시면 건강과 치유를 가져다주던 그 물이 다른 데서는 액운의 물이 되었던 것이다. 이 일화를 통하여 우리는 거룩함이란 오렌지처럼 수출할 수 있는 상품이 아님을 엿볼 수 있다. 요단 강의 물을 베네치아에서 쓰려는 것은 자신이 실제로 베네치아에 있지 않고 아직도 성지에 있는 척하려는 것이다.

성지를 다시 떠나는 것은 아주 중요한 일이며, 집은 당신이 검을 휘두르게 될 하나님 나라의 일부다. 예루살렘을 제대로 떠나야만 검을 제대로 휘두를 수 있다.

비그리스도인 작가 필 쿠지노(Phil Cousineau)는 '신성한 추억'을 생생히 유지하는 일을 집에 돌아온 순례자의 가장 어려운 과제로 보았다.

> 단조로운 일상으로 돌아온 뒤에 지난 여정을 어떻게 삶의 일부로 만들 것인가? 나는 집에 돌아온 시간이 그 여행을 최대한 많이 떠올리며 그것을 삶에 다시 통합하는 시간, 꿈을 경청하고 뭔가를 창조하여 **깨달음이 지속되게 하는** 시간이라고 본다. 이것이 그토록 중요한 까닭은 당신이 달라져서 돌아왔기 때문이다. 뭔가가 변하여 의식 속으로 들어왔다. 그래서 이제 당신은 신성함이 어디에나 있음을 알고 성지가 축소판으로 당신의 내면에 있음을 안다.[14]

이것도 지혜로운 조언이지만, 그리스도인에게는 그 이상의 이점이 있다. 그리스도인은 신성함이 어디서나 스며남을 아주 잘 알 뿐 아니라 그 앎의 근거가 사막의 수도원에 직접 가 본 자신의 경험보다 훨씬 높은 데 있다는 것도 잘 안다. 그는 또 신성함이 고르지 않게 분포되어 있다는 것도 안다. 신성함은 월스트리트보다 노숙자 보호 시설에 훨씬 많이 있다. 아울러 하나님 나라의 꽃은 다른 사람들의 시선에 전혀 신경 쓰지 않는 사람들의 발밑에 피어난다는 것, **길이신 그분**을 따라 걸을 때 진리와 생명을 얻는다는 것, 먼저 되려면 나중 되어야 한다는 것도 그리스도인은 안다.

예수님은 항상 돌아다니셨고 여행에 관한 말씀을 많이 하셨다. 하지만 도착에 대해서는 어떻던가? 그분께도 도착은 늘 시작이었다.

탕자의 비유는 여행 이야기다.[15] 아들은 방랑을 떠나지만 그 방랑하는 곳이 더러운지라 행복하지 못하다. 그곳에 대한 내용은 별로 나와 있지도 않고 들을 필요도 없다. 정말 확실한 여행담은 귀향 이야기다. 이 이야기에는 두 명의 여행자가 나오는데, 우선 아들이 바른 길로 돌아오고 그 길이 끝나는 곳이 곧 출발점이 된다. 아버지는 아들이 오는 것을 보고 달려나가 끌어안는데, 두 사람 모두에게 끝은 곧 시작이 된다.

* * *

집으로 돌아가는 일은 아마 쉽지 않을 것이다. 예수님은 "선지자가 자기 고향과 자기 집 외에서는 존경을 받지 않음이 없느니라"[16]라고 경고하셨다. 그동안 우리는 무조건 일어나 떠나는 것이 상책이라는 근거로 이 말씀을 인용했을 수 있다. 그런데 여태까지 살펴본 모든 내용에 비추어 보면 이제 이 말씀의 전체 교훈은 이런 것이다. "일어나 떠나되 다시 돌아와서 네가 검을 가장 잘 휘두를 수 있는 하나님 나라의 그 부분에서 네 검을 휘두르라. 하지만 그 부분이 하필 네 고향이라면 일이 쉬우리라고 예상하지 말라. 네가 길에서 제대로 변화되었다면, 집에 남아 있던 모든 사람들은 아래가 높은 자리이고 가난한 사람이 부자인 그 엉뚱한 나라에 관한 네 이야기에 기겁할 것이다. 그들도 그렇게 살아야 행복해지고 진짜 안전해진다는 네 말을 그들은 순순히 받아들이지 않을 것이다."

보행자 하나님은 근동 지방의 흙먼지 길을 평생 파리를 쫓으며 걸으시느라 땀에 절고 발끝이 갈라지셨다. 그런 그분이 이제 생의 마지막을 향하여 언덕을 넘어 예루살렘으로 가신다. 한창 순례 철이었으니 길마다 인파로 북적였을 것이다. 그것은 집으로 돌아가는 여정이었다. 우선 그분은 거기서 불과 몇 킬로미터 떨어진 베들레헴에서 태어나셨다. 또 성전은 그분이 아버지라 부르신 옛 부족 신의 집이었다. 한 동료 여행자의 배신으로 그분의 여정은 끝나는 듯 보였다. 하지만 항상 눈으로 보이는 게 전부가 아니다. 사실 예수님이 말씀하신 신기한 나라에서는 겉보기와 실제가 일치하는 적이 없다. 보란 듯이 사흘 후에 위대한 시작이 열렸다.

* * *

수는 "순례가 나를 영원히 바꾸어 놓았다"고 말했다.

나 자신을 만났고 나 자신을 사랑할 줄 알게 되었다. 다른 사람들을 나 자신처럼 사랑하라 했으므로 그 명령에 순종하면 나는 다른 사람들도 더 잘 사랑하게 된다. 내가 아닌 많은 부분들 그러면서도 어리석게도 내 존재의 핵심인 줄 알았던 부분들은 이번에 다 버리고 돌아왔다. 다만 한 가지 잘 모르겠는 것이 있다. 내가 본래 순례자였는데 그것을 이번 여정 중에 알게 된 것뿐인지, 아니면 여정이 나를 순례자로 바꾸어 놓은 것인지 잘 모르겠다. 어느 쪽이 맞든 그건 중요하지 않을 것이다. 이제 나는 본래 내가 존재의 심연에서부터 순례자임을 안다.

13장
순례를 반대하는 사람들

특히 후기에 나온 개신교 순례자들의 문헌을 읽다 보면 마냥 역겨워질 때가 있다.
데니스 실크[1]

그들은 무지하고 맹목적인 열정에 속은 불쌍한 존재이고 우리도 그 정도까지 어리석지는 않지만 역시 불쌍한 존재다.
실리어 파인즈[2]

하리(Hari: 비슈누의 다른 이름—역주)는 동방에 있고 알라는 서방에 있다고들 하지만 신을 찾을 곳은 네 마음속, 네 마음의 마음속이다.
15세기 북인도의 신비가 카비르[3]

무엇에든 확신이 넘쳐났던 마르틴 루터는 "모든 순례는 중단되어야 한다"라고 열변을 토했다. "순례는 좋을 게 하나도 없고, 순례를 명한 계명도 없으며, 따라서 순례는 순종과도 무관하다. 오히려 순례를 통하여 죄를 범하고 하나님의 계명을 멸시할 기회만 무수히 생겨난다."⁴ 전설에 따르면 종교개혁의 역사에서 순례는 집중적으로 불명예의 대상이 되었다. 그 이야기에 따르면 루터는 1510년에 로마에서 성 계단을 열심히 오르던 중에 이런 음성을 들었다고 한다. "의인은 순례나 참회가 아니라 믿음으로 말미암아 살리라." 갑자기 그의 눈에서 비늘이 벗겨져 나갔고, 그는 벌떡 일어나 계단을 걸어 내려와 당당히 종교개혁에 불씨를 당겼다.

루터의 목소리가 가장 컸을지는 몰라도 순례를 비난한 사람은 루터가 처음도 아니고 마지막도 아니다. 사람들이 순례를 비판하며 내놓은 이유는 가지각색이다. 롤라드파(Lollards: 중세 시대에 영국의 종교개혁자 존 위클리프를 추종한 분파—역주)를 비롯한 다수의 종교개혁자들은 많은 순례에서 유물을 강조하는 것을 사탄적인 미신으로 보았고, 유명한 순례 현장들에서 종종 부정한 수익을 올리는 것에 이의를 제기했다. 존 위클리프(John Wycliffe)는 "하나님이 양떼를 주신 것은 목양하라 하심이지 벗겨 먹으라 하심이 아니다"⁵라고 말했다. 전반적인 성인 숭배를 의혹의 눈초리로 보는 사람들도 많았다. 1530년에 윌리엄 엄튼(William Umpton)은 "왜 성 로빈 후드가 아니고 [캔터베리의] 성 토머스인가?"라고 물었는데, 그렇게 물은 죄로 족쇄를 차고 런던탑의 감옥에 넘겨졌으니 이후 그 물음에 대해 깊이 생각해 볼 시간이 많았을 것이다.⁶ 성상 파괴를 둘러싼 논란은 교회가 태동한 직후부터 심심하면 한 번씩 교회를 흔들어 놓곤 했는데, 순례는 그 논란에서 어쩌면 예견된 역할을 했다. 존 폭스(John Foxe)는 1563년에 쓴 「기독교 순교사화」(Book of Martyrs, 생명의말씀사)에 '죽은 성상'이 어떻게 기적을 일으킬 수 있는가라는 의문을 제기했거니와 그 말이 수천 년 동안 기독교 세계에 지겹도록 울려 퍼지면서 많은 피를 불렀다. 그런가 하면 단순히 정치가 순례 시장에 영향을 미친 적도 많았다. 헨리 8세는 교회가 자신의 군주제를 비판하자 발끈하여 캔터베리 순례를 금지시켰다. 교회가 왕권을 이겨야 한다고 주장하다 죽은 성인을 참배하게 하는 것이 지혜롭지 못한 일일 수 있다고 판단했던 것이다.

어떤 반대자들은 순례가 재미있는 일이라서 중단되어야 한다고 공언하기도 했는데 루터도 거기에 아주 가까웠다.[7] 파티 손님으로는 그리 달가워 보이지 않는 윌리엄 도프(William Thorpe)는 1407년에 이렇게 썼다.

> 남녀가 뒤섞여 [순례를] 가다 보면 자칫 난잡한 노래를 부를 수 있다. 어떤 순례자들은 백파이프를 가지고 가기도 하는데, 그들이 마을을 지날 때마다 노래하는 소리, 백파이프를 부는 소리, 캔터베리에서 가져온 종들을 울리는 소리, 개들이 따라가며 짖는 소리는 왕이 나팔과 악사를 수없이 대동하고 행차할 때보다 더 시끄럽다.[8]

이처럼 편협한 신학, 문화적인 무지, 삶을 부인하는 청교도주의가 멋없이 손을 맞잡을 때가 종종 있다.

미국의 브리즈번에서 왔다는 고무줄 바지를 입은 뚱뚱한 부인이 이탈리아 남부의 어느 마을에서 나더러 "저것 좀 보세요" 하기에 보았더니 흑인 성모상의 흥겨운 시가행진이 벌어지고 있었다. 깔끔한 정장 차림의 남자 스무 명이 마리아상을 어깨에 메고 있었다. 불꽃놀이가 시작되자 제비들이 급강하했고 여기저기서 쨍 하고 유리잔 부딪치는 소리가 났다. 여자들은 윙크를 보냈고 수녀 하나가 어떤 경찰관과 왈츠를 추었다. 급조된 모닥불 위로는 통구이 양이 뱅글뱅글 돌아가고 있었고, 대기는 로즈메리 향으로 가득했다. 성모상이 다가오자 다리를 저는 한 할머니가 상을 멘 남자들을 헤치고 지나가 마리아의 옷자락을 만졌다. 그러더니 지팡이를 내던지며 "내 병이 나았다!" 하고 외쳤다. 무리의 환호성 속에서 누군가 그 할머니를 번쩍 들어올려 발코니로 모셨다. 할머니는 자신의 진주 목걸이를 풀어 진주알을 다 빼서 무리에게 던지며 "성모 마리아를 위하여!"라고 소리쳤다.

그곳에 오기까지 나는 잠도 제대로 못 자면서 사흘 길을 걸었는데 마지막 날에 이탈리아의 바리(Bari)에서 그룹으로 온 학생들을 만났다. 그 그룹의 한 남학생이 일회용 컵에 현지의 포도주를 따라 그 미국인 부인에게 건넸다. 그녀는 아이를 쏘아보며 "구역질나게 왜 이래"라고 중얼거리고는 잔을 아이의 손에서 탁

처내 버렸다. 붉은색 얼룩이 아이의 티셔츠에 피처럼 번졌지만 그래도 아이는 웃으며 부인의 볼에 입을 맞추었다. 그녀가 비명을 지르자 아이는 더 웃었다. 부인은 "내가 자릴 떠야지. 이게 다 미신이고 우상숭배고 더러운 귀신 짓이 아니고 뭐야"라며 침을 튀겼다. 그러더니 즐겁게 북적이는 인파를 비집고 지나 자기를 나폴리에서부터 태우고 온 미니버스에 도로 올라탔다. 그나마 이 부인은 모험심도 있고 개방적인 경우였다. 나머지 일행은 다 버스 안에 웅크리고 앉아 이 마을을 사탄의 손아귀에서 구해 달라고 기도하고 있었다.

하지만 순례를 비난하는 사람들이 정당한 증거로 주로 내놓는 것은 이것이다. 순례가 신학적으로 불필요하며, 따라서 굳이 순례를 가려는 사람은 순례가 꼭 필요하다는 위험한 신학적 오류를 범할 수밖에 없다는 것이다.

9세기 아일랜드의 한 수도원장은 이렇게 썼다.

로마에 가도 고생만 많고 유익은 별로 없다.
이 땅에서 아무리 하나님을 오래 찾았다 해도
이미 그분과 함께 가지 않은 사람이라면
로마에서도 그분을 놓칠 수밖에 없다.[9]

"그러니 굳이 갈 필요가 있는가?"라고 이 수도원장은 반문하고 있다. 고백컨대 내가 경험한 것은 이 진지하고 비관적인 수도원장의 경우와 달랐다. 예레미야는 "너희가 온 마음으로 나를 구하면 나를 찾을 것이요 나를 만나리라. 이것은 여호와의 말씀이니라"[10]라고 말한다. 로마나 제네바나 당신만의 신성한 산에 가는 일도 그렇게 온 마음으로 그분을 찾는 과정의 한 부분일 수 있다.

"굳이 갈 필요가 있는가?"라는 물음은 기독교 이외의 종교 작가들에게서 가장 흔히 듣는 논리다. 967년에 출생한 수피교의 위대한 신비가 아부 사이드(Abu Said)는 제자들에게 메카를 멀리하고 대신 집에서 수련하여 신과 친해지라고 가르쳤다. "석조 신전에 가려고 굳이 수천 킬로미터씩 걷지 않아도 괜찮다. 진정한 신의 사람은 제자리에 앉아 있어도 천상의 신전이 밤낮으로 그를 찾아와 머리 위를 맴도는 법이다. 그러니 잘 보고 있으라!"[11]

힌두교의 「마하바라타」는 물리적인 순례 일정을 철저히 규정하고 권하면서도 가장 중요한 여정은 내면의 여정임을 강조한다. 인도의 바라나시(Varanasi)에서 목욕재계 의식을 하는 것도 물론 중요하지만 물레로 실을 잣거나 콩을 먹으면서 할 수 있는 "마음의 목욕재계"가 가장 중요하다는 것이다. 중세기의 위대한 힌두교 시인 카비르는 "세상은 끝없는 순례와 무수한 목욕재계에 지쳐서 죽었다"[12]라며 진저리를 쳤다.

기독교 문헌에는 앞뒤가 맞지 않는 이상한 말들이 나돌고 있다. 히에로니무스는 "하나님 나라는 우리 안에 있으므로 예루살렘 못지않게 영국에서도 천국 보좌에 쉽게 나아갈 수 있다"[13]라고 선포했다. 여기까지는 당신도 '그야 그렇지'라고 생각할 수 있다. 하지만 그는 마치 당연하다는 듯이 "예루살렘에 가 보지 못했다 해서 당신의 믿음에 부족한 부분은 하나도 없다"라고 덧붙였다. 하지만 내 경우는 예루살렘에 가 보지 못했다면 분명 내 믿음에 부족한 부분이 많았을 것이다. 그것은 내가 친구 데이비드를 만나지 못했거나 우연히 사우스워크의 로열오크에 갔다가 머리칼이 헝클어진 아일랜드의 소녀를 보지 못했거나 어려서부터 열정적인 자연주의자가 되지 못했더라도 내 믿음에 부족한 부분이 많았을 것과 같은 이치다. 인간은 육체를 지니고 있기에 그 육체가 속해 있는 환경의 영향을 받는다. 교회에 흙탕물을 튀기는 모든 유독성 영지주의에 대해서는 아무리 과민하게 경계해도 지나치다 할 수 없다.

순례에 반대하는 말들 중에는 구체적으로 시간 낭비를 지적하는 것들이 많이 있다. 하지만 그런 말들은 일반화될 수도 없거니와 순례를 금하는 정당한 구실도 되지 못한다. 닛사의 그레고리(Gregory of Nyssa)는 "주님은 복받은 사람들을 천국의 유업으로 부르실 때 예루살렘 순례를 그들의 선행에 포함시키지 않으신다"[14]라고 했다. 순례 자체가 반드시 좋을 것은 없다는 데야 동의할 수 있지만, 많은 사람들이 순례를 통하여 막대한 도움을 입었음 또한 사실이다. 일찍이 아일랜드의 여자 수도원장 샘던(Samthann)은 "하나님은 그분을 부르는 모든 사람에게 가까이 계시므로 우리가 바다를 건너야 할 의무가 없으며 어느 나라에서나 천국에 이를 수 있다"[15]라고 했다. 이에 대해서 우리는 "그건 맞는 말이다. 물론 신학적인 의무는 없다. 하지만 그 의무는 나의 마음에서 나오며 나는 그것을 심각하게 대해야 한다"라고 말할 수 있다.

종교개혁자들은 순례를 막으려고 혼신을 다했고, 국경을 넘나들기가 점점 힘들어지던 추세에 힘입어 개신교 국가들에서는 한동안 어느 정도 성공했다. 하지만 그들은 순례의 언어가 지닌 마력을 알았고, 그래서 그것을 개신교 신앙을 추진하는 엔진에 장착하려 했다. 존 번연의 명작 「천로역정」이 대표적인 예다. 번연은 정통 비국교도(영국 국교에 따르지 않는 신교도-역주)의 산물이자 앞잡이였지만, 만일 실제 순례자들이 월싱엄이나 캔터베리로 가는 길에 그의 고향인 베드포드셔를 터벅터벅 지나갔다면 아마 그 자신도 그들에게 잔뜩 인상을 찌푸렸을 것이다. 이것은 뭔가 시사점이 있는 아이러니다. 그에게 순례란 중요한 은유였지만 어디까지나 은유일 뿐이었다. 진짜 순례는 은유를 더럽히고 손상시켰기에 어떻게든 피해야 했다. 책의 친절한 설명에 따르면, 그는 "이 세상에서 장차 올 세상으로 가는 순례자의 길을 꿈에 비유해서 썼고, 출발 경위와 위험한 여정 자체와 바라던 땅에 무사히 도착한 일도 다 꿈으로 알게 되었다."[16] 하지만 번연은 머리가 비상한 작가였다. 그는 살갗이 벗겨져 가며 진흙탕 길을 하염없이 걷는 진짜 순례가 자신이 가르치려는 영적 교훈을 전하는 데 최고의 수단임을 알았다. 결국 그는 문학적으로 고심에 고심을 다하여 진짜 순례를 재현해 낸다. 그래서인지 그 책은 책장을 넘길 때마다 나그네의 땀이 흐른다. 심지어 성상 파괴라면 둘째가라면 서러워했을 그가 굳이 크리스천이 방문한 '아름다운 집'에 엄청난 양의 유물을 등장시키는 전혀 개신교인답지 않은 열의까지 보이는데, 중세의 여느 교황이라도 그 유물들을 보았다면 잔뜩 샘이 났을 것이다.

> 그들은 또 주님의 종들이 훌륭한 업적을 이루는 데 썼던 몇 가지 도구를 그에게 보여 주었다. 먼저 그들은 모세의 지팡이, 야엘이 시스라를 죽일 때 썼던 망치와 못, 기드온이 미디안 군대와 싸울 때 썼던 항아리와 나팔과 횃불을 보여 주었다. 또 삼갈이 육백 명을 죽일 때 썼던 소몰이용 막대기, 삼손이 눈부신 공을 세울 때 썼던 나귀의 턱뼈, 다윗이 가드 사람 골리앗을 죽일 때 썼던 물매와 돌멩이도 차례로 보여 주었다. 뿐만 아니라 훗날 주께서 일어나 마귀를 물리칠 때 쓰실 검도 보여 주었다. 그 밖에도 그들이 훌륭한 도구를 많이 보여 주자 크리스천은 기뻐서 어쩔 줄 몰랐다.[17]

이 긴 호흡의 은유가 압권인 것은 번연이 은유에 대비되는 실체의 위력을 내심 알고 있기 때문이다. 그가 은유의 대작을 지을 수 있었던 것은 17세기의 울퉁불퉁한 짐마차 길에서 직접 도제로 힘들게 일해 보았기 때문이다. 이렇게 현실을 아는 사람이기에 그의 책의 모든 문단 하나하나는 정원 손질을 좋아하고 디즈니랜드로 휴가를 다니는 목사가 순례에 관해서 한 시간씩 지루하게 전하는 설교 한 편의 가치와 맞먹는다.

그동안 나는 신학적으로 순례를 반대하는 사나운 독설과 냉철한 논문을 많이 읽어 보았지만, 그것들은 진실하게 들리지 않는다. 독설은 너무 격하고 논문은 너무 냉철하여 양쪽 다 무리가 심하다. 그중에는 **체험** 자체와 거기에 따를 수 있는 결과를 두려워하고 불신하는 것들도 있다. 순례를 하노라면 뭔가를 느끼게 되는데, 느낌이란 제멋대로인데다 좁은 교리의 테두리 안에 가두기가 어렵다. 바로 그 이유만으로도 순례란 막아야 하는 것이 되며, 보수 성향이 강한 일부 개신교인들의 경우는 특히 더하다. 하지만 문제의 뿌리는 더 깊은 차원으로 들어간다.

이것은 예로부터 농부와 목자, 정착민과 유목민, 가인과 아벨 사이에 있어 온 싸움이다. 정착민이 싸움에 이겼지만 그것은 유목민을 죽이고 얻은 승리이며, 그래서 그들은 죄책감에 시달린다. 하나님이 가인을 보호하시려고 그에게 주신 표는 오히려 오명으로 느껴지며 사실 오명이 맞다. 늘 앉아서 사는 가인이 방랑자인 동생에게 진짜 열등감을 느꼈고 목자를 선호하시는 여호와께 원망을 품었다. 그래서 그는 결국 살인자가 되었다. 가인의 표는 그 사실을 만천하에 알릴 뿐 아니라 가인의 후손들 자신에게 귀청이 떨어져 나갈 듯 외쳐댄다. 본래 살인자들은 두려움이 많다. 흔히 그들은 자신이 저지른 범죄를 알고 있어 폭로할 수 있는 사람들 또는 존재만으로도 자신의 참을 수 없는 죄책감을 상기시키는 사람들을 죽여 없앤다. 정착민은 자기가 동생을 때려 죽여 유산을 야비하게 빼앗았음을 알고 있다. 그래서 그들은 누구든지 그 사실을 들추어내는 사람을 죽일 것이며, 그 사람이 동생의 후손일 때는 더 말할 것도 없다.

유목민과 방랑자는 가차 없이 박해를 당했고 때로는 그것이 공개적으로 잔혹하게 나타나기도 했다. 나치야말로 정착민 중의 정착민인데 그들은 유랑 민족으로 유명한 유태인과 집시를 모조리 잡아다 가스실에 처넣었다. 그들은 늘 '천년 제국' 운운하는 궤변을 일삼았고, 그들이 지은 웅대하고 음험한 건물들은 염소 가죽으로 만든 천막과는 극과 극이었다. 이 정착민들은 죽어가는 유목민들을 눈으로 보면서도 하나님의 선호가 바뀌지 않았음을 깨닫고선 더욱 성이 났다. 아프리카, 아메리카, 호주, 중앙아시아 등 온 세상의 모든 식민 세력은 유목민의 존재 자체가 자기들이 지으려는 세상에 걸림돌이 됨을 알았고, 그래서 그들을 인간 이하로 규정하고 짐승처럼 학대했다. 하지만 사실인즉 유목민이야말로 남달리 기품 있는 인간이었다. 그들의 인간됨은 총칼을 휘두르는 식민 세력을 부끄럽게 했고, 식민 세력도 어느 정도 그 수치를 느꼈다.

때로는 박해가 관료적으로 나타나기도 한다. 일정한 주소 없이 의료보험 혜택을 받으려 해 보라. 때로는 정착민이 "너희도 와서 우리 틈에 끼면 좋은 일이 있을 것이다"라며 뇌물을 들이밀기도 한다. 단적인 예를 들자면 이스라엘 네게브 지방의 베두인족을 정착촌에, 미국 원주민을 보호 구역에, 호주 원주민을 자체 마을에 따로 수용해 놓은 것이다. 이 방법은 절대 통하지 않으며, 중앙난방과 우체국이 잃어버린 별들을 대신해 줄 수는 없다. 유목민들은 답답하게 갇혀 살다 보니 주의력을 잃거나 술에 빠지게 되고, 그러면 정착민들은 다시 옳거니 하며 "저 사람들은 덜 떨어진 **열등 인간**이며 우리보다 못하다"라고 말한다. 인근 정착촌의 백인보다 에스키모족 사이에 알코올 중독과 자살률이 아찔할 정도로 더 높다고 해서 눈 하나 깜짝하는 사람이 있던가? 그런 데 신경 쓰는 사람은 아무도 없으며, 그 이유는 가인과 아벨의 이야기 속에 들어 있다.

순례는 조금이나마 남아 있는 유목 생활의 잔재다. 상당수의 불안정한 사회가 거기에 위협을 느끼고 있다. 그것은 땅과의 교감을 잃어버린 그리하여 땅과 땅의 사람들을 두려워하는 '선진' 사회일수록 더하다. 그런 사회는 순례에 조금이라도 치중하면 그것이 위험하게 정착 생활에까지 전이될까 봐 우려하는데, 그것은 충분히 일리가 있는 우려다.

순례를 비난하는 사람들은 모두 (적어도 당대의 기준으로 보면) 도시의 잘 나가는 지식인들이며 따라서 잃을 것이 아주 많은 사람들이다. 그들은 자기가 저지른 일이 또 들추어질까 봐 무서워하는 가인들이다. 태평하게 휘파람을 부는 저 사랑받는 동생, 심각하고 꾀 많고 타산적인 형을 살짝 비웃으며 염소를 몰고 지나가는 동생, 그 동생의 당찬 눈빛이 그들은 두려운 것이다.

14장
숙명적인 순례자

우리 모두는 이 땅의 순례자들이다. 이 땅 자체가 천국의 순례자라는 말도 있다.
막심 고리키[1]

하나님은 최고의 순례자들이 누구인지 잘 아신다.
영국 속담

새라(Sarah)는 "당신의 책을 좀 읽어 보았는데 아주 불쾌하다. 하나님이 방랑자를 더 좋아하시고 방랑자가 집에 있는 사람보다 우월하며 보행이 구속의 행위라니, 그런 말을 듣고 내 기분이 어떨 것 같은가?"라고 말했다.

올해 49세인 새라는 30대 초반에 다발성 경화증 진단을 받아 현재 휠체어에서 살아가고 있으며 예후도 좋지 않다. 이 책에서 말한 여정들은 새라에게는 불가능한 일이며 오히려 고통만 더 안겨 줄 뿐이다.

새라는 한없이 원통한 심정으로 말했다. "내가 할 수 있는 거라고는 '은유적인 순례'뿐인데 당신은 시종 그것을 비웃고 있지 않은가. 이것 때문에 내가 당신이 늘 떠들어대는 그 나라에서 이류 시민이 된다면 그런 나라의 시민이 될 마음은 조금도 없다. 거기는 내가 살고 싶은 곳은 아닌 것 같다."

새라는 똑똑하고 훌륭하고 학식도 있지만 내 글을 잘못 읽었다. 그녀는 나보다 훨씬 모험심이 강한 여행자이며, 나는 이전에는 물론 앞으로도 절대 그녀를 따라갈 수 없다. 그녀가 전기 휠체어를 타고 시장에 나가는 것은 파리에서 산티아고까지 백 번을 걷는 것과 맞먹는 순례다. 새라는 유목민이며, 이는 그녀가 유목민처럼 자신의 현 상태가 한시적일 뿐임을 인식하고 있기 때문이기도 하다. 유목민은 내일이면 자신이 지리적으로 이곳에 있지 않으리란 것을 안다. 유목민의 세상은 계속 바뀌며 그래서 그는 세상을 어린아이의 눈으로 본다. 새라도 다음 주면 자신이 생물학적으로 이곳에 있지 않을 수도 있음을 알며, 거기서 파생되는 결과는 유목민의 경우와 똑같다. 몸의 병 덕분에 그녀에게는 하루하루가 무섭도록 새롭게 다가온다.

요즘은 나도 별로 여행을 떠나고 싶은 마음이 없다. 아침마다 아들 톰과 함께 걸어서 학교에 가는 그 신성한 여정을 놓치기 싫어서다. 그 여정에서 나는 많은 것을 배운다. 하지만 유명 인사가 된 친구들에게 은근히 주눅이 들거나 이기는 게 중요해 보이거나 부자가 정말 부요하다는 생각이 들기 시작하면, 그때는 내가 다시 일어나 걸으며 하나님 나라의 이상한 우선순위를 다시 배워야 할 때다.

새라와 같은 사람들에게 상처를 준 것은 미안하지만, 혹시 내가 물리적인 보행의 중요성을 지나치게 강조했다 해도 후회하지는 않는다. 직접 몸을 움직이는 일은 중요하며, 몸과 정신과 영혼이 칵테일처럼 섞여 있는 존재가 우리 인간이기에 그럴 수밖에 없다. 새라에게 물어 보라. 새라는 잦은 시장 나들이를 통하여 몸의 기량이 극대치로 향상되었다. 여러 가지 이유에서 새라는 굳이 로마까지 걸을 필요가 없다. 많은 사람들이 길 위에서 벗어 버려야 할 망상들을 새라는 다발성 경화증을 통하여 이미 벗었다. 직장이나 단조로운 일상이나 집을 꾸미려는 계획 따위에 위험할 정도로 집착하는 일이 새라에게는 절대로 없을 것이다. 그녀는 무엇이 소중한지를 이미 알고 있다. 새라는 자신의 천방지축인 십대 자녀들에게서 숨 막히는 출세주의를 보면서도 웃음부터 나왔고, 병원에서 진찰을 받는 날이면 그 웃음소리에 사방이 떠나갈 듯했다. 주변부의 삶이 가치 있는 삶임을 그녀는 누군가의 도움으로 새삼스럽게 배울 필요가 없다. 이미 그녀 자신이 주변부에서 수십 년을 살아왔다. 먼저 된 사람이 나중 되고 온유한 사람이 땅을 기업으로 받는다는 말씀, 그것이 그녀의 유일한 희망이다. 사실 그것은 모든 사람의 유일한 희망일진대 그녀는 그것을 알고 있는 것이다.

빅토리아(Victoria)는 우선 "이 책은 다 괜찮기는 하다"라고 운을 뗐다.

> 가인과 아벨 이야기도 흥미롭고, 예수님의 가르침에 주변부 사람들을 향한 불편한 편애가 나타난다는 것도 공감이 간다. 하지만 현실도 무시할 수 없다. 자녀들을 퇴학시키고 트레일러를 구입하여 평생을 이동 주택 주차장을 전전하며 살 수는 없다. 그나저나 그렇게 해서 이루어질 게 무엇인지도 잘 모르겠다. 나는 교회 활동을 꽤 많이 하는 편인데 그게 다 낭비라고 생각하지는 않는다. 주변부 사람들과 손을 잡는 문제만 해도 그렇다. 솔직히 그들은 어느 쪽을 더 좋아할까? 우리가 돈을 많이 벌어 다달이 자선단체에 수표를 보내 주는 쪽일까? 아니면 우리가 직접 달동네나 판자촌으로 찾아갈 테니 조금씩 좁혀 우리 자리를 만들어 놓으라고 부탁하는 쪽일까?

빅토리아가 한두 주 정도 여행을 떠날 수 있고 떠나야 한다는 말 외에 여기서 그녀의 질문에 답하지는 않겠다. 자신의 재정 상태나 아이들의 학교 교적이 위태롭지 않은 상태에서, 잠시나마 거기 세상의 주변부에서 그녀는 급진적인 하나님 나라의 거친 파도가 뿜어내는 물보라의 짠맛을 볼 수 있다. 그러고 나서 그녀가 돌아오면 대화는 그때 해도 된다. 그 물보라는 코카인만큼이나 중독성이 강하다.

이 책에서 말하는 순례가 가장 진가를 발휘할 수 있는 대상은 아직 순례자가 아닌 사람들이나 아직 자신이 순례자임을 모르고 있는 사람들이다. 순례는 실제 정착민을 유목민으로 바꾸어 놓고, 숨어 있던 유목민을 밖으로 나오게 한다. 하지만 일단 방랑자가 되고 자신이 방랑자임을 깨닫고 여호와의 기쁨과 선호하심을 느끼고 나면 당신은 절대로 다시 정착민으로 돌아가지 않을 것이다. 설령 당신이 다시는 사무실이나 거실을 떠나지 않는다 하더라도 말이다. 당국에서 당신의 신분증을 찢고, 정착촌에 들어가는 조건으로 어마어마한 보상을 제시하고, 당신의 트레일러를 부수고, 치클론 B(Zyklon B: 나치가 인명 살상용으로 사용한 청산칼리 살충제의 상표명-역주)의 뚜껑을 따고, 당신에게 중요한 감투를 내준다 해도, 당신은 그들에게 목자의 미소를 지으며 엄지손가락을 코에 대고 살짝 약을 올려 줄 것이다. 물론 아주 정중하게 하겠지만 또한 당신이 더 나음을 겸손히 알고서 그렇게 할 것이다.

당신은 방랑하는 주변부의 하나님과 함께 춤추는 법을 여정 중에 처음 배웠고, 그래서 어느새 다시 본격적인 여정에 오르고 싶어질 수 있다. 아니면 그런 여정의 흡족한 여운을 인근의 신성한 장소에 당일로 다녀오거나 당신의 교회에 있는 십자가의 14처소(예수님이 사형선고를 받으실 때부터 무덤에 묻히실 때까지 걸으신

수난의 과정을 쭉 따라가며 묵상하도록 돕는 열네 장소나 부조—역주)를 돌면서 맛볼 수도 있다. 예루살렘에 마지막으로 갔을 때 나는 기도하러 통곡의 벽 앞으로 올라갔다. 오래된 돌들의 틈새마다 기도 제목을 적은 종이쪽지들이 잔뜩 끼워져 있었다. 그중에는 저 위에 아주 높이 꽂힌 것들도 있었는데, 190센티미터의 장신인 내가 까치발을 하고 팔을 쭉 뻗어도 여전히 그 쪽지들은 그보다 30센티미터도 더 높이 있었다. 누군가 아주 키가 큰 사람이 의자를 놓고 올라가 끼운 것이 분명했다. 그 의자에 올라가는 것도 하나의 신성한 여정이다.

새라는 "그냥 우리는 다 순례자라고 말하면 안 되는가?"라고 따졌다. 그야 어느 정도까지는 맞는 말이다. 우리는 다 가차 없이 시간 속을 통과하고 있으며, 시간은 우리의 죽음을 향하여 다분히 일직선으로 진행하고 있다. 아무리 변화를 거부하려 해도, 아무리 얼굴에 보톡스 주사를 많이 맞아도, 아무리 브로콜리를 많이 먹어도, 아무리 전립선 촉진제를 자주 맞아도, 아무리 신중하게 투자를 해도, 아무리 비싼 보험을 들어도, 결국 우리는 순례자들이 길에서 보는 변화들과 비슷한 변화들을 만나게 되어 있다. 그런 변화들이 우리에게 어린아이 같은 새로운 눈을 가져다주고 우리를 희한한 가치 기준을 지닌 엉뚱한 나라로 맞아 줄 것인지, 아니면 오히려 우리를 자아라는 지옥 속으로 더 바짝 움츠러들게 할 것인지는 여러 가지 요인에 달려 있다.

그런 면에서 우리는 모두 순례자가 맞다. 하지만 물리적인 순례가 필시 우리에게 해줄 일을 은유적인 순례도 똑같이 해줄지는 미지수다. 삶 전체가 하나의 순례라고 말하는 거의 일률적인 표현의 인용문들을 다 읽고 나면 굳이 소파에서 당장 일어나 길로 나갈 필요가 없다는 위험하고 자만한 생각에 빠지기가 너무 쉽다.

투자금융 회사에서 일한다는 30대의 휴(Hugh)는 서류 가방에서 공책을 꺼내면서 이렇게 말했다. "나는 반 고흐가 한 말을 참 좋아합니다. 우리는 이 땅의 순례자요 나그네로서 멀리서 와서 먼 곳으로 가고 있다는 말…인생 여정이란 이 땅의 어머니의 자애로운 가슴에서 하늘 아버지의 품으로 가는 것이지요. 땅의 모든 것은 변하며 이곳에는 영원한 도성이 없습니다. 그것이 모든 인간의 운명 아닙니까." 그는 행복에 겨운 듯 주변을 둘러보며 공책을 내려놓고 샤토 마르고(Chateau Margaux)를 벌컥벌컥 들이키더니 이탈리아의 토스카나에 새로 샀다는 자신의 별장에 관한 이야기로 넘어갔다.

이런 식의 사고는 어디서나 볼 수 있다. 셰익스피어의 희곡에 나오는 헨리 4세는 예루살렘이란 어디든 각자가 정하는 곳이라고 생각하며 자위했다. "여러 해 동안 나는 예루살렘이 아닌 곳에서 죽어서는 안 된다는 예언을 받았고, 부질없게도 그것이 정말 성지 예루살렘을 가리키는 줄 알았다. 하지만 나를 저 방으로 옮겨 달라. 나는 저 예루살렘에 누워 거기서 죽겠노라."[2] 데이비드 화이트(David Whyte)는 "당당히 각자의 일에 임하면 우리의 노동이 곧 순례로 바뀐다. 그리고 일의 완성은 무엇을 해냈느냐가 아니라 그것을 해내면서 우리가 어떤 존재로 변했느냐의 문제라는 것도 알게 된다"[3]라고 했다. 또 초서의 책에 나오는 기사(騎士)는 "이 세상은 시름에 찌든 길이며 우리는 왔다가 사라지는 순례자다"[4]라고 말했다.

성경에도 그런 말이 나오는데, 성경에서 영지주의에 가장 가까운 대목에 이런 말씀이 있다.

> 이러므로…[아브라함] 한 사람으로 말미암아 하늘의 허다한 별과 또 해변의 무수한 모래와 같이 많은 후손이 생육하였느니라. 이 사람들은 다 믿음을 따라 죽었으며 약속을 받지 못하였으되 그것들을 멀리서 보고 환영하며 또 땅에서는 외국인과 나그네임을 증언하였으니 그들이 이같이 말하는 것은 자기들이 본향 찾는 자임을 나타냄이라. 그들이 나온 바 본향을 생각하였더라면 돌아갈 기회가 있었으려니와 그들이 이제는 더 나은 본향을 사모하니 곧 하늘에 있는 것이라. 이러므로 하나님이 그들의 하나님이라 일컬음 받으심을 부끄러워하지 아니하시고 그들을 위하여 한 성을 예비하셨느니라.[5]

"땅에서는 외국인과 나그네"였고 "본향 찾는 자"였으며 "더 나은 본향을 사모하니 곧 하늘에 있는 것"이라 했지만, 이것은 영지주의가 아니다. 여기서 말하는 하늘나라는 구름 저편의 막연한 곳이 아니라 부활하여 더없이 감각적인 몸들이 사는 더없이 물리적인 나라이기 때문이다. 다만 본문의 저자는 우리가 끝까지 곧고 좁은 길로 가려면 유목민의 마음가짐을 품는 길밖에 없다며 그것을 권면하고 있다. 또한 이것은 금욕을 부추기는 말씀도 아니다. "외국인과 나그네"는 세상의 색깔과 경이와 능력을 새로운 눈으로 보는 사람, 진정으로 친밀한 관계를 아는 사람, 위대한 외국인이며 나그네이신 그 나라의 왕과 함께 춤추는 사람이다.

인간은 이야기하는 존재이자 이야기를 듣는 존재다. 나는 내가 두서없는 사건들의 집합체가 아니며 나에게는 나만의 이야기가 있다고 믿고 싶다. 하나님도 이야기와 특히 여행담을 좋아하시는 것 같다. 그리스도인들의 말이 맞는다면 나에게도 이야기가 있다. 하나님이 나를 등장인물로 하는 여행담을 지으셨기 때문이다.

우리의 여정은 한 지점에서 다른 지점으로 가는 것이지만 그래도 그 길을 다 가면 집에 왔다는 느낌이 들 것이다. T. S. 엘리엇은 "우리는 탐험을 멈추지 않으리. 모든 탐험의 끝은 출발한 곳에 다시 이르러 그곳을 새롭게 알게 할 것이므로"[6]라고 했지만, 기독교가 옳다면 그것은 완전히 맞는 말은 아니며 지나치게 동양적인 말이다. 하나님의 유목민이 바른 길로 가고 있을진대, 그 백성은 동아프리카나 메소포타미아나 융이 말한 집단 무의식(당신의 해석의 취향에 따라)을 떠나 황량한 광야들을 통과하면서 점차 웃고 관계 맺으며 섬기는 법을 배워 나간다. 그러다 그들이 마지막으로 다다르는 도시는 그들이 사막에서 익힌 감각이 하나도 억압되지 않는 곳, 여태까지 그들이 관계와 희생에 대하여 배운 모든 교훈이 그대로 활용되고 배가되고 변화되는 곳이다.

모든 것이 움직이고 있다. 우리도 자진해서든 마지못해서든 움직이고 있다. 자진해서 가면 구속과 기쁨의 일이 되지만, 마지못해 가면 속절없이 떠밀려가다 결국 죽음으로 끝난다.

부처님이 제자들에게 마지막으로 하신 말씀은 "계속 걸으라"였다. 예수님이 제자들에게 처음으로 하신 말씀은 "나를 따르라"였다. 예수님은 다른 말씀들도 하셨지만 사복음서를 요약하면 "함께 산책을 나가자"도 나쁘지 않다.

어쩌다 이 글을 읽는 사람이 혹시 유익을 얻는다면 나로서는 일한 보람이 있을 것이고 큰 상으로 여길 것이다. 하지만 그렇지 않다면 내 자식과도 같은 이 글을 다시 아비인 나에게 돌려주기 바란다. 미력한 글이나마 나한테는 마음속에 성지와 그 추억을 되살리게 해줄 것이고 그 또한 흐뭇한 기쁨이 될 것이다.

존 포커스, 12세기에 예루살렘을 순례한 순례자

주

1장 이상한 보행족

1 누가복음 9:58.
2 창세기 12:1, 4.
3 출애굽기 34:23.
4 코란 3:98.
5 물론 이슬람교에는 순례자들이 즐겨 찾는 각 지역의 성지들도 많이 있다. 그러나 교리를 순수하게 지키려면 중앙의 규제가 필요함을 오히려 그런 성지들이 입증해 준다는 강력한 주장이 가능하다. 민속 이슬람교는 이런 작은 성지들에서 많은 힘을 얻고 있다.
6 콘스탄티누스는 주후 306년에 황제가 되어 주후 313년에 밀라노 칙령을 통하여 로마 제국 전역에 종교의 자유를 선포했다.
7 마태복음 27:51.
8 에스겔 47:1.
9 그리스도인들이 예루살렘 성지를 순례한 것은 대체로 2세기부터 시작된 일로 알려져 있다. 그리스도인 순례자가 그곳에 다녀와 남긴 자세한 기록으로 현존하는 가장 오래된 자료는 333년에 기록된 「보르도 순례」(*Bordeaux Pilgrim*)다.

10 라틴어 *Domine ivimus*에는 두 가지 뜻이 있을 수 있다. *ivimus*는 동사 ire의 일인칭 복수 능동태 직설법이 고어 형태나 시어 형태로 변한 것이다. 이는 라틴 문학의 황금시대나 백은시대의 시인들이 대개 운율을 맞추려고 쓰던 형태이지만 또한 라틴어의 수사적인 표현이나 비문(碑文)에 곧잘 나타나는 특성이기도 하다. v가 더해져 장중한 느낌이 살아나기 때문이다. 그런데 통속 라틴어가 발전하는 과정에서 순음(脣音) 자음인 b와 v가 언어학적으로 서로 혼용되던 시기가 있었다. 그래서 *Domine ivimus*는 "주여, 우리가 도착했나이다"나 "주여, 우리가 왔나이다"라는 뜻이 될 수도 있지만 또한 "주여, 우리가 주께로 가겠나이다"라는 뜻이 될 수도 있다. 후자를 지지하는 사람은 거기서 "사람이 내게 말하기를 '여호와의 집에 올라가자' 할 때에 내가 기뻐하였도다"라고 한 시편 122:1 말씀이 묻어난다고 주장할 수도 있다.

2장 보행의 신학: 길은 하나님 나라로 이어진다

1 Martyn Layzell, "As Jesus Walked" (Thankyou Music: Nashville, 2005).
2 C. S. Lewis, *The Lion, the witch and the Wardrobe* (London: Geoffrey Bles), 1950. 「사자와 마녀와 옷장」(시공주니어).
3 Kelly Carpenter, "You're All I Want" (Mercy/Vineyard Publishing: Nashville, 1994).
4 "Be Thou My Vision," Mary E. Byrne 번역(1905), Eleanor H. Hull 작시(1912). (우리말 찬송가 533장 "내 맘의 주여 소망 되소서")
5 예수님이 말씀하신 한 가지 여정은 선교사의 여정이었다. "그러므로

너희는 가서 모든 민족을 제자로 삼아." 이 여정에 우리가 들고 가야할 복음은 무엇인가? 마태는 우리가 그들에게 세례를 베풀고 "[예수께서] 분부한 모든 것을 가르쳐 지키게" 해야 한다고 말한다(마 28:19-20). 그렇다면 그분이 분부하신 것은 무엇인가? 여기서 우리는 다시 마태복음 10장과 누가복음 10장으로 돌아간다. 그분은 나가서 천국이 가까이 왔음을 선포하고 보여 주라고 명하셨고(마 10:1-15) 일흔 명의 제자들에게도 비슷하게 말씀하셨다(눅 10:1-12; 참조. 눅 24:47).

6 로마서 1:16.

7 로마서 3:23.

8 마태복음 4:17.

9 "오늘 구원이 이 집에 이르렀으니"(눅 19:9)라는 말씀을 들은 삭개오의 이야기, 십자가에 달린 강도(눅 23:43), "나의 주님이시요 나의 하나님이시니이다"(요 20:28)라고 고백한 '의심 많은' 도마의 이야기 등에서 얼마든지 그런 주장이 가능하다. 물론 사도행전으로 가면 논증이 더욱 강력해진다.

10 사도행전 2:47.

11 물론 제자들은 결국은 바로 알아들었다.

12 "네가 하나님은 한 분이신 줄을 믿느냐 잘하는도다 귀신들도 믿고 떠느니라"(약 2:19).

13 보통 중요한 게 아니고 굉장히 중요하다. 예컨대 마태복음 7:24; 누가복음 9:26; 요한복음 3:36; 6:63 등을 참조하라.

14 마태복음 25:35-42.

15 마태복음 6:26.

16 Paulo Coelho, *O didrio de um Mago*, Rio de Janeiro: Editora Rocco, 1987. Paulo Coelho & Alan R. Clarke 번역, *The Pilgrimage* (San Francisco: HarperCollins, 1995), p. 248. 「순례자」(문학동네).

17 John G. Neihardt, *Black Elk Speaks: Being the Life Story of a Holy Man of the Oglala Sioux* (Lincoln: University of Nebraska Press, 1988), p. 150.

18 Phyllis Tickle, *The Great Emergence: How Christianity Is Changing and Why* (Grand Rapids, MI: Baker Books, 2008), 1장.

19 성경에는 이 단어가 사도행전 11:26; 26:28; 베드로전서 4:16에 세 번밖에 나오지 않는다.

3장 방랑자를 편애하시는 하나님

1 Charles Darwin, *Origin of Certain Instincts. Nature. A Weekly Illustrated Journal of Science* 7 (1873년 4월 3일), pp. 417-418.

2 Democritus Junior [Robert Burton], *The Anatomy of Melancholy* (London: Duckworth and Co., 1905), 2:167.

3 하나는 창세기 1:1-2:3에, 또 하나는 창세기 2:4-25에 나온다.

4 창세기 1:31.

5 창세기 2:15.

6 창세기 4:1-22.

7 일단 창세기에는 나와 있지 않다. 그러나 히브리서 11:4에는 "믿음으로 아벨은 가인보다 더 나은 제사를 하나님께 드림으로 의로운 자라

하시는 증거를 얻었으니 하나님이 그 예물에 대하여 증언하심이라. 그가 죽었으나 그 믿음으로써 지금도 말하느니라"라고 되어 있다.

8 창세기 4:14-15. 창세기의 기사를 문자적으로 취한다면 지면에 다른 사람이라고는 그의 아버지와 어머니뿐이었고 그들이 그를 죽이려 했을 리는 없을 것이다. 이 사실에 대해서는 내 책 *The Selfless Gene* (Nashville: Thomas Nelson, 2010)에 주해한 바 있다.

9 C. S. Lewis, *The Magician's Nephew* (London: Bodley Head, 1955). 「마법사의 조카」(시공주니어).

10 Leon Kass, *The Beginning of Wisdom* (Chicago: University of Chicago Press, 2003). 이번 장에 나오는 몇 가지 개념은 이 책에서 영감을 얻었다.

11 예컨대 에스겔 29:9을 보라. "애굽 땅이 사막과 황무지가 되리니 내가 여호와인 줄을 그들이 알리라. 네가 스스로 이르기를 '이 강은 내 것이라 내가 만들었다' 하도다."

12 누가복음 12:13-23.

13 창세기 11:8.

14 창세기 12:1-4.

15 Søren Kierkegaard to Jette, 1847. 다음 책에 인용되어 있다. Bruce Chatwin, *The Songlines* (London: Franklin, 1986), 「송라인」(현암사).

16 출애굽기 12:8.

17 출애굽기 20:24-25.

18 신명기 34:6.

19 신명기 26:1, 5.

20 예레미야 35:7.
21 예레미야 35:1-19.
22 Chatwin, *The Songlines* (London: Franklin, 1986), p. 195.
23 Laurens Van der Post, *The Lost World of the Kalahari* (New York: Morrow, 1958).
24 창세기 18:1-8.
25 창세기 19:1-29.
26 창세기 19:7-8.
27 *Aitareya Brahmana* 7:15.
28 Henry David Thoreau, *Walden: Or, Life in the Woods* (Boston: Ticknor and Fields, 1854). 「월든」(이레).
29 Robert Louis Stevenson, *Travels with a Donkey in the Cevennes* (London: Electric Book, 2001), p. 46.
30 누가복음 1:53.

4장 걸으시는 하나님

1 Friedrich Nietzsche, *Thus Spoke Zarathustra: A Book for All and None*, Thomas Common 번역 (발행지명 없음: Forgotten Books, 2008), p. 37. 「차라투스트라는 이렇게 말했다」(책세상).
2 마태복음 1:17. 마지막 열네 대는 신비롭게도 계산이 잘못되어 있지만 마태복음의 저자는 바보가 아니다. 이러한 불일치에 대해서는 내 책 *The Christmas Mystery* (Colorado Springs, CO: Authentic Books, 2007)에 다룬 바 있다.
3 마태복음 2:1-2.

4 마태복음 2:9.

5 마태복음 2:1-12.

6 마태복음 2:13.

7 광야를 관통하는 간선 도로는 아스글론(Ashkelon)에서 비아 마리스(Via Maris)라는 길과 만나게 되어 있었는데, 아기 예수 일가족은 할 수만 있다면 그 길을 피하여 한적한 길로 갔을 것이다.

8 마태복음 2:23.

9 요한복음 1:46.

10 마태복음 3:7-9.

11 마태복음 3:4-5.

12 마태복음 3:3(저자 강조).

13 마태복음 3:5.

14 마태복음 3:13.

15 마태복음 4:1.

16 마태복음 4:12.

17 마태복음 4:18.

18 마태복음 4:22(저자 강조).

19 마태복음 4:23.

20 마태복음 4:24-25.

21 마태복음 6:10-11(저자 강조).

22 마태복음 6:25-26.

23 마태복음 6:34.

24 마태복음 7:8.

25 마태복음 7:13-14.

26 마태복음 9:9.

27 마태복음 9:27.

28 마태복음 9:35.

29 마태복음 10:5-15. 예수님은 누가복음 10:1-16에서 칠십 인에게도 이와 비슷한 지침을 주셨다.

30 마태복음 11:3.

31 마태복음 11:4-5.

32 마태복음 12:9.

33 마태복음 12:15.

34 마태복음 15:21.

35 마태복음 15:29.

36 마태복음 16:13.

37 마태복음 19:1.

38 마태복음 20:17.

39 마태복음 20:29.

40 마태복음 21:1.

41 마태복음 21:10.

42 마태복음 10:38-39.

43 마태복음 2:13, 23, 4:25; 6:4; 12:1, 20, 13:1, 29; 18:28-29; 19:14.

44 요한복음 7:1-14,37. 요한은 또 예수님이 수전절(10:22)과 이름이 밝혀지지 않은 다른 절기(5:1)를 지키신 일도 기록하고 있다.

45 누가복음 1:39-40.

46 Chatwin, *The Songlines*, p. 229.

47 누가복음 2:1-7.

48 누가복음 2:8-18.
49 전통적으로 예수님이 태어나신 곳으로 알려진 이곳이 얼마나 역사성이 있는지에 대해서는 내 책 *The Christmas Mystery* (Colorado Springs, CO: Authentic Books, 2007)에 자세히 다루었다.
50 누가복음 2:16.
51 누가복음 2:15.
52 누가복음 2:20.
53 누가복음 2:41-42.
54 누가복음 17:20-21.
55 누가복음 24:15-32.
56 요한계시록 21:9-25.
57 이 정도면 사람을 거의 영지주의 철학에 빠지게 할 것 같지만 사실은 그렇지 않다. 그래도 조심해야 한다.
58 요한계시록 22:17.

5장 왜 떠나는가? 쓸모없는 것들을 버리러 간다

1 "The Voyage of the Ui Chorra," *Immrama*.
2 전대사는 연옥의 모든 고통을 면제해 준다. William Wey, *The Itineraries of William Wey, Fellow at Eton College: The Jerusalem, AD 1458 and AD 1462* (London: J. B. Nichols and Son, 1857).
3 C. H. Spurgeon, "Scala Sancta," *Sword and Trowel* (London: Passmore and Alabaster, 1874).
4 C. S. Lewis, *A Grief Observed* (London: Faber and Faber, 1961), p. 66. 「헤아려 본 슬픔」(홍성사).

5 다음 책에 인용된 말이다. Ian Bradley, *Pilgrimage* (Oxford: Lion Publishing, 2009), p. 201.
6 *Aitareya Brahmana* 7:15.
7 잠언 5:8.
8 창세기 39:12.
9 누가복음 14:26. 또한 마태복음 19:29; 마가복음 10:29도 참조하라.
10 마태복음 16:25.
11 Caroline Friend, "A Time of Miracles," in *Pilgrimage*, Ruth Barnes & Crispin Branfoot 편집 (Oxford: Ashmolean Museum, 2006), pp. 118-129.
12 Mark Twain, *The Innocents Abroad* (New York: Harper, 1906), 444. 「마크 트웨인 여행기」(범우사).
13 John Bunyan, *The Pilgrim's Progress*, 개정판 (1678, 1684, 재판 New York: Scott, Foresman and Co., 1922), p. 47. 「천로역정」(포이에마).
14 *Mahabharata* 3.33.80. 「마하바라타」(예니).
15 "Hymn of Guru Arjan Dev," 출전 미상.
16 H. R. R. Gill & C. F. Beckingham 번역, *The Travels of Ibn Battuta* (London: Hakluyt Society, 1958-2000).
17 "The Hermit," in *A Celtic Miscellany: Translations from the Celtic Literatures*, Kenneth Hurlstone Jackson 번역 (Harmondsworth, UK: Penguin, 1971), pp. 281-282.
18 C. S. Lewis, *Voyage of the Dawn Treader*, Collectors Ed. (New York: HarperCollins, 2006), p. 244. 「새벽 출정호의 항해」(시공주

니어).
19 예레미야 29:13, 저자 사역.
20 C. S. Lewis, *Letters to Malcolm, Chiefly on Prayer: Reflections on the Intimate Dialogue Between Man and God* (London: Harcourt, Brace and World, 1964), 106-7. 「개인 기도」(홍성사).
21 시편 24:3-4.

6장 왜 떠나는가? 만남에 목말라서 간다

1 Celedabhaill, *Annals of the Masters*, 제3부, M926.5.
2 7세기에 갈리시아의 수사였던 발레리우스는 동료 수사들에게 위대한 순례자인 이제리어 수녀를 본받을 것을 촉구했다. *Memorable Deeds and Sayings*, H. J. Walker 번역 (Indianapolis: Hackett, 2004).
3 Geoffrey Chaucer, "Prologue," *Canterbury Tales*, 제1부 1-18행. 「캔터베리 이야기」(서해문집).
4 *Martyrdom of Polycarp*, 18.2.
5 Andrew Boorde, *Fyrst Boke of the Introduction of Knowledge*, Early English Text Society (London: N. Trubber and Co., 1870), p. 204.
6 Erasmus, *Colloquy*, John Rough Nichols 번역 (London: Nichols and Sons, 1875), pp. 39-52.
7 열왕기하 13:20-21.
8 사도행전 19:11-12.
9 Gill & Beckingham, *The Travels of Ibn Battuta*. 「이븐 바투타 여행

기」(창비).

10 Robert M. Pirsig, *Zen and the Art of Motocycle Maintenance* (New York: William Morrow, 1974), p. 13. 「선(禪)과 모터사이클 관리술」(문학과지성사).

11 '예루살렘 증후군'에 대한 자세한 논의는 다음 책을 참조하라. Charles Foster, *Wired for God: The Biology of Spiritual Experience* (London: Hodder, 2010).

7장 어디로 갈 것인가? 하늘과 땅이 맞닿은 곳으로 간다

1 T. S. Eliot, *Four Quartets* (New York 1943; Great Britain 1944; 재판 New York: Harvest Books, 1968), p. 39.

2 "Tudur Aled," in T. Charles-Edwards, *Saint Winefride and Her Well: The Historical Background* (London: CTS, 1968).

3 John of Wurzburg, *Descriptio terra sanctae*, in John Wilkinson 번역, *Jerusalem Pilgrimage 1099-1185* (London: Hakluyt Society, 1988).

4 Andrew Harvey, *Hidden Journey: A Spiritual Awakening* (London: Bloomsbury, 1991).

5 후기 구석기시대에 속한 동굴 예술의 기원과 의미에 관한 자세한 논의는 다음 책을 참조하라. Charles Foster, *Wired for God: The Biology of Spiritual Experience* (London: Hodder, 2010).

6 Vyasa Maharshi, "Kashi Khanda," *Skanda Purana*.

7 Jose Ortega Y Gasset, *La pedagogia del paisaje*.

8 *Midrash Tanchuma*, 민수기 10장.

9 Jacques de Vitry, *Historia orientalis* (재판 Melsenheim am Glan, 1971), p. 215.

10 Wey, *The Itineraries of William Wey*.

11 *Zohar*, 출애굽기 15:17.

12 마태복음 6:21; 누가복음 12:34.

8장 짐 꾸리고 준비하기

1 Henry David Thoreau, *Walden: Or, Life in the Woods* (Boston: Houghton, Mifflin, and Co., 1893), p. 144.

2 Wey, *The Itineraries of William Wey*.

3 Lao Tzu, *Tao Te Ching*, 64, 2행. 「노자 도덕경」(범우사).

4 William Hutchinson Murray, *The Scottish Himalayan Expedition* (London: J. M. Dent and Sons, 1951). 이 여행 일지에서 저자는 본문의 인용문이 요한 괴테(Johann Goethe)의 말이라고 밝혔으나 그것은 잘못된 것이다.

5 또한 마가복음 6:9; 누가복음 9:3도 참조하라.

6 Wey, *Itineraries*.

7 Boorde, *Fyrst Boke of the Introduction of Knowledge*, p. 219.

8 Saint Brendan of Clonfert, *The Voyage of St. Brendan, in Rev. Denis O'Donoghue, Brendaniana: St. Brendan the Voyager in Story and Legend* (Dublin: Brown and Nolin, 1893), pp. 104-178.

9 다음 책에 인용된 말이다. Edward Sellner, *Pilgrimage: Exploring a Great Spiritual Practice* (Notre Dame, IN: Soren Books, 2004), p. 114.

10 Thomas Merton, *Mystics and Zen Masters* (New York: Farrar, Straus, and Giroux, 1967; 재판 1999), p. 226. 「신비주의와 선의 대가들」(고려원미디어).

9장 여정: 새로운 눈을 얻다

1 Paulo Coelho, *The Pilgrimage* (San Francisco: HarperOne, 1995), p. 121.

2 Freya Stark, *Alexander's Path* (Orlando: Harcourt, Brace and World, 1958).

3 Albert Camus, *The Rebel: An Essay on Man in Revolt* (London: Vintage, 1992), p. 11. 「반항하는 인간」(책세상).

4 같은 책.

5 Coelho, *The Pilgrimage*, p. 118.

6 Augustine, *Confessions*, 10.35. 「성 어거스틴의 고백록」(대한기독교 서회).

7 Thomas à Kempis, *The Imitation of Christ*, Leo Sherley-Price 번역 (London: Penguin, 1952), p. 186. 「그리스도를 본받아」(두란노).

10장 여정: 발의 물집과 눈의 피로

1 Alex Garland, *The Beach* (London: Penguin, 1996).

2 *Seawulf*, W. R. Brownlow 번역 (London: Palestine Pilgrims' Text Society, 1896).

3 John Bunyan, *The Pilgrim's Progress*, 개정판 (1678, 1684, 재판 London: Penguin, 2009), pp. 116-117.

4 다음 책에 인용된 내용이다. John Ure, *Pilgrimage: The Great Adventure of the Middle Ages* (London: Constable, 2006), p. 9.

5 Bunyan, *Pilgrim's Progress*, p. 115.

6 같은 책, pp. 91-92.

7 John Bunyan, *The Pilgrim's Progress*, 개정판 (1678, 1684, 재판 New York: Scott, Foresman and Co., 1922).

8 다음 책에 인용된 내용이다. John Ure, *Pilgrimage*, p. 57.

9 다음 책에 인용된 내용이다. Pietro Casola, *Pilgrimage to Jerusalem in the Year 1494*, M. Margaret Newett 번역 (Manchester: Manchester Univ. Press, 1907), p. 91.

10 Casola, *Pilgrimage to Jerusalem in the Year 1494*, p. 194.

11 von Mergenthal, *Pilgrimage*, p. 91.

12 Casola, *Pilgrimage*, p. 157.

13 같은 책, p. 161.

14 Arculf, *The Pilgrimage of Arcultus in the Holy Land*, J. M. McPherson 번역 (London: Palestine Pilgrims' Text Society, 1889), pp. 3-4.

15 "다만 이뿐 아니라 우리가 환난 중에도 즐거워하나니 이는 환난은 인내를…이루는 줄 앎이로다"(롬 5:3-4). 신개정표준역(NRSV)에는 "우리가 환난 중에도 자랑하나니"로 되어 있다.

16 다음 책에 인용되어 있다. John Ure, *Pilgrimage*, p. 9.

17 Saint Brendan of Clonfert, *The Voyage of St. Brendan*, in Rev. Denis O'Donoghue, *Brendaniana: St. Brendan the Voyager in Story and Legend* (Dublin: Brown and Nolin, 1893), pp. 104-

178.

18 Dag Hammarskjold, *Markings*, Leif Sjoberg & W. H. Auden 번역 (London: Faber and Faber, 1964).

19 히브리서 9:27, 저자의 해석.

20 Mother Teresa (Agnes Gonxha Bojaxhiu), http://www.time.com/time/world/article/0,8599,1655415,00.html.

21 같은 기사.

22 Saint Brendan of Clongert, *Voyage*, pp. 104-178.

23 마태복음 7:7; 누가복음 11:9.

24 로마서 8:28.

25 John of the Cross, *The Dark Night of the Soul* (Radford, VA: Wilder Publications, 2008), p. 100. 「어둔 밤」(바오로딸).

26 Saint Brendan of Clongert, *Voyage*, pp. 104-178.

27 다음 책에 인용된 말이다. Phil Cousineau, *The Art of Pilgrimage*, p. 75.

28 다음 책에 인용된 말이다. Cousineau, *The Art of Pilgrimage*, p. 80.

11장 길에서 나누는 교제

1 Paulo Coelho, *The Pilgrimage* (London: HarperCollins, 1997).

2 다음 뮤지컬의 가사에 인용된 말이다. Joe Darion, "The Impossible Dream," *Man of La Mancha* (1972).

3 신명기 26:5.

4 John Bunyan, *The Pilgrim's Progress*, 개정판 (1678, 1684, 재판

New York: Scott, Foresman and Co., 1922).

5 마가복음 1:15.

6 맘즈베리의 윌리엄(William of Malmesbury)의 기록에 보면 베벌리의 성 존(St. John of Beverley)의 유골이 황소들과 불독들의 본능적인 흉포성을 막은 이야기가 나온다. 베벌리 민스터 성공회 교회의 묘지에서 이 동물들은 좀처럼 싸우려 들지 않았다.

7 마태복음 6:26, 저자의 해석.

8 빙겐의 힐데가르트(Hildegard of Bingen)가 그런 경우였다고 흔히들 보듯이, 마저리도 편두통으로 고생했다고 볼 만한 근거가 충분히 있다. 마저리는 "육신의 귀로 이상한 소리들과 곡조들이 들려 그럴 때면 목청을 높이지 않는 한 다른 사람들이 하는 말이 들리지 않았고" 또 "육신의 눈으로 햇빛 속의 미세한 먼지처럼 주변에 떠다니는 허연 것들이 많이 보였는데…햇빛이 환할수록 그것들이 더 잘 보였다." 다음 책에 인용된 말이다. Sarah Hopper, *Mothers, Mystics and Merrymakers* (Gloucestershire, UK: Sutton, 2006), p. 47.

9 Pietro Casola, *Pilgrimage to Jerusalem in the Year 1494*.

10 Felix Fabri, *The Wanderings of Felix Fabri*, A. Stewart 번역 (London: Palestine Pilgrims' Text Society, 1983).

12장 도착과 귀향

1 John Bunyan, *The Pilgrim's Progress*, 개정판 (1678, 1684, 재판 New York: Scott, Foresman and Co., 1922).

2 R. S. Thomas, "Migrants," in *Mass for Hard Times* (Tarset: Bloodaxe, 1993).

3 시편 137:4.

4 누가복음 19:40, 저자 사역.

5 *Jerome to Eustochium*, p. 108.

6 John Wilkinson, Joyce Hill, W. F. Ryan 편집, *Jerusalem Pilgrimage*, 1099-1185 (London: Hakluyt Society, 1999).

7 Fabri, *The Wanderings of Felix Fabri*.

8 Herman Melville, *Journal of a Visit to Europe and the Levant* (1857 재판, Princeton, NJ: Princeton Univ. Press, 1955), p. 281.

9 W. H. Bartlett, *Jerusalem Revisited* (London: T. Nelson and Sons, 1876).

10 Caroline Friend, "A Time of Miracles," *Pilgrimage*, Ruth Barnes & Crispin Branfoot 편집 (Oxford: Ashmolean Museum, 2006).

11 Shirley du Boulay, *The Road to Canterbury: A Modern Pilgrimage* (New York: Morehouse, 1995).

12 Thomas Merton, *The Asian Journal* (New York: New Directions, 1975), p. 235-236.

13 R. S. Thomas, *Collected Poems 1945-1990* (London: Dent, 1993), p. 91.

14 Phil Cousineau, *The Art of Pilgrimage* (Berkeley, CA: Conari, 1998), p. 222. 강조된 부분은 원문 그대로다.「성스러운 여행 순례 이야기」(문학동네).

15 누가복음 15:11-32.

16 마태복음 13:57. 아울러 다음 두 구절도 참조하라. "선지자가 자기 고향과 자기 친척과 자기 집 외에서는 존경을 받지 못함이 없느니

라"(막 6:4). "내가 진실로 너희에게 이르노니 선지자가 고향에서는 환영을 받는 자가 없느니라"(눅 4:24).

13장 순례를 반대하는 사람들

1 Dennis Silk, *Retrievements: A Jerusalem Anthology* (Jerusalem: Keter Publishing House, 1977).

2 Celia Fiennes, *Of Pilgrims to Holywell* (North Wales, 1698).

3 다음 책에 인용된 말이다. Charlotte Vaudeville, *A Weaver Called Kabir* (Delhi: Oxford Univ. Press, 1997), pp. 217-228.

4 Martin Luther, *To the Christian Nobility of the German Nations, Concerning the Improvement of the Condition of the Christian Culture*, Charles M. Jacobs, R. Luther 번역 (Minneapolis: Fortress Press, 1970).

5 다음 책에 인용된 말이다. *John Laird Wilson, John Wycliffe, Patriot and Reformer: The Morning Star of the Reformation* (New York: Funk and Wagnalls, 1884), p. 105.

6 다음 책에 인용된 내용이다. *Letters and Papers, Foreign and Domestic, of the Reign of Henry VIII*, 1509-47, vol. 5, no. 1271 (London: 1862-1910), p. 202.

7 순례의 도덕적 위험에 관한 우려가 종종 제기되었다. 프리울리(Friuli) 공의회(795년경)는 수녀들이 순례를 가지 못하게 금지시켰다. "여자 수녀원장이나 수녀가 로마나 기타 성지에 가는 것은 어느 때고 절대 허용될 수 없다. 사탄이 광명의 천사로 가장하고 와서 순례의 목적이 기도인 것처럼 그들을 속여도 소용없다. 순례가 꼭 필요

한 일이라는 구실로 [그들이] 남자들과 상종하는 것은 얼마나 불경하고 비난받을 일인가. 그것을 모를 만큼 둔하거나 미련한 사람은 아무도 없다." 다음 책에 인용된 말이다. Sarah Hopper, *Mothers, Mystics and Merrymakers* (Gloucestershire, UK: Sutton, 2006), p. 47.

8 William Thorpe, *Examination of William Thorpe* (OD col.), pp. 140-141.

9 다음 책에 인용된 말이다. Tom Lane, *Reflecting at Knock…Before Our Personal Lamb* (New York: Columbia Univ. Press, 2007).

10 예레미야 29:13-14.

11 다음 책에 인용된 말이다. Peter J. Awn, "The Ethical Concerns of Classical Sufism," *Journal of Religious Ethics*, 11:2 (1983 가을), pp. 240-263.

12 다음 책에 인용된 말이다. Coleman & John Elsner, Pilgrimages: *Past and Present in World Religions* (Italy, 1995), p. 153.

13 Jerome, Letter 58.

14 다음 책에 인용된 말이다. Dore Gold, *The Fight for Jerusalem: Radical Islam, the West, and the Future of the Holy City* (Washington: Regnery, 2007), p. 67.

15 다음 책에 인용된 말이다. David Adam, *The Road of Life: Reflections on Searching and Longing* (London: Society for Promoting Christian Knowledge, 2004), p. 113.

16 John Bunyan, *The Pilgrim's Progress*, 개정판 (1678, 1684, 재판, New York: Scott, Foresman and Co., 1922).

17 같은 책.

14장 숙명적인 순례자

1 Maxim Gorky, *The Lower Depths*, A. Bakshy & P. S. Nathan 번역 (New Haven: Yale University Press, 1959). 「밑바닥에서」(지식을만드는지식).

2 William Shakespeare, *Henry IV*, 제2부, 4.5. 「헨리 4세」(전예원).

3 David Whyte, *Crossing the Unknown Sea: Work as a Pilgrimage of Identity* (New York: Penguin, 2002), p. 5.

4 Geoffrey Chaucer, "The Knight," *Canterbury Tales*, 제1부 1989-1990행.

5 히브리서 11:12-16.

6 T. S. Eliot, *Four Quartets* (New York 1943; Great Britain 1944), p. 47.

참고 도서

Adair, John. *The Pilgrims' Way*. London: Book Club Associates, 1978.

Barnes, Ruth and Branfoot, Crispin, eds. *Pilgrimage: The Sacred Journey*. Oxford: Ashmolean Museum, 2006.

Bartholomew, Craig and Hughes, Fred. *Explorations in a Christian Theology of Pilgrimage*. Aldershot: Ashgate, 2004.

Bradley, Ian. *Pilgrimage: A Spiritual and Cultural Journey*. Oxford: Lion, 2009.

Plate, Brent S., ed. *The Varieties of Contemporary Pilgrimage*. CrossCurrents, Vol. 59(3), 260-397, 2009.

Bunyan, John. *Pilgrim's Progress*. Numerous editions. 「천로역정」(포이에마).

Butler, Barbara and White, Jo. *To Be a Pilgrim*. Stowmarket: Kevin Mayhew, 2002.

Calamari, Barbara, and DiPasqua, Sandra. *Holy Places: Sacred Sites in Catholicism*. New York: Viking Studio, 2002.

Chatwin, Bruce. *The Songlines*. London: Franklin, 1986. 「송라인」(현

암사).

Chaucer, Geoffrey. *The Canterbury Tales.* Numerous editions. 「캔터베리 이야기」(서해문집).

Coelho, Paulo. *The Pilgrimage.* London: HarperCollins, 1997. 「순례자」(문학동네).

Coleman, Simon, and Elsner, John. *Pilgrimage: Past and Present in the World Religions.* Cambridge: Harvard University Press, 1995.

Cousineau, Phil. *The Art of Pilgrimage.* Berkeley, California: Conari, 1998. 「성스러운 여행 순례 이야기」(문학동네).

Davies, J. G. *Pilgrimage Yesterday and Today: Why? Where? How?* London: SCM Press, 1988.

Eade, John and Sallnow, Michael, eds. *Contesting the Sacred: The Anthropology of Christian Pilgrimage.* Routledge: Abingdon, 1991.

Fladmark, Magnus, ed. *In search of Heritage as Pilgrim or Tourist?* Shaftesbury: Donhead, 1998.

French, R. M. *The Way of a Pilgrim: And the Pilgrim Continues His Way.* San Francisco: HarperSanFrancisco, 1991. (Translation of anonymous Russian original)

Galland, China. *Longing for Darkness: Tara and the Black Madonna.* New York: Penguin, 1990.

Harpur, James. *Sacred Tracks: 2000 years of Christian Pilgrimage.* Berkeley, CA: University of California Press, 2002.

Henderson, P., ed. *A Pilgrim Anthology*. London: Confraternity of St. James, 1994.

Hopper, Sarah. *Mothers, Mystics and Merrymakers: Mediaeval Women Pilgrims*. Stroud: Sutton, 2006.

Lee, Mary and Nolan, Sidney. *Christian Pilgrimage in Modern Western Europe*. Chapel Hill: University of North Carolina Press, 1989.

Mahoney, Rosemary. *The Singular Pilgrim: Travels on Sacred Ground*. Boston: Houghton Mifflin, 2003.

Merton, Thomas. *The Seven Storey Mountain*. New York: Harcourt Brace Jovanovich, 1948. 「칠층산」(바오로딸)

Morris, Colin and Roberts, Peter, eds. *Pilgrimage: The English Experience from Becket to Bunyan*. Cambridge: Cambridge University Press, 2002.

Munro, Eleanor. *On Glory Roads: A Pilgrim's Book About Pilgrimage*. London: Thames and Hudson, 1987.

Pemberton, Cintra. *Soulfaring*. Harrisburg, PA: Morehouse.

Pentkovksy, Aleksei, ed. *The Pilgrim's Tale*. New York: Paulist Press, 1999.

Robinson, Martin. S*acred Places, Pilgrim Paths: An Anthology of Pilgrimage*. New York: HarperCollins, 1995.

Sellner, Edward. *Pilgrimage*. Notre Dame, IN: Sorin Books, 2004.

Sheldrake, Philip. *Living Between Worlds*. London: Darton Longman and Todd, 1995.

Simpson, Ray. *A Pilgrim Way: New Celtic Monasticism for Everyday People*. Stowmarket: Kevin Mayhew, 2005.

Skevington, Andrea. *The Pilgrim Spirit*. Oxford: Lion Hudson, 2007.

Sumption, Jonathan. *Pilgrimage: An Image of Mediaeval Religion*. London: Faber, 1975.

Turner, Victor. *Image and Pilgrimage in Christian Culture: Anthropological Perspectives*. Oxford: Blackwell, 1978.

Ure, John. *Pilgrimage: The Great Adventure of the Middle Ages*. London: Constable, 2006.

Vest, Douglas. *On Pilgrimage*. Cambridge, MA: Cowley, 1998.

Webb, Diana. *Pilgrims and Pilgrimage in the Mediaeval West*. London: Longman, 2000.

Westwood, Jennifer. *On Pilgrimage: Sacred Journeys Around the world*. Mahwah, NJ: Hidden Spring, 2003.

Whyte, David. *Crossing the Unknown Sea: Work as a Pilgrimage of Identity*. New York: Riverhead, 2001.

Wilkinson, John, ed. *Jerusalem Pilgrimage 1099-1185*. London: Hakluyt Society, 1988.

옮긴이 윤종석은 서강대 영어영문학과를 졸업하였으며, 미국 Golden Gate Baptist Theological Seminary에서 교육학(MA)을, Trinity Evangelical Divinity School에서 상담학(MA)을 공부했다. 「마음과 마음이 이어질 때」, 「남자는 무슨생각을 하며 사는가?」, 「하나님이 축복하시는 삶」, 「하나님의 음성」, 「모자람의위안」, 「거침 없는 은혜」(이상 IVP), 「재즈처럼 하나님은」(복있는사람), 「영성 수업」(두란노) 등 다수의책을 번역하였다.

IVP 영성의 보화 01

길 위에서 하나님을 만나다

초판 발행_ 2013년 4월 15일
초판 2쇄_ 2022년 8월 30일

지은이_ 찰스 포스터
옮긴이_ 윤종석
펴낸이_ 정모세

펴낸곳_ 한국기독학생회출판부
등록번호_ 제2001-000198호(1978.6.1)
주소_ 04031 서울시 마포구 동교로 156-10
대표 전화_ (02)337-2257 팩스_ (02)337-2258
영업 전화_ (02)338-2282 팩스_ 080-915-1515
홈페이지_ http://www.ivp.co.kr 이메일_ ivp@ivp.co.kr
ISBN 978-89-328-1961-7

ⓒ 한국기독학생회출판부 2013

책값은 뒤표지에 있습니다.
무단 전재와 복제를 금합니다.